Regina Mittenhuber

Vertriebspraxis Innendienst

Regina Mittenhuber

Vertriebspraxis Innendienst

■ Verkaufsvorbereitung und Adressqualifizierung
■ Kommunikationstechniken und Beschwerdemanagement
■ Akquise und After-Sales-Betreuung

Bibliografische Information der Deutschen Nationalbibliothek
Die Deutsche Nationalbibliothek verzeichnet diese Publikation in der Deutschen Nationalbibliografie. Detaillierte bibliografische Daten sind im Internet über http://dnb.d-nb.de abrufbar.

ISBN 978-3-86880-004-3

© 2009 by mi-Wirtschaftsbuch, FinanzBuch Verlag GmbH, München
www.mi-wirtschaftsbuch.de

Lektorat: Michael Schickerling, München
Umschlaggestaltung: Jarzina Kommunikations-Design, Holzkirchen
Umschlagabbildung: Jarzina Kommunikations-Design, Holzkirchen
Satz: Jürgen Echter, Landsberg am Lech
Printed in Germany

Alle Rechte, insbesondere das Recht der Vervielfältigung und Verbreitung sowie der Übersetzung, vorbehalten. Kein Teil des Werkes darf in irgendeiner Form (durch Fotokopie, Mikrofilm oder ein anderes Verfahren) ohne schriftliche Genehmigung des Verlages reproduziert oder unter Verwendung elektronischer Systeme gespeichert, verarbeitet, vervielfältigt oder verbreitet werden.

Inhalt

Vorwort 7

1 Verkaufsvorbereitung 9
   1.1 Adressqualifizierung 10
   1.2 Akquisetelefonate vorbereiten 15
   1.3 Organisatorische Planung 20
   1.4 Vorverkauf 23

2 Kommunikationstechniken am Telefon 27
   2.1 Aufbau einer positiven Beziehungsebene 28
   2.2 Aktiv zuhören 38
   2.3 Professionelle Gesprächsführung 39
   2.4 Nützliche Verkaufsrhetorik 42
   2.5 Story-Selling 47
   2.6 Die richtigen Fragen stellen 49
   2.7 Professionelle Einwandbehandlung 55

3 Verkaufen im Selling-Team 61
   3.1 Abstimmung mit dem Außendienst 62
   3.2 Telefonische Terminvereinbarung 67
   3.3 Akquisekoordination 69
   3.4 Angebotserstellung für Außendienst-Kunden 72
   3.5 Nachverfolgung von Angeboten 75
   3.6 Unterstützung des Key-Account-Managers 77
   3.7 Zusammenarbeit mit der Marketingabteilung 81
   3.8 Messebeteiligungen vor- und nachbereiten 91

4 Akquiseprozesse abwickeln 95
   4.1 Akquisevorbereitung 96
   4.2 Erstkontakt: telefonisch oder schriftlich? 103
   4.3 Der zweite Kontakt 109
   4.4 Angebote nachbereiten 112
   4.5 Erfolgreich verhandeln am Telefon 114
   4.6 Kaufhinderungsgründe beseitigen 126
   4.7 Abschluss festmachen 131
   4.8 Empfehlungsmanagement und Referenzen 135

5 Nach dem Kauf ist vor dem Kauf 139
    5.1 Cross-Selling-Potenziale nutzen 140
    5.2 After-Sales-Betreuung 143
    5.3 Nachkaufchancen ergreifen 148
    5.4 Kontaktpflege mit Stammkunden 151

6 Schwierige Situationen meistern 155
    6.1 Mit unerfüllbaren Kundenwünschen umgehen 156
    6.2 Reklamations- und Beschwerdemanagement 158
    6.3 Kundenrückgewinnung 166
    6.4 Umgang mit unrentablen Kunden 172
    6.5 Säumige Kunden zur Kasse bitten 177
    6.6 Wenn der Verkaufserfolg ausbleibt 181
    6.7 Umgang mit Absagen 188
    6.8 In Stress-Situationen gelassen bleiben 193

Zusammenfassung 197

Literatur 199

Register 201

Autoreninformation 205

Vorwort

Vertriebspraxis Innendienst richtet sich – wie der Name schon sagt – an alle, die im Innendienst verkaufen. Das Buch deckt alle wichtigen Themenbereiche ab, die verkaufsaktive Innendienstmitarbeiter vor allem im Business-to-Business-Bereich betreffen. Deshalb sind auch sämtliche Beispielsätze und -formulierungen aus dem Geschäftskundenbereich. Die meisten lassen sich aber ebenso gut auf das Privatkundengeschäft übertragen.

Checklisten, Beispiele und Musterformulierungen sind als Möglichkeiten und Anregungen zu verstehen. Da gerade im Verkauf Glaubwürdigkeit und Empathie eine große Rolle spielen, ist es kaum möglich, pauschale und allgemeingültige Kommunikationsregeln aufzustellen. Vielmehr möchte Ihnen das Buch ein möglichst breites Spektrum an Handlungs- und Kommunikationsmöglichkeiten eröffnen, von denen Sie im Einzelfall Gebrauch machen können. Die Tipps und Informationen sind so aufbereitet, dass sie leicht umsetzbar sind und dennoch genügend Raum für Ihre individuelle Entfaltung geben.

Das Buch ist so strukturiert, dass Sie die einzelnen Kapitel und vor allem die Unterkapitel auch unabhängig voneinander nutzen können. Da sich das Thema Kommunikation, speziell am Telefon, durch alle Bereiche zieht, ist diesem ein eigenes Kapitel gewidmet. Bei Bedarf können Sie dort immer wieder etwas nachschlagen.

Der Aufbau der einzelnen Kapitel ist weitgehend chronologisch und vor allem praxisorientiert: Von der Verkaufsvorbereitung bis hin zum erfolgreichen Abschluss, der Kundenbindung und Potenzialausschöpfung sind alle wesentlichen Themenbereiche abgedeckt. Um den unterschiedlichen Bedürfnissen möglichst vieler Leser gerecht zu werden, behandelt das Buch sowohl die Zusammenarbeit im Vertriebsteam, als auch den reinen Telefonverkauf. Und da Sie auf dem Weg zum Auftrag – und danach – oft noch allerlei Hindernisse und Herausforderungen bewältigen müssen, wird auf die besonders schwierigen Situationen im Verkauf gesondert eingegangen. Ziel ist es, Sie in Ihrer täglichen Verkaufsarbeit zu unterstützen und Ihnen die nötige Anregung und Motivation für Ihren Verkaufserfolg zu geben.

Regina Mittenhuber

1 Verkaufsvorbereitung

Schon die Vorbereitung entscheidet mit darüber, wie erfolgreich Ihre Kundenakquise verläuft. Bevor Sie also damit loslegen, prüfen Sie, ob alle wichtigen Voraussetzungen erfüllt sind. Dazu gehört als erstes die systematische Adressqualifizierung: Die Adresse allein sagt oft nicht viel aus. Je mehr Zusatzinformationen Sie besitzen, umso zielgenauer können Sie Ihre Kundenansprache gestalten.

Dies gilt nicht nur für die Neukundengewinnung: Auch bei Stammkunden kann sich die Situation und damit die Bedarfslage schnell wieder ändern. Eine fortlaufend gepflegte, aktuelle Datenbank ist daher die beste Grundlage, um auch mit diesen Kunden weiterhin gute oder sogar noch bessere Verkaufserfolge zu erzielen.

Akquisetelefonate sind oft der erste direkte Schritt zum potenziellen Kunden beziehungsweise Neuauftrag. Damit Sie einen interessanten Einstieg finden und den Gesprächspartner hellhörig machen, ihm die richtigen Informationen geben und die passenden Fragen stellen, arbeiten Sie mit Telefonleitfäden. Diese können Sie je nach Anlass, Ziel und Zweck variieren. Solche Leitfäden erleichtern Ihnen die Vor- und Nachbereitung Ihrer Telefonkontakte. Zudem sind sie hilfreich bei der eigenen Erfolgskontrolle.

Wie viele Anrufe Sie pro Tag, Woche, Monat, Quartal und im gesamten Jahr durchführen, richtet sich nach Ihren Vertriebszielen, den Anlässen und Ihren organisatorischen Möglichkeiten. Lassen Sie sich bei Ihrer Planung nicht vom Wunschdenken leiten, sondern von Ihren Erfahrungen: Sie können leicht ermitteln, wie viele Akquisetelefonate Sie im Schnitt führen müssen, um einen Außendiensttermin zu vereinbaren oder einen echten Interessenten zu generieren. Rechnen Sie auch genügend Zeit für die Nachbereitung und unvorhergesehene Tätigkeiten ein. Denn der beste Zeit- und Aktivitätenplan nützt nur dann etwas, wenn Sie ihn auch einhalten können.

Es fällt Ihnen leichter, das Vertrauen von Neukunden zu gewinnen, wenn Ihr Unternehmen einen guten Ruf und einen hohen Bekanntheitsgrad hat. Auch ist es möglich, Kunden schon weit im Vorfeld für Ihre Produkte und Leistungen zu interessieren, damit sie im richtigen Moment an Ihr Unternehmen denken.

Versuchen Sie deshalb, Ihre Produkte und Leistungen vorzuverkaufen: Indem Sie möglichen Interessenten nutzwertige Informationen zukommen lassen, beispielsweise in Form von Newslettern und Kundenmagazinen. Denn je öfter ein potenzieller Kunde von Ihnen hört oder liest, umso vertrauter wird ihm Ihr Unternehmen. Er hat das Gefühl, es schon zu kennen. Und damit ist bereits die erste Hürde genommen. Jetzt kommt es auf Ihr Engagement und verkäuferisches Geschick an, das aufgebaute Vertrauen zu nutzen und dem Interessenten zu bestätigen, dass er in Ihnen einen Lieferanten gefunden hat, der ihm zum Erfolg verhilft.

1.1 Adressqualifizierung

Gehen Sie Ihre Adresslisten erst einmal durch, bevor Sie diese Schritt für Schritt »durchtelefonieren« oder anschreiben. Dies gilt sowohl für neue, hinzugekaufte Adressen als auch für solche, die Sie bereits in Ihre Datenbank eingepflegt haben.

Bei »Neueinspeisungen« ist es natürlich Ihre erste Maßnahme, über den automatischem Doublettenabgleich diejenigen Adressaten herauszufiltern, zu denen Sie bereits Kontakt haben, die sogar schon zu Ihren Kunden gehören oder die früher einmal eingepflegt wurden. Im zweiten Schritt können Sie selbst noch einmal prüfen, ob es ähnliche, »verdächtige« Adressen in Ihrem Datenbestand gibt, bei dem Sie Doubletten vermuten. Beispiele:

- Der Firmenname ist gleich oder ähnlich, aber die Adresse weicht ab.
- Die Schreibweise ist unterschiedlich, zum Beispiel Meyer versus Meier.
- Der Firmenname ist gleich, aber die Gesellschaftsform des Unternehmens verschieden, etwa GmbH versus GmbH und Co. KG.

In diesem Fall sollten Sie zur Sicherheit nochmals per Internet (Homepage oder Suchmaschine) ermitteln, welches die aktuellen Daten sind beziehungsweise ob es sich tatsächlich um zwei verschiedene Firmen oder Adressaten handelt. Falls Sie auch an Privatkunden verkaufen, nutzen Sie für die Qualifizierung der Adressen am besten die (Internet-)Telefonauskunft. Sofern Sie über topaktuelle Adressen verfügen, bei denen Sie sich darauf verlassen dürfen, dass die Daten korrekt sind, können Sie auf diese Maßnahme auch verzichten.

Nützliche Zusatzinformationen

Im nächsten Schritt geht es darum, »Leben« in die Adressen zu bekommen. Denn die reine Adresse an sich sagt oft nur wenig aus. Einige Zusatzinformationen sollten Sie schon noch besitzen – es sei denn, Sie machen sich die Mühe und stellen Ihrem Gesprächspartner bereits beim Erstgespräch einen ganzen Fragenkatalog. Ob er allerdings bereit ist, darauf zu antworten, ist relativ unwahrscheinlich.

Am besten erstellen Sie sich eine Liste der Daten und Informationen, die Sie als Vorinformation brauchen:

- Unternehmen mit genauer Anschrift, Kontaktdaten (Zentrale), Firmensitz, Hauptsitz, Niederlassungen, gegebenenfalls Konzernstruktur;
- Märkte, Kunden dieses Unternehmens;
- Branche;
- Größe (Umsatz- und Mitarbeiterzahlen);
- Geschäftsfelder, davon möglichst Teilumsätze;
- Geschäftsfelder, die für Sie von Bedeutung sind und in denen Sie als Lieferant einsteigen können;
- Funktion des Ansprechpartners (zum Beispiel bei kleinen Unternehmen Inhaber, Geschäftsführer; bei größeren Abteilungsleiter, Bereichsleiter oder weitere Spezialisierungen);
- Namen des Ansprechpartners. (Immer unter Vorbehalt: Vielleicht stellen Sie später fest, dass der Entscheider gewechselt hat oder jemand in einer anderen Funktion Ihr wichtigster Ansprechpartner ist.)

Die schnellste und einfachste Informationsquelle ist das Internet. Falls Sie dort nicht fündig werden oder nur kurz etwas klären wollen, zum Beispiel den Namen eines Ansprechpartners, kann ein einfacher Anruf bei der jeweiligen Firma zum Erfolg führen. Dabei können Sie der Empfangsdame durchaus sagen, dass Sie Ihre Daten überarbeiten. Beispiel: »Wir aktualisieren gerade unseren Datenbestand: Darin ist Herr ... als Einkaufsleiter genannt, ist das noch korrekt? Und seine Durchwahl ist ...?«

Tipp: Die Adressqualifizierung ist zwar aufwändig, aber lohnenswert. Um sich selbst zu motivieren, können Sie sich folgende Vorteile deutlich machen:

- Sie sparen sich Frust-Erlebnisse und Arbeitsaufwand bei Akquisitionen, die von vornherein nicht erfolgversprechend sind.
- Sie konzentrieren sich umgekehrt auf die Kontakte, die wirklich lohnenswert sind und bei denen Auftragschancen bestehen.
- Sie gehen wesentlich zielorientierter vor.

Adressen sinnvoll einteilen

Eine sinnvolle Möglichkeit ist es auch, Ihren angereicherten Adressbestand nun folgendermaßen einzuteilen:

- *Absolute Kaltadressen,* zu denen noch niemand aus Ihrem Unternehmen Kontakt hatte.
- *»Lauwarme« Adressen,* mit denen es bereits Kontakte gab, beispielsweise Akquisetelefonate, Informationsgespräche auf Messen, Response auf Mailing-Aktionen et cetera.

Bei den »lauwarmen« Adressen unterscheiden Sie zwischen:

- *Informations-Interessenten,* die sich für nähere Informationen interessiert haben.
- *Kauf-Interessenten,* die sich für ein konkretes Produkt oder eine Lösung interessiert haben, bei denen es aber nicht zum Abschluss gekommen ist.
- *Nicht-Interessenten,* die zwar kontaktiert wurden, aber keinerlei Interesse gezeigt haben.
- *Ehemalige Kunden,* die schon länger nicht mehr bei Ihnen gekauft haben und bei denen der letzte Kontakt mindestens ein Jahr zurückliegt, sodass sich Ansprechpartner, Daten et cetera geändert haben können.

Kunden klassifizieren

Bestehende Kunden sortieren Sie grob nach folgenden Kriterien:

- *Stammkunden/bestehende Kunden:* Das sind die Kunden, die regelmäßig – oder zumindest wiederkehrend bei Ihnen kaufen. Welche Intervalle und Zeiträume Sie als Maßstab nehmen, hängt von Ihren Produkten und den üblichen Kaufintervallen ab: diese reichen von einmal jährlich bis mindestens monatlich.
- *Einmalkunden:* Das sind Kunden, die Sie noch keinesfalls zu Ihren Stammkunden zählen dürfen. Denn ein Kunde ist noch lange nicht sicher gewonnen, wenn er einmal bei Ihnen gekauft hat. Erst die Wiederholungskäufe festigen die Kundenbeziehung.
- *Ehemalige Kunden:* Das sind Kunden, von denen Sie entweder wissen, dass sie ihren Lieferanten gewechselt haben oder bei denen es Ihnen schon längere Zeit nicht mehr gelungen ist, Nachkäufe oder Zusatzge-

schäfte zu erzielen. Ab wann Sie einen Kunden »verloren« haben, lässt sich nicht immer genau feststellen: Maßgebend ist hier die vorausgegangene Kaufhäufigkeit in Relation zu den jeweiligen Produkten (Ver- und Gebrauchs- oder Investitionsgüter) und die Dauer der Kundenbeziehung.

Diese drei Gruppen sollten Sie separat behandeln. Denn jede für sich erfordert eine ganz andere Ansprache beziehungsweise Betreuung.

Möglichen Bedarf einschätzen

Bevor Sie das vorhandene Datenmaterial nutzen und mit Ihrer Akquise beginnen, können Sie mögliche Bedarfsgruppen herausfiltern. Dies ist natürlich auch davon abhängig, ob Sie bei Ihrer nachfolgenden Telefonaktion ein bestimmtes Produkt oder eine konkrete Dienstleistung verkaufen wollen oder ob es Ihnen beispielsweise darum geht, ehemalige Kunden zurückzugewinnen.

Bei der Segmentierung nach Bedarf können Sie bei Neukunden und geplanten Akquisitionen auf die Informationen zurückgreifen, die Sie bereits im Internet gesammelt haben:

- Die Branche, in der das Kundenunternehmen tätig ist, bietet häufig ein wichtiges Segmentierungskriterium, gerade dann, wenn Sie branchenspezifische Produkte und Lösungen anbieten.
- Auch die Unternehmensgröße ist entscheidend: Beispielsweise bei Lösungen, die sich erst ab einem hohen Nutzungsaufkommen rechnen oder Maschinen, die entsprechend ausgelastet werden müssen, damit sie rentabel arbeiten.
- Versuchen Sie einzuschätzen, welche vorhandenen (Standard-)Produkte und Lösungen auf den Bedarf des Kunden passen können und für wen nur kundenindividuelle Lösungen in Frage kommen.
- Versuchen Sie auch zu bewerten, ob der Bedarf akut ist oder erst zu einem späteren Zeitpunkt auftritt. Meist ist dies aber nur bei solchen Kontakten möglich, die Sie schon hatten – es sei denn, Ihnen liegen besondere Informationen vor. Oder aber Sie haben schon einmal vorgefühlt und erfahren, dass es noch zu früh für eine Neuanschaffung war, jetzt aber der richtige Zeitpunkt gekommen ist.
- Bestimmen Sie, welche Sortimentsbereiche für welche (potenziellen) Kunden generell in Frage kommen.

Unterschiedliche Informationen

Dank moderner Datenbanken können Sie unterschiedliche Informationen zur Kundensegmentierung heranziehen:

- *Grunddaten* sind beispielsweise die demografischen und postalischen Daten eines Kunden; bei Firmenkunden im Business-to-Business-Bereich sind es natürlich auch Ansprechpartner und deren Funktion, Unternehmensgröße, Branche, Produktbereiche et cetera.
- *Deskriptionsdaten* bezeichnen alle Daten und Informationen, die die bisherige Geschäftsbeziehung mit dem Unternehmen widerspiegeln (zum Beispiel Kaufhistorie, Konditionen et cetera). Sie liefern aber auch noch weitere Merkmale, die Ihnen helfen, Kunden im Hinblick auf sein künftiges Verhalten zu bewerten. Dazu gehören etwa die momentane Produktausstattung, das Alter der Produkte beziehungsweise der geschätzte Zeitpunkt des Ersatzbedarfs et cetera.
- *Aktions- und Reaktionsdaten (auch Kontaktdaten)* dokumentieren die bisher bei den Zielpersonen realisierten Kontakte (Aktionen) und dadurch hervorgerufene Reaktionen.

> **Tipp:** Verknüpfen Sie bei Ihrer Segmentierung diese Daten, sodass Sie ein umfassendes und aussagekräftiges Kundenprofil erhalten. Sollte dies schwierig sein, ist es Ihre erste Aufgabe, die Daten zu vervollständigen.

Stammkunden richtig qualifizieren

Selbst bei langjährigen Kunden lohnt es sich, die gesammelten Daten und Informationen immer mal wieder kritisch unter die Lupe zu nehmen – sonst kann es Ihnen passieren, dass Sie wichtige Veränderungen bei Ihren Kunden und deren Bedarf nicht mitbekommen. Oder Sie verpassen die Chance auf eine erweiterte Zusammenarbeit. Deshalb sichten Sie von Zeit zu Zeit – mindestens aber einmal jährlich auch deren Daten, und zwar vor allem nach folgenden Punkten:

- *Bevorzugte Produkte, bisherige gekaufte Produkte, Produkte, die abgelehnt wurden.* Erstellen Sie ein Kaufprofil.
- *Kaufkanäle:* Zum Beispiel Direktverkauf am Telefon, Internet, über den Außendienst et cetera.
- *Risiko- und Innovationsbereitschaft:* Ist der Kunde auch für ganz neue Produkte aufgeschlossen? Eignet er sich als Pilotkunde?

- *Referenzwert:* Ist der Kunde ein guter Empfehlungs- und Referenzkunde beziehungsweise hat er dafür die notwendigen Voraussetzungen?
- *Zeiträume, Termine, Kaufzyklen:* In welchen Abständen kauft der Kunde, ist es immer gleich oder unregelmäßig? Davon hängt nicht nur der Betreuungsaufwand ab. Bei längeren »Ruhephasen« ist auch das Risiko, dass Wettbewerber angreifen, weitaus höher als bei häufigen Bestellungen.

> **Tipp:** Abweichungen und Unregelmäßigkeiten in den Daten von Stammkunden sind Risiko und Chance zugleich. Vielleicht ist ein Kunde abwanderungsgefährdet, bei einem anderen ergeben sich Möglichkeiten für Zusatzgeschäfte oder eine Ausweitung der Geschäftsbeziehung. In jedem Fall sind sie der Anstoß für eine möglichst schnelle Kontaktaufnahme.

Fazit: Die Adressqualifizierung und Informationsrecherche ist mitunter sehr aufwändig – aber lohnenswert. Denn damit ersparen Sie sich hinterher, wenn Sie mit Ihrer eigentlichen Akquise beginnen, viel Zeit, Mühe und Frust. Nicht zuletzt erleichtern Sie sich auch die Kontaktaufnahme mit (potenziellen) Kunden und können Ihre Telefonate und Schriftwechsel wesentlich zielorientierter und erfolgversprechender gestalten. Das gibt Ihnen wieder neue Motivation.

> **Nachgedacht**
> - Ist Ihr Adressbestand aktuell?
> - Wissen Sie, bevor Sie mit Ihrer Neukundenakquise beginnen, mit wem Sie es zu tun haben?
> - Qualifizieren Sie auch die Adressen bestehender Kunden kontinuierlich?
> - Reichern Sie Ihren Adressbestand fortlaufend mit neuen Informationen an?

1.2 Akquisetelefonate vorbereiten

Akquisetelefonate sind für Sie oft der erste direkte Kontakt zum Kunden. Sei es, dass Sie für die Kollegen im Außendienst Besuchstermine vereinbaren oder dass Sie selbst komplette Akquiseprozesse abwickeln: Vom Erstanruf hängt es oft schon ab, ob überhaupt noch Folgekontakte stattfinden. Ein guter Leitfaden erleichtert Ihnen den Kaltanruf.

Gleich vorneweg: Ein einziger »Allround-Leitfaden« für alle Gelegenheiten ist natürlich reine Illusion. Es gibt aber gewisse Richtlinien und »Spielregeln«, an denen Sie sich bei jedem ausgehenden Telefonat orientieren können. Beispielsweise können Sie den Gesprächseinstieg und den damit verbundenen Beziehungsaufbau überwiegend einheitlich gestalten.

Dazu gehört eine Einstiegsfrage, mit der Sie den Gesprächspartner positiv einstimmen wollen. Dafür sollten Sie sich mehrere Alternativen zurechtlegen, auf die Sie dann im Einzelfall spontan zugreifen können.

Gesprächsziel

Für Ihren Leitfaden brauchen Sie handfeste Kriterien. An oberster Stelle steht die Frage: Was ist das Gesprächsziel? Denn mit Ihrem Kaltbeziehungsweise Erstanruf können Sie ganz unterschiedlichen Ziele verbinden. Beispielsweise kann Ihr Telefonat das Ziel haben, generelles Interesse zu wecken oder jemanden auf Ihr Unternehmen und seine Leistungen aufmerksam zu machen. Oder Sie wollen jemanden dazu einladen, an Ihren Messestand zu kommen. Vielleicht ist es auch Ihr konkretes Ziel, für den Außendienst einen Termin zu vereinbaren.

Möglicherweise sind selbst diese Ziele für den Erstanruf noch zu hoch gesteckt: Vielleicht müssen Sie erst noch ein paar Informationen vervollständigen, den richtigen Ansprechpartner ermitteln et cetera. Erst wenn Sie ganz klar wissen, was Sie mit Ihrem Anruf erreichen wollen, können Sie Ihr Akquisetelefonat vorbereiten. Schreiben Sie Ihr Ziel gleich zu Beginn über Ihren Leitfaden. Beispielsweise: »Das Ziel ist der Außendiensttermin.«

Interessewecker

Was Sie praktisch bei jedem Akquisetelefonat brauchen, ist der Interessewecker. Denn schließlich will Ihr Gesprächspartner – sei es die Assistentin oder der Entscheider selbst – wissen, worum es geht und ob es sich lohnt, mit Ihnen überhaupt ein Gespräch zu führen. Also brauchen Sie ein Stichwort, ein Thema, das dem Gesprächspartner etwas sagt und mit dem er etwas für ihn Interessantes verbindet. Es muss aus »seiner Welt« stammen, ihm vertraut sein. Also überlegen Sie vorher: Was könnte den Ansprechpartner interessieren? Womit können Sie ihn »wachrütteln«?

Tipp: Aktuelle Themen und Probleme, seien es branchenspezifische oder aktuelle wirtschaftliche Themen, die jedes Unternehmen angehen, sind meist gute Interessewecker.

Filter setzen

Doch auch für Sie ist es wichtig, möglichst schnell herauszufinden, ob sich das Gespräch überhaupt für Sie lohnt. Oft ist das einfacher, als Sie denken: Wollen Sie beispielsweise konkret ein bestimmtes Produkt verkaufen, dann müssen Sie wissen, ob der Gesprächspartner dieses überhaupt benötigt. Dabei helfen Ihnen ganz einfache Fragen: Welche Produkte besitzt er momentan? Mit welchem System arbeitet er? (wenn bei Ihren Systemen beispielsweise Kompatibilität eine Rolle spielt) et cetera. Stellen Sie solche Fragen. Wenn Sie merken, dass Sie hier in nächster Zeit nichts verkaufen können, beenden Sie das Gespräch freundlich. Denn dafür müssen Sie sich nicht mehr weiter bemühen. Vielleicht können Sie sich aber schon einen Anruftermin für einen späteren Zeitpunkt vormerken.

Tipp: Setzen Sie sich konkrete Filter, anhand derer Sie erkennen, ob sich die weitere Akquise überhaupt lohnt. Vor allem sollten Sie so früh wie möglich herausfinden, ob konkrete Auftragschancen vorhanden sind und wie gut die Chancen für Sie stehen. Haben Sie den Mut, Adressen, die durch Ihren Filter fallen, frühzeitig auszusortieren. So erhöhen Sie Ihre Treffer- und Erfolgsquote. Das Gleiche gilt beispielsweise, wenn Sie einen Termin für den Außendienst vereinbaren wollen: Es bringt niemandem etwas, wenn der Kollege zwar einen Termin bekommt, bei dem er aber feststellen muss, dass keinerlei Erfolgsaussichten bestehen. Setzen Sie also lieber auf Qualität als auf Masse.

Leitfaden erstellen

Bei Ihrem Leitfaden können Sie sich grob an folgendes Schema halten:

- Gesprächsziel,
- Anlass des Gesprächs,
- optimaler Zeitpunkt für ein Gespräch (zum Beispiel anlassbezogen im Vorfeld einer Messe oder Produkteinführung oder auch Erreichbarkeit des Ansprechpartners),
- mögliche Gesprächsaufhänger in der »Aufwärmphase« beziehungsweise Einstieg,
- Interessewecker aus Sicht des Gesprächspartners,
- Punkte, Themen und Fragen, die Sie besprechen beziehungsweise klären wollen,
- was Sie tun, wenn der gewünschte Gesprächspartner nicht erreichbar ist (zum Beispiel nach dem besten Zeitpunkt fragen, sich nach der Vertretung erkundigen et cetera),

- mögliche Gegenargumente, Widerstände und wie Sie darauf reagieren (Stichwörter, Formulierungen).
- wann Sie das Telefonat beenden. (Teilziele auflisten; den Zeitpunkt festlegen, zu dem Sie Ihr Ziel erreicht haben oder das Telefonat vorzeitig beenden, weil Sie erkannt haben, dass es für Sie nicht erfolgversprechend ist.)

> **Tipp:** Erstellen Sie sich jetzt für jedes Gesprächsziel einen eigenen Telefonleitfaden. Dabei können sich natürlich Überschneidungen ergeben. Denken Sie dabei auch an Nachfasstelefonate bei Marketing-Aktionen, im Anschluss an Kundenveranstaltungen, Messen, Roadshows et cetera: Auch hier benötigen Sie eigene Leitfäden. In diesem Fall ist Ihr Anlass natürlich die vorausgegangene Veranstaltung oder Marketing-Aktion beziehungsweise der Kontakt mit dem potenziellen Kunden. Ihr Telefonleitfaden sollte entweder konkret ausformulierte Fragen enthalten oder die dafür nötigen Stichwörter als Gedächtnisstütze.

Prioritäten setzen

Beschränken Sie sich bei Ihrem Erst-Gespräch auf die wirklich relevanten Fragen, die Sie weiterbringen. Jede Kundenantwort darauf soll Ihnen dabei helfen, die Erfolgswahrscheinlichkeit einzuschätzen und den (potenziellen) Kunden zu klassifizieren. Folgende Übersicht hilft Ihnen dabei, die richtigen Fragen zu stellen:

- *Muss-Informationen* haben oberste Priorität und sind absolut notwendig. Dafür brauchen Sie gezielte Fragen, die Sie auch gleich zu Beginn stellen sollten. Beispielsweise Informations- und Situationsfragen, mit denen Sie etwas über die momentane Lage im Kundenunternehmen herausfinden können.
- *Soll-Informationen* sind zwar wichtig, aber zeitlich nicht dringlich, können also auch noch zu einem späteren Zeitpunkt eingeholt werden. Ob es schon beim Ersttelefonat günstig ist, entscheiden Sie während des Gesprächs intuitiv. Vertrauen Sie hier ruhig sich selbst, Ihrem Instinkt, Ihrem Gefühl: Sie merken es von selbst, wenn der Gesprächspartner ungeduldig wird und lieber zum Ende kommen will.
- *Kann-Informationen* sind sogenannte »Nice-to-have-Informationen«, die zwar nützlich und hilfreich sind, auf die jedoch notfalls verzichtet werden kann. Sie können diese zum Beispiel erfragen, wenn die Gesprächsatmosphäre besonders angenehm ist und der Kommunikationspartner sehr offen und aufgeschlossen wirkt.

> **Tipp:** Seien Sie vorsichtig mit mehreren geschlossenen Fragen hintereinander: Wenn sie nur mit »Ja« oder »Nein« beantwortet werden, entsteht leicht der Eindruck eines Verhörs. Verwenden Sie deshalb offene W-Fragen.

Hürde Vorzimmer

Die Vorzimmerdame, Sekretärin oder Assistentin »zu überwinden« oder an ihr »vorbeizukommen« war ein Kernthema des Hard Sellings – oder negativ ausgedrückt von unseriösen Anbietern. Dass damit keine langfristigen und vor allem guten, erfolgreichen Kundenbeziehungen geschaffen werden, hat sich längst herumgesprochen. Gefragt sind deshalb seriöse Methoden, um die Sekretärin oder Assistentin positiv zu stimmen und ihre Bereitschaft zu wecken, Sie durchzustellen und sogar in Ihrem Akquiseprozess zu unterstützen.

Natürlich gibt es auch Unternehmen, in denen Sie problemlos zum Entscheider durchgestellt werden. Da dies aber bei Weitem nicht immer der Fall ist, sollten Sie genau wissen, wie Sie am besten vorgehen.

- Die Frage »Worum geht es?« kommt praktisch immer – denn das ist die Schlüsselfrage einer Sekretärin. Überlegen Sie sich also eine gute, verständliche und einprägsame Antwort. Zum Beispiel nennen Sie den Interessewecker, den Sie auch beim direkten Kontakt mit dem Entscheider eingesetzt hätten.
- Eine praktikable Vorgehensweise ist es auch, sich zuerst vorzustellen und dann gleich zu sagen, worum es geht. Wenn Sie Glück haben, sagt dann die Sekretärin beispielsweise: »Das klären Sie am besten mit Herrn … selbst – er ist momentan in einem Meeting, können Sie in einer halben Stunde noch mal anrufen?« – oder – was noch besser ist: »Soll er Sie zurückrufen?«
- Falls dieser optimale Fall nicht eintrifft, fragen Sie einfach jetzt nach dem gewünschten Ansprechpartner.

Fazit: Unvorbereitet in Ersttelefonate zu »schlittern« ist wenig erfolgversprechend. Mit einer systematischen Planung und Vorbereitung erhöhen Sie dagegen Ihre Erfolgsquote. Erstellen Sie sich im Vorfeld verschiedene Leitfäden für alle Anlässe, zu denen Sie Akquise- und Nachfasstelefonate führen. Im Vordergrund stehen dabei immer Ihr Gesprächsziel und die Erfolgswahrscheinlichkeit Ihrer Akquise.

> **Nachgedacht**
> - Wie gut bereiten Sie Ihre Akquisetelefonate vor?
> - Arbeiten Sie mit Telefonleitfäden?
> - Passen Sie Ihre Gesprächsstrategie dem Ziel und dem Anlass an?
> - Verwenden Sie Filter, um wenig erfolgversprechende Adressen frühzeitig auszusortieren?
> - Überlegen Sie sich gezielte Fragen, um an die nötigen Informationen zu kommen?

1.3 Organisatorische Planung

Planen Sie Ihre Akquisetelefonate und Folgeaktionen realistisch. Um etwa herauszufinden, wie viele Erstanrufe Sie im jeweiligen Fall tätigen müssen, um Ihr Ziel zu erreichen, orientieren Sie sich an Ihren Durchschnittswerten. Beispiele:

- Von zehn Anrufen führt im Schnitt ein Telefonat zum Besuchstermin.
- Von neun Anrufen im Vorfeld einer Messe können Sie im Schnitt einen Gesprächstermin auf der Messe vereinbaren.
- Von fünfzehn Anrufen, die der Ermittlung möglicher Interessenten dienen, können Sie im Schnitt sieben potenzielle Kunden mit generellem Interesse ausmachen und zwei mit konkretem Bedarf.

Dann ermitteln Sie bei Außendienst-Kunden:

- Wie viele Besuchstermine im Schnitt zur Weiterverfolgung der Akquise führen.
- Wie viele Folgetermine zur Angebotsabgabe führen.
- Wie viele Angebote nötig sind, um einen Auftrag zu erhalten.

Bei Messe-Akquisitionen analysieren Sie:

- Wie viele Gesprächstermine auf der Messe zu konkreten Folgemaßnahmen (Außendienstbesuch, Angebotsabgabe, Lösungsentwicklung, bis hin zum Verkauf) führen.

Bei Akquisitionen, die Sie komplett selbst durchführen und abwickeln, prüfen Sie nach:

- Wie viele Anrufe zu Folgekontakten führten (erneuter Anruf, Zusendung von Informationsmaterial, Angebotsabgabe, Folgekontakte.

- Wie viele Folgekontakte beziehungsweise Anrufe notwendig sind, um einen Abschluss herbeizuführen.

Mit solchen Durchschnittswerten können Sie genau ausrechnen, wie viele Anrufe Sie pro Quartal, pro Monat, pro Woche bis hin zum einzelnen Tag tätigen müssen, um Interessenten zu generieren, Folgeaktivitäten einzuleiten bis hin zum Kaufabschluss.

Vielleicht gibt es auch Tage, Uhrzeiten und Phasen, in denen Ihre Durchschnittswerte voneinander abweichen: Auch das müssen Sie bei Ihren Planungen berücksichtigen. Beispiele: Sie erreichen üblicherweise am Montag Vormittag zwischen 10 und 12 Uhr kaum einen Entscheider: Dann sollten Sie diesen Zeitraum für andere Aktivitäten einplanen und Ihre Telefonakquise erst am frühen Nachmittag starten. Oder Sie haben festgestellt, dass generell zwischen 16 und 18 Uhr Entscheider am besten zu erreichen sind: Dann planen Sie – sofern es Ihre Arbeitszeit zulässt – diese Zeiten für Akquisetelefonate fest ein.

Akquisitionsanlässe berücksichtigen

In Ihre Planungen für laufende Akquistionen sollten Sie – am besten schon bei der Jahresplanung – Sondertermine wie Messen und bevorstehende Produkteinführungen sowie Marketingoffensiven berücksichtigen. Für sämtliche Messebeteiligungen blocken Sie sich zu Jahresbeginn mindestens zwei Wochen vor der Veranstaltung, in denen Sie gezielt Messestandbesucher akquirieren beziehungsweise Termine am Messestand vereinbaren. Und natürlich müssen Sie auch für die Dauer der Messe sowie die folgenden zwei Wochen nach der Veranstaltung entsprechend Zeit für die Nachbereitung einplanen.

Für jedes Akquisetelefonat gilt: Mit dem Telefongespräch allein ist es nicht getan. Planen Sie deshalb auch genügend Zeit für die Nachbereitung ein – und zwar möglichst noch am selben Tag. Telefonate nach 17 Uhr können Sie notfalls noch am Folgetag nachbereiten – die wichtigsten Informationen und Ergebnisse sollten Sie aber unmittelbar danach festhalten. Das Gleiche gilt für Maßnahmen und Aktionen, bei denen Schnelligkeit siegt und deshalb Eile geboten ist. Diese müssen natürlich sofort erledigt werden.

Genügend Zeitpuffer

Damit Sie Ihre Akquisetelefonate wie geplant durchführen können, rechnen Sie in Ihren Arbeitstag immer genügend Spielraum und Puffer für

Unvorhergesehenes mit ein. Verplanen Sie nie die gesamte Zeit, sondern nur etwa drei Viertel. Falls Sie trotzdem Ihren Zeit- und Terminplan nicht einhalten können, analysieren Sie die Gründe:

- Haben Sie die Dauer der (Akquise-)Telefonate realistisch eingeschätzt? Versuchen Sie ausufernde Telefonate früher zu beenden – oder planen Sie mehr Zeit dafür ein.
- Haben Sie genügend Zeit für die Nachbereitung einkalkuliert?
- Haben Sie genügend Zeit für Ihre übrigen Aufgaben eingerechnet?
- Haben Sie sich genügend Spielraum für Unvorhergesehenes freigehalten?

Tipp: Nicht aus jeder Adresse lässt sich herauslesen, wann die Kontaktanbahnung sinnvoll ist. Hier hilft nur eines: Anrufen und herausfinden, ob es sich um einen potenziellen Kunden handelt und wann in etwa der günstigste Zeitpunkt für eine konkrete Akquisition gekommen ist. Der günstigste Zeitpunkt für einen Erstanruf ist nicht zwangsläufig der beste Termin, um jemanden zur Entscheidung zu führen. Vielleicht bekommen Sie noch nicht einmal den Entscheider ans Telefon, erfahren aber von seiner Sekretärin, dass er bereits vor kurzem ein ähnliches Produkt von einem Wettbewerber gekauft hat. In diesem Fall diente Ihr Anruf der Informationsgewinnung – auch das ist ein Erfolg und ein konkretes Ergebnis, das Sie in Ihrer Datenbank festhalten sollten. Gleichzeitig legen Sie den Termin fest, zu dem ein erneuter Anruf – beispielsweise wegen möglicher Ersatzbeschaffung – sinnvoll ist.

Fazit: Eine systematische Planung und Vorbereitung erleichtert es Ihnen, Ihre Akquisitionen konsequent durchzuführen und die vorhandene Zeit sinnvoll zu nutzen. Dabei sollten Sie aber realistisch bleiben und sich an Ihren Erfahrungen orientieren. Denn nur Zeitpläne, die Sie gut einhalten können, bringen Erfolge.

Nachgedacht

- Planen Sie konkret die Zahl Ihrer Akquisetelefonate, die Sie tätigen wollen, in Ihren Arbeitstag ein?
- Orientieren Sie sich bei der Planung an Ihren Erfahrungen und konkreten Fakten?
- Blocken Sie bereits bei der Jahresplanung wichtige Termine und Zeiträume?
- Planen Sie realistisch und mit genügend zeitlichem Spielraum?
- Können Sie Ihre eigenen Vorgaben einhalten?

1.4 Vorverkauf

Der »Vorverkauf« trägt maßgebend dazu bei, dass ein potenzieller Kunde genau zum richtigen Zeitpunkt an Ihr Unternehmen denkt. Deshalb lohnt es sich, auch wenn derzeit keine konkreten Verkaufschancen bestehen, mögliche Kunden schon weit im Vorfeld auf sich aufmerksam zu machen: Vor allem mit entsprechenden Marketingmaßnahmen. So verschaffen Sie Ihrem Unternehmen einen hohen Bekanntheitsgrad bei der Zielgruppe und ersparen sich Anrufe, bei denen Sie erst lang und breit erklären müssen, für welches Unternehmen Sie tätig sind, was seine Leistungen sind und wodurch es sich besonders auszeichnet. Ziele sind dabei,

- das Image Ihres Unternehmens weiter zu verbessern,
- seinen Bekanntheitsgrad zu erhöhen,
- seine Produkte und Dienstleistungen bei den Wunschzielgruppen bekannt zu machen,
- sich als verlässlicher, kompetenter Partner und Lieferant zu präsentieren,
- seine besonderen Stärken, seine Einzigartigkeit bekannt zu machen,
- sich einen Expertenstatus bei den Zielgruppen zu verschaffen
- und so Vertrauen zu erzeugen.

Werbe- und Informationsmaterial richtig einsetzen

Prospekte, Werbe- und Informationsmaterial lassen sich hervorragend zur Verkaufsanbahnung nutzen. Allerdings wirken sie nur dann (vor-)verkaufsfördernd, wenn sie genau auf das Informationsbedürfnis des jeweiligen Empfängers abgestimmt sind. So ist es zwar gängige Praxis, im Rahmen von Werbeaktionen entsprechende Aussendungen großflächig zu versenden – jedoch mit hohem Streuverlust. Besser ist es, potenzielle Kunden zu selektieren und sie entsprechend ihres (eingeschätzten) Informationsbedarfs mit Informationsmaterial zu versorgen. So lässt sich beispielsweise schon anhand einfacher Selektionskriterien wie Unternehmensgröße, Zahl der Mitarbeiter, Branche, Sparte, Region et cetera eine erste Auslese vornehmen.

Wenn Sie noch nicht wissen, ob beim Empfänger überhaupt konkreter Bedarf besteht, verschicken Sie zunächst nur allgemeine Informationen, die ihm einen Überblick über Ihr Unternehmen und sein Leistungsangebot verschaffen. Auch der Hinweis auf Ihre Homepage und dort hinterlegte Informationen kann dazu führen, dass sich ein potenzieller Kunde näher mit Ihrem Unternehmen als möglicher Lieferant auseinandersetzt.

Verkaufsvorbereitung

> **Tipp:** Bringen Sie sich immer wieder bei potenziellen Kunden in Erinnerung. Eine Einmal-Marketingmaßnahme hat so gut wie keine Wirkung, wenn sie zum falschen Zeitpunkt erfolgt. Sorgen Sie deshalb dafür, dass die Empfänger immer wieder auf Sie und Ihr Unternehmen aufmerksam werden: Indem sie mindestens vierteljährlich, besser monatlich von Ihnen nützliche Informationen bekommen.

Informationen mit Nutzwert

Nur wenn der Empfänger Ihre Informationen als nützlich empfindet, wird er sich damit näher befassen. Kunden-Newsletter und Kundenzeitschriften können diese Anforderungen erfüllen – und gleichzeitig als Direktmarketing-Medien mit Response-Elementen dienen.

Vor allem wenn es sich um Drucksachen handelt, umgehen Sie die Gefahr der »unerlaubten Werbung«. Gleichzeitig verhindern Sie, dass diese von Spam-Filtern aussortiert wird.

Kunden-Newsletter und -Zeitschriften werden, richtig eingesetzt, zum vorverkaufenden Medium schlechthin. Denn sie erlauben es Ihnen beziehungsweise Ihrem Unternehmen,

- die Empfänger in der gewünschten Weise zu informieren,
- sich ohne Wettbewerbsumfeld darzustellen,
- sich in der gewünschten Weise zu präsentieren, eine Alleinstellung zu erreichen,
- potenzielle Kunden und Interessenten stärker an Ihr Unternehmen heranzuführen, sodass sie im Bedarfsfall daran denken und einer Zusammenarbeit positiv gegenüberstehen,
- bewährte Produkte und Innovationen bei der Wunschzielgruppe bekannt zu machen und deren Nutzen darzustellen,
- Kaufargumente im Bewusstsein der Empfänger zu verankern,
- eine (emotionale) Bindung zu schaffen, noch bevor eine Kundenbeziehung besteht.

Dafür muss das Kundenmedium folgende Voraussetzungen erfüllen:

- Es präsentiert sich als »das« Fachmedium für den Empfänger, seine Branche, Sparte et cetera.
- Es ist maßgeschneidert für die Zielgruppe, die sich sofort darin wiederfindet. Dies bedeutet, dass eventuell (teilweise) verschiedene Medien sinnvoll sind.

- Es bietet den Empfängern hohen Nutzen: durch Themen, die speziell die Zielgruppe betreffen, unter anderem durch aktuelle Informationen aus der Branche, Problemlösungen, Branchenentwicklungen, neue Herausforderungen, die auf dem Empfänger zukommen werden – wobei ihn das Print-Medium auch dabei unterstützt, diese neuen Herausforderungen zu bewältigen.

Um den Vorverkauf noch weiter zu verbessern, sollte jedes Kundenmedium mindestens ein Response-Element aufweisen: Zum Beispiel die Anforderung von weiterführenden Informationen, die Aufnahme in den E-Mail-Verteiler et cetera.

Online-Informationen nur mit Zustimmung

Regelmäßige Informationen per E-Mail sind ebenfalls eine effiziente Möglichkeit, potenzielle Kunden vorzuinformieren. Allerdings sind hier rechtliche Beschränkungen vorhanden. Schon das automatische Aufnehmen in den E-Mail-Newsletter-Verteiler ist nicht korrekt: Nur wenn der Empfänger explizit dazu sein Einverständnis gegeben hat, dürfen Sie dies tun.

Zur Sicherheit schicken Sie ihm nur den Link, über den sich der Empfänger selbst im Internet anmelden kann – mit der üblichen Prozedur des Double-Opt-in-Verfahrens. Es stellt durch die erneute, aktive Bestätigung sicher, dass die betreffende Person den E-Mail-Newsletter wirklich erhalten möchte.

Tipp: Völlig unsinnig ist es, potenzielle Kunden per Mailing immer wieder auf dasselbe Angebot hinzuweisen. Da nützt auch die beabsichtigte Penetration nichts: Der Empfänger wird die erneute Information entweder nicht beachten oder sich sogar davon belästigt fühlen. Machen Sie es lieber spannend: Wechseln Sie immer wieder die Inhalte – denn schließlich soll Ihre Nachricht ja Neugierde und Interesse wecken.

Fazit: Potenzielle Kunden vorzuinformieren, ist Teil des Akquisitionsprozesses: Sie bereiten Ihren aktiven Verkauf damit vor. Der größte Nutzen ist es, Vertrauen zu schaffen und sich bei den Empfängern bekannt zu machen – damit sie im richtigen Moment an Sie denken. Setzen Sie deshalb nutzwertige Kundenmedien und Informationsquellen wie Newsletter, Magazine, Prospekte und Flyer gezielt ein.

Nachgedacht

- Stimmen Sie Ihre Informationen auf das Bedürfnis der Empfängerzielgruppen ab?
- Machen Sie in regelmäßigen Abständen, mindestens vierteljährlich, auf sich aufmerksam?
- Gestalten Sie Ihre Informationen nutzwertig?
- Versenden Sie E-Mail-Informationen nur, wenn sie ausdrücklich vom Empfänger gewünscht sind?

2 Kommunikationstechniken am Telefon

Das Telefon ist für Sie das entscheidende Kommunikations- und Kontaktmedium zum Kunden. Damit Sie sich ganz auf Ihren Gesprächspartner und das Thema konzentrieren können, müssen Sie die wesentlichen Kommunikationstechniken und »Werkzeuge« am Telefon so gut beherrschen, dass Sie diese bereits intuitiv und automatisch richtig einsetzen. Dazu gehört das »Formen« der eigenen Stimme genauso wie die Gesprächseröffnung und der Aufbau einer Sympathieebene.

Ihre innere Einstellung wirkt sich unmittelbar auf Ihre Körpersprache und Gesichtsmimik – und damit auch auf Ihre Stimme aus. Das Gute daran: Schon mit einfachen Mitteln können Sie Ihre stimmliche Wirkung erheblich verbessern. Das Gleiche gilt für den Gesprächseinstieg: Oft sind es nur scheinbare Kleinigkeiten in der Wortwahl und Formulierung, die aber vieles bewirken. Verzichten Sie auf »angelernte«, stereotype Wendungen und bleiben Sie lieber natürlich. So fällt es Ihnen viel leichter, den Gesprächspartner für Ihr Anliegen zu gewinnen.

Die beste Voraussetzung für ein erfolgreiches Telefonat ist, eine gemeinsame emotionale Ebene mit dem Gesprächspartner herzustellen. Nehmen Sie seinen Zustand, seine Befindlichkeit aufmerksam wahr – und spiegeln Sie diese verbal zurück. Zum Beispiel, indem Sie Feedback geben oder einfach die Worte des Gesprächspartners wiederholen.

Unerlässlich – gerade im Verkauf und im Umgang mit Kunden – ist auch die Kunst des aktiven Zuhörens. Auch das ist im Wesentlichen eine Frage der Empathie und der Technik. So sind Aufmerksamkeitssignale ein einfaches Mittel, um Telefonate in Gang zu halten und dem Gesprächspartner zu signalisieren, dass Sie seinen Erläuterungen gespannt und interessiert folgen.

Manchmal verläuft ein Gespräch auch anders als geplant – deshalb müssen Sie jederzeit in der Lage sein, es wieder in die richtige Richtung zu bringen. Behalten Sie stets die Gesprächsführung, sodass Sie bei Bedarf neue Themen anschneiden oder das Gespräch ganz umlenken können.

Auch rhetorisches Können ist nicht angeboren: Schon mit geringen Mitteln können Sie die Aufmerksamkeit und die Neugierde des Gesprächspartners erheblich steigern. Um Ihre Argumente noch wirkungsvoller zu präsentieren, können Sie sich rhetorischer Stilmittel bedienen. Mit etwas Übung können Sie damit jedes Verkaufs- und Kundengespräch interessant und lebendig gestalten.

Story-Selling – das »Verkaufen mit Geschichten« – ist gerade für den Telefonverkauf ein nützliches Kommunikationsmittel. Damit können Sie sogar auf unterhaltsame Weise Überzeugungsarbeit leisten und die Vorstellungskraft des Kunden aktivieren.

Zu den »Grundwerkzeugen«, die Ihnen alle Möglichkeiten der Gesprächsführung eröffnen, zählen professionelle Fragetechniken. Im Verkauf spielen offene Fragen die wichtigste Rolle – doch auch geschlossene Fragen haben ihre Daseinsberechtigung. Entscheidend ist, sie im richtigen Moment einzusetzen und »Kundenverhöre« zu vermeiden.

Die Einwandbehandlung gehört ebenfalls zu den »Königsdisziplinen« im Verkauf. Und es gibt vielfältige Möglichkeiten, mit Einwänden umzugehen. Zur erfolgreichen Einwandbehandlung gehört es auch, ganz genau hinzuhören: Vielleicht bringt Ihr Gesprächspartner nur einen Vorwand, hinter dem er seine wirklichen Kaufhindernisgründe versteckt. Deshalb müssen Sie auch auf solche Situationen gut vorbereitet sein. Gerade bei der Einwandbehandlung kommt es darauf an, den Kunden auf angenehme und überzeugende Weise zum Umdenken zu bewegen – und sich keine Wortgefechte mit ihm zu liefern. Denn der Kunde wird nur dann kaufen, wenn er wirklich von Ihren Produkten begeistert ist. Und das erreichen Sie auf ganz andere Weise.

2.1 Aufbau einer positiven Beziehungsebene

2.1.1 Ihre Stimme: Der direkte Weg zum Gesprächspartner

Eine angenehme, sympathische Telefonstimme muss nicht naturgegeben sein: Schon mit einfachen, aber gezielten Maßnahmen und Übungen können Sie Ihre stimmliche Qualität und Wirkung spürbar verbessern. Selbst wenn Sie schon viel dafür getan haben, lohnt es sich, weiter an Ihrer Stimme zu arbeiten: Denn gerade am Telefon kommt es auf die akustische Wahrnehmung an. Deshalb ist hier die Wechselwirkung zwischen den Teilnehmern aufgrund der Stimme besonders stark.

Mit einer freundlichen und zugleich klangvollen Stimme können Sie sogar Ihren Gesprächspartner positiv beeinflussen und ihn in einen angenehmen Zustand versetzen. Selbst wenn er im ersten Moment noch gar nicht weiß, worum es bei Ihrem Anruf geht: Instinktiv entscheidet er, wenn er Ihre Stimme hört und davon eingenommen ist, dass er nun mit Ihnen ein Telefongespräch führen will.

Ihr eigener Zustand ist wichtig

Eine wesentliche Voraussetzung für eine angenehm klingende Stimme ist, sich selbst in einem guten Zustand zu befinden. Wenn Sie innerlich angespannt, verärgert, gereizt und gestresst sind, wirkt sich dies negativ auf Ihre Stimme aus: Sie klingt nicht richtig, weil sie nicht schwingt; statt dessen hört sie sich scharf und stumpf an. Lächeln ist das einfachste Gegenmittel – selbst wenn Ihnen im Moment gar nicht danach ist. Bevor Sie zum Telefonhörer greifen – sei es, dass ein Telefonat hereinkommt oder dass Sie jemanden anrufen – lächeln Sie. Machen Sie sich das zur Routine. Es ist ganz einfach: Selbst wenn Sie glauben, es sei nicht echt – automatisch beeinflussen Sie damit Ihre Stimmung und Ihre Stimme. Sie klingt freundlicher, angenehmer und verbindlicher. Schon allein damit können Sie bei Ihrem Gesprächspartner Vertrauen erzeugen.

Bewusst atmen

Dabei spielt auch der Atem eine große Rolle: Wenn Sie hektisch, schnell und kurz atmen, klingt auch Ihre Stimme abgehackt und stumpf. Atmen Sie deshalb bewusst ganz ruhig durch die Nase ein und durch den Mund wieder aus. Wenn Sie sich stark angespannt und gestresst fühlen, machen Sie zwischen zwei Telefonaten eine kleine Pause, in der Sie einfach nur atmen: Konzentrieren Sie sich darauf, so langsam und gleichmäßig wie möglich durch die Nase einzuatmen. Fühlen Sie, wie sich Ihr Bauchraum langsam anhebt, bis zum Brustkorb. Dann atmen Sie genauso ruhig und langsam wieder aus – jetzt durch den Mund. Wiederholen Sie diese Atem-Übung ein paar Mal. Dann nehmen Sie die gewonnene Ruhe mit in Ihr nächstes Telefonat.

Pflegen Sie Stimme und Aussprache

Eine gut gepflegte Stimme und Aussprache ist gerade am Telefon ein Muss. Achten Sie besonders auf folgende Dinge:

- *Artikulation:* »Verschluckte« Wörter und Endsilben sowie »zusammengezogene« Wörter sind eine Herausforderung für jeden Gesprächspartner: Umso mehr, wenn Sie dazu neigen, schnell zu sprechen. Sie müssen nichts überbetonen – aber deutlich aussprechen.

- *Sprechtempo:* Es hängt eng zusammen mit der Artikulation und wirkt sich auf die Verständlichkeit aus. Gerade bei den Einstiegssätzen ist es besser, lieber etwas langsamer zu sprechen, damit es der Gesprächspartner leichter hat, gedanklich umzuschalten.
- *Stimmlage:* Eine zu hohe Stimme hat wenig Klang, wirkt »piepsig«. Nicht umsonst sprechen manche Menschen bewusst tief, weil sie damit mehr Kompetenz und Sicherheit vermitteln wollen. Am besten und angenehmsten klingt Ihre Stimme, wenn Sie in der sogenannten Indifferenzlage sprechen: Das ist die Stimmlage, in der Sie sich befinden, wenn Sie völlig entspannt sind und Ihr Wohlgefühl – zum Beispiel bei einem guten Essen – mit »mmmh« zum Ausdruck bringen.
- *Lautstärke:* Wer zu laut spricht oder sogar ins Telefon »brüllt«, erzeugt beim Gesprächspartner eine Abwehrhaltung. Ebenso bedeutet zu leises Sprechen – das auch dadurch entstehen kann, wenn jemand nicht richtig ins Telefon spricht – eine unnötige Herausforderung und Anstrengung für den Gesprächspartner. Sprechen Sie deshalb in mittlerer Lautstärke – ob Sie dies tun, erkennen Sie auch daran, wie der Gesprächspartner reagiert. Umgekehrt können Sie, zum Beispiel, wenn Ihr Gesprächspartner unangenehm laut und scharf spricht, darauf einwirken, indem Sie langsamer und leiser sprechen. Die meisten Menschen passen sich dann zumindest etwas an und regulieren ihre eigene Stimme.

Tipp: Der Gesprächspartner darf Ihnen Ihre regionale Herkunft ruhig anhören. Vielleicht haben Sie sogar das Glück, dass er aus derselben Gegend stammt wie Sie – damit haben Sie gleich eine Gemeinsamkeit und Sympathieebene geschaffen. Natürlich sollten Sie keinen Dialekt sprechen – denn das könnte unprofessionell wirken und noch dazu zu Missverständnissen und Verständigungsschwierigkeiten am Telefon führen. Eine mundartliche Färbung darf man Ihnen jedoch anhören. Das macht Sie sogar unverwechselbar und einzigartig. Und ein individuelles Merkmal verschafft Ihnen Profil und Persönlichkeit – gerade im Verkauf ist das von Vorteil.

Fazit: Eine angenehme und sympathische (Telefon-)Stimme lässt sich trainieren. Am besten konzentrieren Sie sich immer nur auf einen Aspekt, den Sie verbessern wollen. Wenn Sie Erfolge spüren und die Maßnahme bereits verinnerlicht haben, widmen Sie sich der nächsten. Ihre Stimme hat außerdem viel mit Ihrer inneren Einstellung und Befindlichkeit zu tun. Versuchen Sie deshalb auch an »schlechten Tagen«, sich selbst positiv zu programmieren. Nicht zuletzt machen Ihnen auf diese Weise die Telefongespräche viel mehr Spaß. Sie können sie sogar genießen – und bekommen dafür schöne Erfolgserlebnisse.

> **Nachgedacht**
> - Sind Sie mit Ihrer Telefonstimme zufrieden?
> - Sind Sie beim Telefonieren mit sich und dem Gesprächspartner im Einklang?
> - Wie ist Ihr Atem? Eher ruhig oder stockend, hektisch, ungleichmäßig?
> - Arbeiten Sie kontinuierlich an Ihrer Stimme und Aussprache?

2.1.2 Ein produktives Gesprächsklima schaffen

Mit einer angenehmen Stimme können Sie schon viel dafür tun, eine gute Gesprächsatmosphäre zu schaffen. Wenn Sie jetzt noch einen gekonnten Gesprächseinstieg finden, haben Sie schon die erste Hürde genommen. Nun müssen Sie dafür sorgen, dass das Gespräch auch weiterhin wie gewünscht verläuft.

Versuchen Sie, zumindest bei Ihren Akquisetelefonaten möglichst ungestört zu sein. Und: Wenn Sie telefonieren, dann tun Sie nur das. Gehen Sie keiner weiteren Nebenbeschäftigung nach. Nebenbei E-Mails lesen, die Eingangspost durchsehen, sich per Blickkontakt und Zeichensprache mit Kollegen oder Chef verständigen – all das tun Sie besser dann, wenn Sie Ihr Telefonat beendet haben. Denn Ihr Gesprächspartner bekommt es (instinktiv) mit, wenn Sie nebenbei etwas anderes tun oder innerlich abwesend sind. Im schlimmsten Fall müssen Sie sich sogar dafür entschuldigen, dass Sie einen Moment gedanklich woanders waren und ihn bitten, das eben Gesagte noch einmal zu wiederholen.

Bereit für eingehende Telefonate

Für eingehende Telefonate gilt: Nehmen Sie nur dann ein Gespräch an, wenn Sie dazu bereit sind. Es wirkt sehr unhöflich, wenn Sie schon den Hörer abnehmen und dabei noch einen Satz beenden, den Sie an jemanden richten, der sich gerade im Raum befindet. Genauso sollten Sie, falls Sie Ihre Mittagspause ins Büro verlegen, den Bissen, den Sie gerade im Mund haben, vor dem Telefonieren herunterschlucken. Falls Sie die Telefonnummer des Anrufers auf dem Display sehen, können Sie im Notfall immer noch umgehend zurückrufen – wenn gerade kein Kollege das Gespräch für Sie annehmen kann.

Natürlich und offen bleiben

Schon im ersten Moment, in dem Sie sich melden, stellen Sie die Weichen dafür, wie der Telefondialog verläuft. Verzichten Sie auf stereotype Wendungen wie »Mein Name ist Gerda Müller, was kann ich für Sie tun?«. Nicht nur, dass solche Formulierungen gekünstelt und mittlerweile »abgedroschen« wirken. Sie können auch das Gespräch von Anfang an blockieren. Denn oft passt der Zusatz »Was kann ich für Sie tun?« überhaupt nicht. Vielleicht möchte Ihnen der Anrufer etwas mitteilen, eine Information geben oder einen Termin bestätigen. Lassen Sie sich deshalb lieber überraschen und halten Sie das Gespräch offen: Indem Sie sich ganz einfach mit Vor- und Zu- sowie Firmennamen nennen und dann Ihre Stimme heben. Damit signalisieren Sie eine positive Erwartungshaltung und Ihr Gesprächspartner hat von Anfang an das gute Gefühl: Mein Anruf ist willkommen.

Tipps für ausgehende Telefonate

Falls Sie selbst einen (potenziellen) Kunden anrufen, so gestalten Sie den Gesprächsbeginn selbst. Sprechen Sie Ihren Namen und Firmennamen langsam und deutlich aus, machen Sie danach eine kurze Pause. So geben Sie dem Angerufenen die Möglichkeit, gedanklich umzuschalten. Hat sich der gewünschte Ansprechpartner selbst gemeldet beziehungsweise haben Sie den Namen der Person, die das Gespräch angenommen hat, gut verstanden, können Sie diese auch gleich mit Namen ansprechen: »Guten Morgen, Frau Meier, hier ist Max Fröhlich von der Firma Müller.« Dann entscheiden Sie – je nach Reaktion des Gesprächspartners – wie Sie fortfahren. Haben Sie jemanden am Telefon, den Sie schon kennen, ist es meistens etwas leichter – oft ergibt sich von selbst ein kleiner Smalltalk. Oder Sie fragen gleich »Wie geht es Ihnen denn?« et cetera.

Ansonsten nennen Sie kurz das Thema und stellen die »Störfrage« – in welcher Reihenfolge, bleibt Ihnen überlassen. Die kürzeste Variante bietet sich an, wenn Ihr Gesprächspartner pragmatisch-dominant wirkt und offensichtlich schnell zur Sache kommen will. Beispiel: »Es geht um … haben Sie ein paar Minuten Zeit?«

Falls Ihr Gesprächspartner ohnehin sehr gestresst und gehetzt wirkt (atemlose Stimme), gehen Sie gleich auf seine Situation ein. Beispiele: »Oh, bei Ihnen scheint es gerade hoch her zu gehen …«, »Ich glaube, Sie sind momentan im Stress …«. Fast immer reagiert der Gesprächspartner darauf offen und entgegenkommend. Wenn Sie dann anbieten, später noch einmal anzurufen oder fragen, wann es denn besser passt, wird er oft schon von sich aus einlenken. Oder Sie probieren ganz einfach – gerade bei zielstrebigen, pragmatischen Gesprächspartnern funktioniert dies meist gut – kurz und prägnant Ihr Anliegen zu schildern und eine schnelle Information zu geben.

Haben Sie es dagegen eher mit einem Gesprächspartner zu tun, der offensichtlich alles ganz genau abwägt, Ruhe braucht und lange überlegt, dann verhalten Sie sich rücksichtsvoll. Zeigen Sie Verständnis (»Das verstehe ich …«) und bieten Sie Alternativen an.

> **Tipp:** Der noch immer häufig anzutreffende Ratschlag, den Gesprächspartner so oft wie möglich mit seinem Namen anzusprechen, ist nicht wirklich empfehlenswert. Denn ein zu häufiges namentliches Ansprechen erzeugt eher das Gegenteil: Der andere wird aggressiv, fühlt sich bedrängt. Es reicht völlig aus, ihn zu Beginn und am Ende des Gesprächs mit Namen anzureden. Alles andere wirkt sehr schnell anbiedernd.

Beziehungsaufbau

- Sagen Sie zu Beginn etwas Positives: »Schön, dass wir mal wieder miteinander telefonieren …«, »Schön, mal wieder von Ihnen zu hören.« et cetera. Wichtig: Was Sie sagen, muss ehrlich gemeint sein. Falls Sie innerlich stöhnen, so verzichten Sie lieber darauf.
- »Schwingen« Sie sich auf Ihren Gesprächspartner ein. Nehmen Sie aufmerksam wahr, wie er spricht, achten Sie auf seine Sprechgeschwindigkeit, seine Artikulation, seine »Lieblingswörter«. Versuchen Sie, in Gleichklang zu kommen.
- Seien Sie aufmerksam, rücksichtsvoll, gehen Sie auf den Zustand, die Situation des Gesprächspartners ein. Wenn Sie unsicher sind und diese nicht einschätzen können, so fragen Sie danach.
- Bleiben Sie natürlich und gleichzeitig seriös: Vermeiden Sie Floskeln und antrainierte Sprüche, die der Gesprächspartner schon oft genug woanders gehört hat und mit denen er etwas Negatives verbindet. Typisches Beispiel: »Guten Tag, mein Name ist …, spreche ich mit Herrn *Markus* Müller?« Auch die typische Betonung spielt hier eine Rolle.
- Bieten Sie von sich aus einen Rückruf an, falls der Zeitpunkt ungünstig ist. Dann aber machen Sie verbindlich den Termin fest: »Gut, dann rufe ich Sie heute Nachmittag um 15 Uhr noch mal an.« Der Gesprächspartner muss jetzt schon wissen, dass Sie zuverlässig sind, Ihr Wort halten und dass Sie auch ihn umgekehrt beim Wort nehmen.

Smalltalk als Türöffner

Der kleine, nette Plausch – der Smalltalk – ist auch am Telefon ein idealer »Türöffner«. Wenn Sie Gemeinsamkeiten – zum Beispiel Urlaubsvorlieben entdecken, dann haben Sie schon einen guten Einstieg gefunden. Beachten Sie dabei folgende Regeln:

- Smalltalk ist immer positiv. Er dient dazu, eine angenehme Gesprächsatmosphäre zu schaffen und/oder das Gespräch positiv ausklingen zu lassen.
- Es eignen sich nur solche Themen, bei denen Ihr Gesprächspartner mitreden kann und die ihn betreffen. Am besten solche, die Gemeinsamkeiten herstellen.
- Reizthemen, die zu starken Emotionen und kontroversen Diskussionen führen könnten, sind absolut tabu.
- Das Wetter ist am Telefon nicht *der* Dauerbrenner, aber auch möglich: »Ist bei Ihnen auch so herrliches/trübes Wetter?«
- Falls Sie zu Beginn des Telefongesprächs einmal keinen passenden Small-Talk-Einstieg finden, gibt es noch eine zweite Chance: Smalltalk kann auch als Abschluss eines Gesprächs stattfinden. Gerade bei Erstkontakten kann der abschließende Smalltalk sogar die günstigere Lösung sein: Nachdem Sie das Wesentliche geklärt haben, sind Sie entspannter und können so leichter zum lockeren Teil überwechseln. Auch hinterlässt es einen guten, nachhaltigen Eindruck beim Gesprächspartner, wenn Sie ihm zum Schluss noch etwas Nettes sagen.

Rechtzeitig umlenken

Wenn Sie allerdings merken, dass das Gespräch abgedriftet ist, sagen Sie zum Beispiel: »Jetzt sind wir ganz vom Thema abgekommen ... lassen Sie uns doch noch mal über ... sprechen ...« So können Sie auch vorgehen, wenn sich im Laufe des Telefonats ein längerer Smalltalk entwickelt hat. Oder Sie kommen auf folgende Weise wieder zum Thema: »Darüber könnte ich mich noch stundenlang mit Ihnen unterhalten ... der Grund meines Anrufs ist jedoch folgender: ...«

> **Tipp:** Sofern die Gefahr besteht, dass Sie sich verplaudern, wählen Sie von vornherein nur solche Small-Talk-Themen, über die Sie leicht zum eigentlichen Gesprächsthema kommen können. Oder planen Sie von vornherein eine Überleitung ein. Diese sieht dann beispielsweise so aus: »Apropos ... was ich Sie in diesem Zusammenhang fragen wollte ...«

Fazit: Eine angenehme Gesprächsatmosphäre zu schaffen, ist gar nicht schwer: Am besten funktioniert dies, indem Sie den Gesprächspartner, seine Situation und seine Bedürfnisse aufmerksam wahrnehmen. Er spürt das, auch am Telefon. Eine positive Einstellung und vor allem Offenheit erleichtern die Kommunikation. Vertrauen Sie hier ruhig auch Ihrer Wahrnehmungsfähigkeit.

> **Nachgedacht**
> - Wie gut können Sie sich auf Ihren Gesprächspartner einstellen?
> - Kommt das Gespräch schnell in Fluss?
> - Haben Sie den Eindruck, dass Ihr Gesprächspartner gerne mit Ihnen telefoniert?
> - Nutzen Sie einen kleinen Smalltalk als »Türöffner«?

2.1.3 Eine gemeinsame emotionale Ebene herstellen

Wenn Sie mit Ihrem Gesprächspartner »auf einer Wellenlänge« sind, haben Sie die idealen Gesprächsbedingungen: Sie können offen und auf derselben Ebene miteinander kommunizieren. Um diesen idealen Zustand zu erreichen, sollten Sie versuchen, Gemeinsamkeiten mit Ihrem Gesprächspartner zu entdecken. Dazu müssen Sie nicht unbedingt seine Haltung und Position einnehmen – viel wichtiger ist die emotionale Übereinstimmung. Dies beginnt mit der aufmerksamen Wahrnehmung des Gesprächspartners. Achten Sie vor allem auf Folgendes:

- Wie ist seine Stimmung? Wirkt der Gesprächspartner zufrieden, optimistisch, emotional aufgeladen oder eher gedrückt, besorgt – oder neutral?
- In welcher Situation befindet er sich gerade?
- Was hat er momentan für Bedürfnisse?

Feedback geben

Die einfachste Möglichkeit, dem Gesprächspartner zu zeigen, dass Sie ihn aufmerksam wahrnehmen, ist Feedback zu geben. Beispielsweise mit »Ich verstehe, bei Ihnen steht momentan Folgendes auf dem Plan ...«, »Natürlich, in Ihrer jetzigen Situation ist es für Sie das Wichtigste, dass ...«, »Da befinden Sie sich momentan in einer schwierigen Situation ...« et cetera.

Ihr Feedback sollte möglichst wertfrei sein. Sie bestätigen einfach dem Gesprächspartner, dass Sie ihn, seine Situation und seine Bedürfnisse wichtig nehmen, sie anerkennen und sich in ihn hineinversetzen. Der

Kunde soll wissen, dass Sie seine Gefühle, Stimmungen, Probleme, Vorhaben et cetera mit ihm teilen.

Gefühle im Griff

Umgekehrt beeinflussen aber auch Sie mit Ihrem eigenen Gefühlszustand die Stimmung Ihres Gesprächspartners. Wenn Sie mit trauriger, matter Stimme sprechen, sinkt automatisch auch dessen Laune. Besonders gravierend ist dies aber in der Überzeugungsphase: Wenn Sie mit fröhlicher Stimme dem Kunden die Nutzenvorteile präsentieren, wird er diese ohne zu zögern von Ihnen annehmen – auch wenn er noch nicht kaufbereit ist. Werden sie dagegen mit unsicherer Stimme präsentiert, entsteht beim Kunden der Eindruck, dass Sie selbst nicht von dem überzeugt sind, was sie ihm erzählen.

Auch schnelles, hektisches Sprechen ist kontraproduktiv: Auf diese Weise werden selbst die besten Produkte und Argumente in ein negatives Licht gerückt. Der Kunde nimmt Ihren angespannten Zustand wahr und gerät selbst in Stress. Es kostet ihn Mühe, Ihren Ausführungen zu folgen. Er entwickelt eine Art Fluchtreflex und möchte sich möglichst schnell aus dieser für ihn unangenehmen Situation befreien. Zum Beispiel beendet er unter einem Vorwand das Gespräch.

Sich Zeit nehmen

Ein ganz wichtiger Erfolgsfaktor für Ihre Kundentelefonate lautet deshalb: Nehmen Sie sich Zeit. Und geben Sie auch dem Gesprächspartner die Zeit, die er braucht. Passen Sie sich seinem Tempo an – damit erzeugen Sie wieder die nötige Gemeinsamkeit und Übereinstimmung. Zudem ist das Sich-Zeit-Nehmen auch ein Ausdruck von Wertschätzung gegenüber dem Gesprächspartner.

Schwingen Sie mit

Meist teilt Ihnen der Gesprächspartner am Telefon schon durch sein Verhalten mit, was er sich jetzt von Ihnen wünscht: Freut er sich und nennt wiederholt die Vorteile und Produkteigenschaften, die ihm besonders gefallen, so wünscht er sich von Ihnen nochmals die Bestätigung. Und zwar auch dann, wenn Sie ihm bereits alle Argumente gegeben haben: Denn jetzt braucht er auch noch die emotionale Übereinstimmung, das gute Gefühl. Deshalb dürfen Sie sich ruhig mit Ihrem Kunden freuen, wenn er eine gute Entscheidung getroffen hat.

> **Tipp:** Wenn irgendwie möglich: Testen und verwenden auch Sie die Produkte, die Sie verkaufen. Erzählen Sie dem Kunden von Ihren Erlebnissen. Sagen Sie es ihm, wenn Sie genau das gleiche Modell besitzen wie er. Der Kunde muss spüren, dass Sie davon begeistert sind: Berichten Sie davon, wie Sie es einsetzen und was Sie daran besonders schätzen. Das ist die glaubwürdigste Botschaft, die Sie Kunden geben können – und die beste Möglichkeit, Gemeinsamkeiten zu schaffen.

Verbales Spiegeln

Greifen Sie Wörter, Formulierungen oder sogar ganze Sätze Ihrer Gesprächspartner auf und wiederholen Sie diese. So können Sie auf ganz einfache Weise Übereinstimmung herstellen: Der Gesprächspartner fühlt sich von Ihnen verstanden. Er entwickelt angenehme Gefühle, wenn er seine eigenen Worte noch einmal von Ihnen hört. Nutzen Sie deshalb dieses verbale Spiegeln in Ihren Kundentelefonaten. Genauso wie Sie Personen, die Sie treffen, mithilfe Ihrer Körpersprache spiegeln können, tun Sie dies am Telefon verbal. Achten Sie darauf, welche Wörter und Formulierungen der Kunde besonders häufig und gerne verwendet und greifen Sie diese auf. Oft tun wir dies sogar automatisch – und zwar dann, wenn uns jemand sympathisch ist. Genauso können Sie auch mit Ihrem Kunden Übereinstimmungen schaffen.

Fazit: Stimmen Sie sich emotional auf Ihren Gesprächspartner ein. Nehmen Sie seinen Zustand aufmerksam wahr, stellen Sie sich darauf ein und geben Sie ihm die nötige Resonanz. Versuchen Sie, Gemeinsamkeiten herzustellen, zum Beispiel, indem Sie Ihrem Kunden von Ihren eigenen Erfahrungen mit Ihren Produkten berichten – oder indem Sie ihn einfach nur verbal spiegeln.

> **Nachgedacht**
> - Nehmen Sie den momentanen Gefühlszustand Ihrer Gesprächspartner aufmerksam wahr?
> - Können Sie sich emotional auf Ihre Gesprächspartner einstimmen?
> - Nehmen Sie sich die nötige Zeit für das Gespräch?
> - Stellen Sie Gemeinsamkeiten her?

2.2 Aktiv zuhören

Die Fähigkeit, gut und aktiv zuzuhören ist gerade am Telefon von großem Vorteil. Denn hier ergibt sich eine ganz besondere Situation: Anders als im persönlichen Gespräch haben Sie nicht die Möglichkeit, über Blickkontakt und Mimik dem Kunden zu zeigen, dass Sie ganz bei der Sache sind. Also müssen Sie dies anders tun – über Ihre Stimme und über Ihre Worte.

Aktives Zuhören ist – wie der Name schon sagt – damit verbunden, dass Sie etwas tun. Sie reflektieren, gehen etwas in Gedanken durch – und äußern sich. All das ist aktiv. Sogar Schweigen kann aktiv sein. Sie können (was für Sie vielleicht etwas paradox klingt) Ihr eigenes Schweigen sogar kommentieren. Beispielsweise können Sie sagen: »Ich überlege gerade …«, wenn das Schweigen zu lange dauert. Damit zeigen Sie dem Gesprächspartner, dass Sie über seine Worte nachdenken. In diesem Fall können Sie auch »Füller« einsetzen, damit keine gedankliche Leere entsteht. Beispiele: »Hmmm«, »ein interessanter Gedanke …« et cetera. Damit verschaffen Sie sich Zeit und der andere weiß Ihr Schweigen richtig zu deuten.

Sagt der Gesprächspartner dagegen: »Sind Sie noch da?« ist dies ein Zeichen dafür, dass er Ihr Schweigen nicht mehr als aktiv empfunden hat. Oder es hat einfach zu lange gedauert. Das merken Sie aber in der Regel selbst – wenn Sie beginnen, sich unwohl zu fühlen. Spätestens dann sollten Sie wieder etwas sagen. Das kann auch humorvoll sein: »Entschuldigen Sie die Funkstille, ich denke noch darüber nach, wie wir das bewerkstelligen können …«

Geben Sie Aufmerksamkeitssignale

Aktives Zuhören kommunizieren Sie mit Aufmerksamkeitssignalen. Am einfachsten sind kurze Einwürfe wie »aha, ah ja, ah so, ok, mhhh …, ja, natürlich, selbstverständlich, sehr interessant«. Etwas stärker sind dann beispielsweise ganze oder halbe Sätze wie: »Das ist ja interessant.«, »Was Sie nicht sagen.«, »Das höre ich öfters.«, »Ja so was.«, »Ach du liebe Zeit!«.

Aufmerksamkeitssignale wirken in der Regel bestätigend, ermutigend. Deshalb sind sie zum Beispiel in der Bedarfsanalyse ideal, um noch mehr über den Kunden, seine Wünsche und Bedürfnisse, zu erfahren. Auch kleine Fragen sind Aufmerksamkeitssignale. Beispiele: »Und das geht schon die ganze Zeit so?«, »Wie machen Sie denn das?«

Wollen Sie dagegen einen Vielredner drosseln, verzichten Sie auf Aufmerksamkeitssignale. Einzige Ausnahme: Sehr viele Zuhörsignale können auch bewirken, dass Sie dem anderen das Wort »aus der Hand«

nehmen. Dies sollten Sie allerdings nur dann tun, wenn es auch beabsichtigt ist – etwa bei Dauerrednern und Personen, die sich schlichtweg verplaudern und vom Thema abkommen. So können Sie die Gesprächsführung wieder sicher übernehmen und auf freundliche Art zum Thema zurückkehren. In diesem Fall schließen Sie an Ihr Zuhörsignal einfach weitere Erläuterungen an, am besten mit dem Wörtchen *und*. Beispiele: »... und deshalb schlage ich vor ...«, »... und jetzt würde mich noch interessieren ...« oder »... und da habe ich noch eine wichtige Frage ...«.

> **Tipp:** Eine positive Gesprächsebene erreichen Sie auch, indem Sie das, was der andere gesagt hat, zusammenfassen. Beispiele: »Sie sagten vorhin, dass ...«, »Sie meinten ja, dass ...« oder auch durch Fragen: »Habe ich Sie richtig verstanden, dass ...?« Sie können dabei auch Satzteile wörtlich wiederholen, oder Sie greifen die Lieblingswörter des Kunden auf. Achten Sie bewusst auf diese Lieblingswörter – praktisch jeder Mensch hat bestimmte Wörter und Begriffe, die er gerne und oft verwendet. Wenn Sie diese aufnehmen und selbst verwenden, schaffen Sie Nähe und Sympathie.

Fazit: Aktives Zuhören ist gerade am Telefon ideal, um Empathie zu zeigen und eine positive Gesprächsebene herzustellen. Der besondere Vorteil: Sie geben Ihrem Gesprächspartner genügend Raum, um sich und seine Wünsche darzustellen und behalten dennoch die Gesprächsführung sicher in der Hand.

Nachgedacht
- Schwingen Sie sich auf Ihren Kunden ein?
- Achten Sie auf seine Lieblingswörter?
- Geben Sie ihm positive Bestätigung und Aufmerksamkeitssignale?
- Können Sie das Gespräch bei Bedarf wieder in die richtige Richtung lenken?

2.3 Professionelle Gesprächsführung

Manche Kunden wollen am liebsten selbst die Gesprächsführung übernehmen. Und es gibt durchaus Fälle, in denen Sie dies auch (bedingt) zulassen dürfen: Zum Beispiel, wenn der Kunde anruft und ein dringendes Anliegen hat, das er nun mit Ihnen besprechen will. Andere Kunden sind genau das Gegenteil: Sie müssen immer wieder aktiviert und um ihre Meinung gefragt werden. Mit wem auch immer Sie es zu tun haben: Bei Ihren Akquisetelefonaten sollten Sie die Gesprächsführung übernehmen und auch behalten. Sie entscheiden zudem, wann Sie ein Gespräch beenden. Dabei helfen eine klare Zielsetzung und ein Gesprächsleitfaden.

Darüber hinaus gibt es Techniken, mit denen Sie das Gespräch aktiv steuern können.

Wer fragt, führt

Das Sprichwort »Wer fragt, der führt« dürfen Sie ruhig wörtlich nehmen: Fragen sind ein gutes Mittel, um die gewünschten Themen zu behandeln und das Gespräch in die richtige Richtung zu treiben. Gerade bei sehr dominanten Gesprächspartnern, die Ihnen alles Mögliche erzählen – nur nicht das, was Sie wissen möchten – eignen sich Fragen, um sie wieder zum Thema zurückzuführen. Dabei kann es Ihnen durchaus passieren, dass Sie eine Frage mehrmals stellen müssen – denn manche Personen sind wahre Meister darin, Antworten zu geben, die sich eben nicht auf die gestellte Frage beziehen. In diesem Fall sagen Sie ganz einfach: »Interessant, jetzt muss ich aber doch noch mal auf meine Frage zurückkommen …« Weicht der Gesprächspartner ein weiteres Mal aus, können Sie auch sagen: »Sie haben mir allerdings noch immer nicht meine Frage beantwortet …« – oder abgemildert: »Es tut mir Leid – Sie haben mir noch immer nicht meine Frage beantwortet …«

Das Gespräch in Fluss bringen

Verhält sich der Gesprächspartner dagegen zurückhaltend und spricht nur wenig, müssen Sie ihn aktivieren – dies gelingt ebenfalls mithilfe von Fragen. Damit vermeiden Sie auch einen typischen Fehler: Selbst zu viel zu sprechen und in einen Monolog zu verfallen.

Da zurückhaltende Gesprächspartner häufig auch relativ kurze Antworten geben, ist es oft schwer, das Gespräch in Fluss zu bringen. Dies gelingt Ihnen zum Beispiel, indem Sie die Antworten des Kunden aufgreifen, wiederholen und sich von ihm bestätigen lassen (»Sie meinen also, dass …«, »Sie legen also Wert auf …« et cetera). Oder Sie schließen gleich eine Überleitung beziehungsweise Frage daran an (»Weil wir gerade beim Thema … sind: Was halten Sie denn von …«).

> **Tipp:** Droht ein Gespräch aus dem Ruder zu laufen, hilft eine schnelle Strukturierung. Als erstes fassen Sie die einzelnen Gesprächsergebnisse zusammen. Dann nennen Sie dem Kunden die Punkte, die Sie außerdem noch mit ihm klären wollen.

Gespräche umlenken

Geht das Telefonat in eine andere Richtung als Sie wünschen, können Sie es umlenken. Greifen Sie Stichwörter auf und stellen Sie dem Gesprächspartner dazu eine Frage. Beispiele: »Apropos Qualitätskontrolle ...«, »Lassen Sie uns doch noch mal über ... sprechen, Sie hatten da vorhin angedeutet, dass ...«

Oder Sie machen einen harten Schnitt: Kündigen Sie einfach an, worüber Sie jetzt sprechen wollen. Beispiele:

- »Bevor uns die Zeit davonläuft, sollten wir noch über ... sprechen.«
- »Wir sind jetzt etwas abgekommen von unserem eigentlichen Thema. Konkret wollten wir darüber sprechen, wie ...«
- »Ein Thema, das für Sie sehr wichtig sein dürfte, ist Folgendes ...«
- »Bevor ich es vergesse: Was ich Sie außerdem noch fragen wollte, ...«

Zu dieser Maßnahme können Sie vor allem bei Gesprächspartnern greifen, die leicht abschweifen.

Steuern Sie Ihre Gespräche aktiv

- Bereiten Sie sich auf das Telefonat vor. Bestimmen Sie Ihre Ziele: Was wollen Sie mit diesem Gespräch erreichen? Was wollen Sie vom Gesprächspartner erfahren, was müssen Sie mit ihm klären?
- Stimmen Sie sich auf das Telefonat ein, suchen Sie Anknüpfungspunkte. Vielleicht können Sie aus Ihrer Datenbank nützliche Informationen erhalten.
- Bleiben Sie flexibel. Überlegen Sie sich auch Strategien für den Fall, dass der Gesprächspartner nicht in der richtigen Verfassung ist oder schlichtweg keine Zeit für das Telefonat hat.
- Überlegen Sie sich mögliche Kompromisse, falls Sie Ihr Gesprächsergebnis nicht erreichen.
- Behalten Sie während des Gesprächs immer Ihr Ziel vor Augen. Am besten notieren Sie sich dieses schriftlich sowie die einzelnen Etappen dazu.
- Stellen Sie sich auf Ihren Gesprächspartner ein. Nehmen Sie seine Äußerungen aufmerksam war, fragen Sie nach, wenn etwas unklar ist.
- Achten Sie darauf, dass Ihr Gesprächspartner genügend Redeanteil hat. Er sollte die meiste Zeit sprechen, nicht Sie.

- Kontrollieren Sie immer wieder, ob das Gespräch noch »auf Kurs« ist. Droht es abzudriften oder schweift der Gesprächspartner ab, bringen Sie ihn wieder zum Thema zurück.
- Fassen Sie Zwischenergebnisse zusammen.
- Wollen Sie das Gespräch beenden, so setzen Sie eindeutige Signale. Beispiel »Es war schön, mal wieder mit Ihnen zu sprechen«, »Das war jetzt ein sehr interessantes Gespräch« et cetera. Indem Sie die Vergangenheitsform »war« benutzen, merkt der Gesprächspartner, dass Sie nun zum Ende kommen wollen.

Fazit: Mithilfe von Fragen können Sie jedes Gespräch in die richtige Richtung lenken. Stellen Sie notfalls eine Frage mehrmals. Behalten Sie immer Ihr Ziel vor Augen und sprechen Sie nacheinander die gewünschten Punkte an. Steuern Sie auch den Gesprächsabschluss.

Nachgedacht
- Führen Sie abschweifende Gesprächspartner wieder zum Thema?
- Aktivieren Sie zurückhaltende Personen immer wieder?
- Behandeln Sie während eines Telefonats alle Punkte, die Sie sich vorgenommen haben?
- Können Sie fehlgeleitete Gespräche wieder in die richtigen Bahnen lenken?
- Behalten Sie bis zum Ende die Gesprächsführung und -steuerung?

2.4 Nützliche Verkaufsrhetorik

Schon mit einfachen rhetorischen Mitteln können Sie Ihre Kommunikation erheblich verbessern: Sie sprechen klarer und überzeugender, Ihre Argumente wirken schlagkräftiger und der Gesprächspartner wird Ihnen interessierter zuhören. Und gerade am Telefon sind rhetorische Fähigkeiten nützlich, um die Spannung und Aufmerksamkeit beim Kunden zu erhöhen.

Wiederholung

Ein sehr bekanntes Stilmittel, das Sie sich durchaus zunutze machen können, ist die Wiederholung zum Satzbeginn. Beispiel: »Diese Lösung ist mit Ihrem System, das Sie bisher verwenden, kompatibel. Diese Lösung können Sie auch nachträglich noch erweitern. Diese Lösung bietet Ihnen zusätzlichen Gestaltungsspielraum.«

Auf diese Weise bauen Sie einen Spannungsbogen auf und verketten die Argumente gehirngerecht. Wichtig ist die richtige Aussprache: Betonen Sie in der Satzmitte und akzentuieren Sie gegen Satzende. Damit erreichen Sie, dass sich der Gesprächspartner auf die jeweiligen Botschaften konzentriert. Dagegen dürfen Sie keinesfalls die ersten Wörter betonen – dies hätte eine suggestive Wirkung, die der Gesprächspartner als Manipulation empfinden kann. Ein weiterer Effekt: Ihr Sprechtempo wird bei diesem Stilmittel langsamer, da auch Sie kurz nachdenken müssen, um die Aussagen zu formulieren. Für den Gesprächspartner ist dies angenehm – er kann Ihnen leichter folgen.

Ein ebenfalls sehr wirkungsvolles rhetorisches Mittel ist die nachgeschobene Wiederholung: Beispiel: »Wenn Sie sich noch in diesem Monat entscheiden, bekommen Sie noch zehn Prozent Einführungsrabatt – also zehn Prozent Rabatt.« Der Effekt ist, dass der Satz dem Kunden noch im Ohr klingt. Er empfindet sie als etwas besonders Wichtiges. Ein weiteres Beispiel: »Bei uns bekommen Sie alles aus einer Hand, ja wirklich alles aus einer Hand.« Damit stellen Sie die Kernaussage »alles aus einer Hand« nochmals heraus, sodass sie sich dem Kunden ins Gedächtnis einprägt.

Eine weitere positive Wirkung dieser nachgeschobenen Wiederholung: Der Satzbau wird klarer und kürzer, der Inhalt leichter verständlich. So machen Sie es dem Gesprächspartner leicht, das Gesagte aufzunehmen.

Doppelung wirkt seriös

Mithilfe einer Doppelung vermeiden Sie Übertreibungen, die der Kunde leicht als subjektiv, sogar unseriös empfinden könnte. Beispielsweise Begriffe wie *super, toll, spitze, klasse, unglaublich, fantastisch*. Viele Kunden werden misstrauisch, wenn ihnen ein Produkt oder eine Lösung auf solche Weise geschildert wird: Ihnen fehlt die sachliche Ebene. Diese stellen Sie mithilfe der Doppelung her. Beispiel: »Unsere Produkte sind sehr, sehr hochwertig.« Diese Darstellung wirkt seriös und authentisch.

Dramaturgische Reihenfolge

Bringen Sie Ihre Argumente in eine dramaturgische Reihenfolge. Beispielsweise mithilfe der Steigerung: Sie bringen drei Argumente hintereinander, wobei Sie mit dem schwächsten beginnen und das stärkste am Schluss bringen. Auf diese Weise erhöhen Sie die Spannung. Beispiel: »Diese Lösung ist energiesparend, sicher und dazu noch preiswert.« Der Effekt: Der Kunde erhält nicht eine Vielzahl von ungeordneten Nutzenargumenten, sondern erkennt, dass die letzte Aussage die wichtigste ist. Für dieses rhetorische Stilmittel sind drei Argumente ideal: Sie kann der Kunde problemlos aufnehmen. Ihr Satzbau wird prägnant und kurz –

gerade am Telefon erleichtert dies das Verständnis. Sie bringen Ihre Aussagen auf den Punkt und der Kunde wird sich auch hinterher noch daran erinnern können.

Wenn-dann-Verkettung

Gerade in der Überzeugungs- und Abschlussphase ist die Bedingung ein geeignetes rhetorisches Mittel. Typisch ist die Verkettung zweier Argumente mit »wenn ... dann ...« Beispiel: »Wenn Sie die nächsten zwanzig Jahre sorgenfrei arbeiten wollen, dann gibt es nur eine Lösung für Sie ...« Dieser Sprachtrick hat den Effekt, dass auch der Kunde Ihre Argumentation als logisch und nachvollziehbar empfindet. Zudem wirkt diese Art der Argumentation sehr überzeugend und selbstsicher. Dies liegt auch an der verständlichen Ausdrucksweise.

Arbeiten Sie mit Zahlen

Zahlen haben eine besondere Wirkung: Der Kunde empfindet sie als wahr und realistisch. Machen Sie sich dieses Phänomen zunutze und arbeiten Sie in Ihren Kundentelefonaten ebenfalls mit Zahlen. Beispiele:

- »Folgende drei Punkte sprechen für diese Lösung: Erstens ..., zweitens ..., drittens ...«
- »Diese drei Dinge sollten wir noch klären ...«
- »Aus zwei Gründen ist es für Sie vorteilhaft, wenn Sie sich auch für ... entscheiden. Der erste Grund liegt in ...; der zweite Grund ist folgender ...«

Mit dieser Methode sichern Sie sich gleichzeitig die Aufmerksamkeit des Gesprächspartners: Er weiß, dass nach dem ersten Argument noch zwei weitere kommen und nimmt eine entsprechende Erwartungshaltung ein.

Machen Sie bewusst Pausen

Pausen sind ein rhetorisches Gestaltungsmittel, das Sie sehr vielfältig einsetzen können. Zum Beispiel als Denkpause: Sie geben dem Gesprächspartner die Möglichkeit, das Gesagte zu überdenken. Er soll sich mit der Botschaft oder Information auseinandersetzen, die Sie ihm gerade vermittelt haben – nun geben Sie ihm die Möglichkeit dazu. Oft sind Pausen sogar notwendig: Wenn Sie weiterreden, laufen Sie Gefahr, dass Missverständnisse entstehen oder der Gesprächspartner Ihre Information schlichtweg vergisst. Mit Pausen verleihen Sie Ihrer Aussage auch mehr Bedeutung: Instinktiv bewertet der Zuhörer sie als besonders wichtig.

Schließlich sind Pausen auch dazu da, den Dialog in Gang zu bringen: Sie laden den Gesprächspartner ein, nun seine Meinung zu äußern, Fragen zu stellen, Wünsche zu äußern oder ganz einfach Resonanz und Feedback zu geben. Dass Sie dem anderen immer wieder die Möglichkeit geben, sich einzuschalten, ist auch eine Frage der Höflichkeit: Dauerredner werden als aufdringlich und unseriös empfunden. Wenn Sie dagegen bewusst Pausen einlegen, signalisieren Sie damit auch Selbstsicherheit und wecken Vertrauen: Sie sind bereit, Feedback offen anzunehmen.

Selbst wenn Sie einmal den Faden verlieren, können Sie einfach eine Pause machen: Möglicherweise interpretiert sie der Gesprächspartner sogar als rhetorisches Stilmittel und meint, Sie legen eine Pause ein, um die Spannung zu erhöhen.

Umgekehrt gibt es auch gewiefte Einkäufer und Verhandlungsprofis, die die Macht des Schweigens gezielt ausnutzen. Sie sagen zum Beispiel in Preisverhandlungen absichtlich nichts, damit der Gesprächspartner einlenkt. Vielleicht hilft Ihnen der Kunde sogar aus einem kleinen Blackout heraus und stellt eine Frage oder merkt noch etwas an – und schon ist Ihr Gespräch wieder im Fluss.

> **Tipp:** Verlieren Sie tatsächlich einmal den roten Faden, helfen folgende Mittel:
> - Sie fassen das Gesagte zusammen, um wieder in Fahrt zu kommen.
> - Sie wiederholen einfach den zuletzt gesagten Satz noch einmal.
> - Oder Sie geben sich einen Ruck und bitten den Gesprächspartner, Ihnen zu helfen: »Entschuldigung, jetzt habe ich gerade den Faden verloren – bitte helfen Sie mir, wo waren wir stehen geblieben?«

Vorsicht, Falle

Komplizierte Fachbegriffe, technische Produktspezifikationen, (interne) Abkürzungen – all das hat in Kundengesprächen am Telefon nichts zu suchen. Ausnahme: Der Gesprächspartner benutzt die Fachbegriffe selbst. Einer der größten Fehler in der Kundenkommunikation sind rhetorische Fragen wie »Sie kennen doch sicher ...« – und der Gesprächspartner sagt »Ja«, obwohl er überhaupt nicht weiß, worum es geht. Doch die Frage löst bei ihm den Impuls aus, zuzustimmen. Es wäre ihm peinlich und unangenehm, verneinen zu müssen. Vermeiden Sie deshalb solche Fragen. Falls es Ihnen doch einmal passiert, und der Gesprächspartner antwortet mit »Ja«, obwohl Sie das Gefühl haben, dass er eigentlich »Nein« sagen müsste, so erläutern Sie kurz, worum es geht, und fahren fort. Passiert es Ihnen umgekehrt, dass Ihnen der Gesprächspartner sagt, »Sie haben ja sicher schon gehört, dass ...«, so antworten Sie: »Nein, noch nicht. Wenn Sie so nett sind und mich kurz darüber aufklären ...«

Sprechen Sie positiv

»Bitte stellen Sie sich keinen rosaroten Elefanten vor.« Wenn Sie versuchen, diese Anweisung zu befolgen, werden Sie schnell merken: Sie tun genau das Gegenteil. Ob Sie es wollen oder nicht, vor Ihrem inneren Auge entsteht das Bild eines rosaroten Elefanten.

Dieses Experiment können Sie sogar noch weiterführen: Wenn Sie in Ihrer Argumentation Aussagen verneinen, werden sie dem Kunden als Tatsachen im Gedächtnis bleiben. Beispiel: Wenn Sie ihm sagen »Das Gerät ist so robust, dass es auch dann nicht kaputt geht, wenn es einmal herunterfällt«, wird sich der Kunde mit großer Wahrscheinlichkeit merken, dass das Gerät ja möglicherweise kaputt gehen könnte. Deshalb formulieren Sie solche Aussagen besser um: »Das Gerät ist so robust, dass es auch einen Sturz bestens übersteht.«

Seien Sie auch vorsichtig mit Äußerungen wie »kein Problem«, »keine Ursache« et cetera. Selbst wenn sie gut gemeint sind, schwingt darin immer auch etwas Negatives mit: Vielleicht wäre Ihr Gesprächspartner nie auf die Idee gekommen, dass überhaupt ein Problem entstehen könnte – jetzt wird er darüber nachdenken. Oder wenn Sie sagen »Das macht mir gar nichts aus« könnte der Kunde denken: »Offensichtlich ja doch.« Besser sind deshalb Formulierungen wie »Das erledige ich sehr gerne für Sie.«

Fazit: Verwenden Sie rhetorische Stilmittel, um am Telefon die Aufmerksamkeit und das Interesse Ihrer Gesprächspartner zu steigern. Haben Sie auch den Mut zu Wiederholungen und Gedankenpausen – damit können Sie Ihre Argumente noch wirkungsvoller präsentieren. Achten Sie außerdem auf positive Formulierungen.

Nachgedacht
- Verwenden Sie Wiederholungen, um dem Gesagten Nachdruck zu verleihen?
- Bringen Sie Ihre Argumente in der richtigen dramaturgischen Reihenfolge?
- Nutzen Sie die Wirkung von Zahlen?
- Bleiben Sie auch bei einem Blackout gelassen?
- Ersetzen Sie negative Formulierungen durch positive?

2.5 Story-Selling

Wenn Sie Ihre Akquise- und Verkaufsgespräche am Telefon führen, können Sie dem Gesprächspartner natürlich keinerlei Anschauungsmaterial oder Muster in die Hand geben. Sie müssen ihn rein verbal überzeugen. Sprechen Sie deshalb möglichst anschaulich, verwenden Sie Bilder und Vergleiche – oder erzählen Sie dem Kunden sogar eine kleine Geschichte.

Mithilfe von Story-Selling können Sie bei Ihrem Gesprächspartner sämtliche Abwehrsysteme umgehen. Er fühlt sich nicht bedrängt oder zum Kauf genötigt – denn Sie erzählen ihm ja nur eine Geschichte. Diese muss allerdings glaubwürdig und authentisch sein. Besonders wirkungsvoll sind eigene, selbst erlebte Geschichten oder Anekdoten. Beispielsweise berichten Sie dem Kunden davon, wie selbst das betreffende Produkt zum ersten Mal angewendet haben, vorher skeptisch waren und dann ein echtes Aha-Erlebnis hatten. Oder Sie schildern den Fall eines anderen Kunden, der schmerzliche Erfahrungen machen musste, die Sie dem Gesprächspartner unbedingt ersparen möchten.

Auf folgende Punkte sollten Sie bei Ihren Geschichten achten:

- Ihre Geschichte muss glaubwürdig sein. Tragen Sie deshalb nicht zu dick auf.
- Wenn Sie namentlich von Dritten erzählen – was besonders glaubwürdig wirkt –, holen Sie sich vorher deren Einverständnis ein. Sehr wirkungsvoll ist es natürlich, wenn Sie dem Gesprächspartner anbieten können, selbst den jeweiligen Referenzkunden anzurufen.
- Bleiben Sie, wenn Sie eine Geschichte öfters erzählen, bei Ihrer ursprünglichen Fassung. Denn Sie wissen nicht, ob Ihre Kunden auch mal untereinander darüber reden – und verwundert sind, wenn sie völlig unterschiedliche Versionen von Ihnen gehört haben.
- Sparen Sie sich die besten Geschichten für einen besonderen Moment auf. Jede Story dürfen Sie einem Kunden nur einmal erzählen. Beim zweiten Mal wird der Gesprächspartner zwar höflich zuhören – doch damit machen Sie die ganze Wirkung zunichte. Hier hilft ein einfacher Vermerk in der Datenbank beziehungsweise Kundenhistorie.

Passende Story

Wenn Ihnen auf Anhieb keine passende Geschichte einfällt, so denken Sie einmal genau nach. Vielleicht helfen Ihnen folgende Anregungen:

- *Selbst erlebte Geschichten:* Was waren besonders einprägsame (Schlüssel-)Erlebnisse für Sie? In welchen Situationen haben Sie besondere Erkenntnisse gewonnen, die für Sie wichtig waren?
- *Geschichten von Dritten:* Welche interessanten Geschichten haben Ihnen Freunde, Bekannte und Kunden erzählt?
- *Geschichten, Ankedoten et cetera aus Ihrem Unternehmen:* Was erzählt Ihre Firmengeschichte? Welche interessanten Entwicklungen gab es? Was lässt sich daraus für Ihre Kundengespräche verwerten?
- *Erfundene Geschichten:* Hier ist der wahre Kern entscheidend, den Sie dann in eine entsprechende Story verpacken. Ziel ist es hier, die Gesprächspartner selbst ihre Schlüsse ziehen zu lassen. Dies empfiehlt sich gerade bei solchen Personen, die sehr autoritär und dominant wirken und sich ungern von anderen etwas sagen lassen.
- *Metaphern:* Auch einfache Vergleiche können lebendige Bilder in der Fantasie des Kunden erzeugen. Wichtig ist, dass die Begriffe aus »seiner Welt« stammen und ihm vertraut sind.

> **Tipp:** Frischen Sie Ihren Fundus an Geschichten immer wieder auf. Reichern Sie ihn mit neuen Erlebnissen und Erfahrungsberichten an. So haben Sie immer etwas Neues und Spannendes zu berichten. Jedes Kundentelefonat kann Ihnen dafür Stoff liefern. Und mit Sicherheit haben auch Ihre Außendienst- und Service-Kollegen, die ja fast tagtäglich vor Ort beim Kunden sind, Spannendes zu berichten.

Viele Einsatzmöglichkeiten

Story-Selling können Sie für folgende Zwecke besonders gut einsetzen:

- *Das Problembewusstsein des Kunden schärfen:* Sieht der Kunde noch keinen unmittelbaren Handlungsbedarf, können Sie ihm anschaulich schildern, welche Problemfälle auftreten können, wenn der Kunde zum Beispiel nicht modernisiert oder technisch aufrüstet. Noch brisanter lässt sich das Problem darstellen, wenn es dazu Erfahrungsberichte von Dritten gibt, die ähnlich dachten und dann einen erheblichen (finanziellen) Schaden verbuchen mussten.
- *Begehrlichkeiten wecken:* Natürlich können mit Storys auch Sehnsüchte, Wünsche und Begehrlichkeiten erzeugt werden. Dazu laden Sie den Gesprächspartner auf eine Entdeckungsreise ein, indem Sie ihm anschaulich den erstrebenswerten Zustand beschreiben. Beispiel: »Stellen Sie sich einmal vor, wie schön es für Sie sein wird, wenn ...«

- *Den Preis erklären:* Auch für Preisgespräche können Storys äußerst nützlich sein: Indem Sie zum Beispiel darlegen, welche intensive Forschungs- und Entwicklungsarbeit dem Produkt vorausging und wie aufwändig die Produktion ist. Gerade bei handgefertigten Produkten, Unikaten und kundenspezifischen Sonderausführungen können Sie am Telefon auch noch den Herstellungsvorgang erläutern. Je anschaulicher Sie die Produktentwicklung und -fertigung schildern können, umso mehr relativiert sich der Preis.
- *Einwände indirekt entkräften:* Bringt der Kunde einen Einwand, reagiert er häufig empfindlich darauf, wenn Sie ihm unmittelbar widersprechen oder den Einwand sachlich widerlegen. Solche Situationen vermeiden Sie, indem Sie Ihre Argumentation in eine Geschichte oder Anekdote verpacken. So kann der Kunde seine eigenen Schlüsse ziehen und am Ende selbst erkennen, dass seine Bedenken unbegründet sind.

Fazit: Mit realen Geschichten oder Anekdoten können Sie gerade am Telefon Filme und Bilder im Kopf des Kunden erzeugen. Gerade wenn die Überzeugungsarbeit schwierig ist, können Sie statt dessen eine Geschichte erzählen: Sie veranlasst den Kunden zum Nachdenken und schärft sein Problem- oder Lösungsbewusstsein. Das, was er als nüchterne Argumente kaum akzeptieren würde, können Sie in Geschichten verpacken.

> **Nachgedacht**
> - Nutzen Sie Geschichten und Anekdoten, um Kunden bestimmte Sachverhalte, Probleme und Lösungen anschaulich zu machen?
> - Sind Ihre Geschichten authentisch und glaubwürdig?
> - Achten Sie darauf, dass Sie Ihre Geschichten jedem Kunden nur einmal erzählen?
> - Frischen Sie Ihren Fundus an Storys laufend auf?

2.6 Die richtigen Fragen stellen

Mithilfe von Fragen können Sie jedes Gespräch steuern und erfolgreich beeinflussen. Sie können es zielgerichtet fortführen oder ihm eine völlig andere Richtung geben. Auch auf die Gesprächsatmosphäre und das Kundenverhalten können Sie einwirken: Sie müssen nur wissen, wie.

2.6.1 Offene Fragen

Was offene Fragen – oder W-Fragen – sind, ist leicht gesagt: Sie enthalten Wörter, die mit »W« beginnen, beispielsweise was, wer, warum, wieso, weshalb, wofür, welche, wie, wo, woran et cetera. Diese Wörter stehen in einfachen Fragesätzen am Beginn des Satzes, bei verschachtelten und komplexen Sätzen auch häufig an einer anderen Stelle.

Das Besondere an offenen Fragen ist – wie der Name schon sagt – ihre Offenheit. Sie stellen es dem Gesprächspartner völlig frei, was er Ihnen antworten will und ob er sich kurz fasst oder Ihnen etwas ausführlich erläutert. In der Regel sind offene Fragen deshalb für die Aktivierung des Gesprächspartners besser geeignet als geschlossene Fragen. Auch der Beziehungs- und Sympathieaufbau gestaltet sich leichter, denn offene Fragen werden meist – wenn auch oft unbewusst – als Interesse am Gesprächspartner empfunden.

Ideal in der Bedarfsanalyse

Gerade in der Bedarfsanalyse sind offene Fragen ideal. Sie können mit weit gefassten W-Fragen beginnen, die Sie, wenn der Gesprächspartner damit nichts anfangen kann, eingrenzen. Beispiele für weit gefasste Fragen:

- »Wie bewerten Sie denn die aktuelle Lage bei Ihren eigenen Kunden?«
- »Wie beurteilen Sie denn die Marktlage in diesem Bereich?«
- »Was sind denn Ihre Erfahrungen mit …?«

Kann der Gesprächspartner damit noch wenig anfangen, grenzen Sie Ihre Frage weiter ein oder geben ihm Zusatzinformationen. Beispiel:

- »Im Moment ist es ja so, dass … Wenn Sie jetzt an Ihre eigenen Gespräche mit Durchschnittskunden denken, was sind denn die häufigsten Probleme, die Sie zu hören bekommen?«

Zur Informationsgewinnung

Offene Fragen eignen sich aber auch dazu, in jeder Phase des Gesprächs wichtige Informationen zu bekommen. Beispiele:

- »Bis wann soll das Produkt zur Verfügung stehen?«
- »Ab wann möchten Sie mit dem Produkt arbeiten?«

Damit können Sie den Zeitpunkt eingrenzen und daraus Schlüsse über Ihre Abschlusschancen ziehen. Oder:

- »Von welcher Liefermenge sprechen wir?«

So ermitteln Sie beispielsweise das Auftragspotenzial. Oder:

- »Wer gemeinsam mit Ihnen entscheidet denn noch darüber?«

Damit können Sie abklären, ob Sie es mit dem wirklichen beziehungsweise Alleinentscheider zu tun haben. Oder:

- »Bis wann benötigen Sie das Angebot genau?«
- »Zu welchem Termin muss es Ihnen spätestens vorliegen?«

Auch als Abschluss des Gesprächs eignen sich offene Fragen, um eine verbindliche Abmachung festzulegen:

- »Was schlagen Sie vor?«
- »Welche weiteren Schritte stellen Sie sich vor?«
- »Bis wann haben Sie ... geklärt?«
- »Wie sollten wir Ihrer Meinung nach jetzt weiter vorgehen?«

Fazit: Mit offenen Fragen können Sie Ihren Gesprächspartner gut aktivieren und gleichzeitig das Gespräch steuern. Nicht zuletzt signalisieren offene Fragen Interesse am Kunden. Seine Bereitschaft, Ihnen ausführlich zu antworten und die gewünschten Informationen zu geben, erhöht sich.

> **Nachgedacht**
> - Verwenden Sie bevorzugt offene Fragen in der Bedarfsanalyse?
> - Bringen Sie mithilfe offener Fragen das Gespräch in Gang?
> - Nutzen Sie offene Fragen zur Informationsgewinnung?

2.6.2 Geschlossene Fragen

Die geschlossene Frage ist im Verkauf zwar mit Bedacht anzuwenden, doch sie hat durchaus ihren Sinn. Mit geschlossenen Fragen lassen sich binnen Kürze wichtige Fragen klären. Voraussetzung ist allerdings, sie sehr dosiert und an der richtigen Stelle zu verwenden. Einer der großen Vorteile von geschlossenen Fragen ist außerdem, dass sich damit konkrete Entscheidungen herbeiführen lassen.

Zwar lassen geschlossene Fragen formal nur die Antworten »ja« und »nein« sowie Zweifel wie »vielleicht«, »ich weiß (noch) nicht«, »möglich« et cetera zu. Dass dies in der Praxis nicht immer der Fall ist, lässt sich leicht feststellen, wenn Sie jemanden fragen »Können Sie mir sagen, wie viel Uhr es ist?« Wohl kaum jemand antwortet darauf (nur) mit »ja«, »nein« oder »vielleicht«, sondern wird Ihnen entweder die Uhrzeit nennen oder sein Bedauern äußern: »Ich trage leider auch keine Uhr.«

Es kann sogar sein, dass Sie schon sehr früh in Ihrem Kundentelefonat geschlossene Fragen verwenden. Beispiele:

- Sie fragen am Telefon die Sekretärin nach dem gewünschten Ansprechpartner und schließen eine geschlossene Frage an: »Ist er denn gerade im Haus?«
- Sie klären ab, ob es überhaupt Sinn macht, das Akquisegespräch fortzuführen: »Mit welchem System arbeiten Sie denn momentan?« (wenn Sie zum Beispiel technische Komponenten verkaufen, die nur für bestimmte Systeme kompatibel sind).

Typische Kontrollfragen

Geschlossene Fragen dienen im Verkauf auch als gute Kontrolle. Mit solchen »Kontrollfragen« können Sie Sachverhalte eindeutig abklären. Außerdem haben Sie die Möglichkeit, sich die Zustimmung des Gesprächspartners einzuholen. Beispiele:

- »Gefällt Ihnen das Produktdesign?«
- »Erfüllt die Ausstattung Ihre Wünsche?«
- »Sind Sie damit einverstanden?«
- »Ist das so in Ordnung für Sie?«
- »Passt Ihnen nächste Woche am Mittwoch um halb drei?«
- »Sind Sie am Donnerstag zwischen 10 und 12 Uhr telefonisch erreichbar?«

Tipp: Gehen Sie mit geschlossenen Fragen sparsam um. Den überwiegenden Teil Ihres Gesprächs sollten Sie mit offenen Fragen steuern. Denn mehrere geschlossene Fragen unmittelbar nacheinander gestellt, geben Ihren Gesprächen schnell den Charakter eines Kundenverhörs. Das sollten Sie tunlichst vermeiden. Falls es einmal für Sie unumgänglich ist, mehrere geschlossene Fragen hintereinander zu stellen, »kleiden« Sie diese wenigstens etwas ein, indem Sie die Antwort des Kunden aufgreifen, dazu etwas (möglichst Positives) sagen und erst dann zur nächsten Frage überleiten: »Was ich außerdem noch gerne von Ihnen wissen möchte: Arbeiten Sie schon mit dem System XYZ?«

Alternativfragen

Eine Abwandlung der geschlossenen Frage ist die Alternativfrage. Damit geben Sie dem Kunden immer die Möglichkeit, zu wählen und signalisieren so Verständnis und Entgegenkommen für seine Situation. Beispiele:

- »Ist Ihnen der Vormittag oder der Nachmittag lieber?«
- »Sollen wir gleich einen Termin vereinbaren oder erst morgen, nachdem Sie mit Herrn Schmidt darüber gesprochen haben?«
- »Passt es Ihnen noch vor Ihrem Urlaub oder lieber danach?«
- »Möchten Sie lieber die Basisversion oder die erweiterte mit Zubehör?«

Alternativfragen eignen sich auch gut als (Test-)Abschlussfrage – denn indem der Kunde eine Version bevorzugt, trifft er auch gleichzeitig eine Entscheidung.

Fazit: Verwenden Sie geschlossene Fragen, wenn Sie eine konkrete Entscheidung, Aussage oder Vereinbarung benötigen. Falls die Gefahr besteht, dass sich der Kunde bevormundet fühlt, sind Alternativfragen – im wahrsten Sinn des Wortes – eine gute Alternative.

> **Nachgedacht**
> - Setzen Sie geschlossene Fragen gezielt, aber dosiert ein?
> - Stellen Sie Kontrollfragen, um Sachverhalte zu klären und die Zustimmung des Gesprächspartners zu erhalten?
> - Verwenden Sie Alternativfragen, um dem Kunden eine Wahlmöglichkeit zu geben, wenn er sich entscheiden soll?

2.6.3 Spezielle Frageformen und -techniken

SPIN-Modell

Die Methode des SPIN-Sellings wurde von Neil Rackham, Gründer des Huthwaite-Instituts, einer internationalen Unternehmensberatung, entwickelt. Rackham hat in zahlreichen Analysen von Verkaufsgesprächen ermittelt, dass sich mit folgenden Fragetypen der gesamte Verkaufsprozess erfolgreich steuern lässt. Dabei kommen sowohl offene, als auch geschlossene Fragen zum Einsatz.

- *Situationsfragen (S):* Sie dienen dazu, die aktuelle Situation des Kunden in Erfahrung zu bringen, Daten, Fakten und Hintergrundinformationen

zu sammeln. Beispiele: »Haben Sie bereits von unserem Unternehmen gehört? Welche Geräte haben Sie derzeit im Einsatz? Wie hoch ist Ihre jetzige Ausschussquote?«
Tipp: Seien Sie sparsam bei der Dosierung von Situationsfragen, sonst könnten Sie schnell die Geduld des Kunden überstrapazieren. Wählen Sie aus, was Sie unbedingt wissen müssen und was Sie sich notfalls auch über andere Quellen beschaffen können.

- *Problemfragen (P):* Mit ihnen ermitteln Sie Bereiche, in denen der Kunde Schwierigkeiten hat beziehungsweise unzufrieden ist. Sie laden den Kunden ein, seinen Bedarf konkret und mit eigenen Worten auszudrücken. Beispiele: »Welche Probleme gibt es mit dieser Anlage? Sind Sie mit Ihrem bestehenden Wartungsvertrag zufrieden? Wie oft hatten Sie denn im vergangenen Jahr Ausfälle?«
Tipp: Überlegen Sie sich schon vor dem Gespräch, wo mögliche Probleme liegen können.

- *Implikationsfragen (I):* Sie helfen dem Kunden, die Auswirkungen und Konsequenzen zu analysieren, die das Problem beinhaltet oder nach sich zieht. Ihr Ziel ist es, den Kunden dafür zu sensibilisieren, dass er dringend eine Lösung benötigt. Beispiele: »Ist die Maschine schwer zu bedienen? Welche Auswirkungen hat das auf Ihre Produktivität? Wie stark leiden Sie unter den häufigen Störungen und Ausfällen?«
Tipp: Der Kunde muss durch Ihre Fragen zum Nachdenken animiert werden. Er muss seine Probleme selbst erkennen – Sie dürfen ihm nicht direkt sagen, dass er welche hat. Denn sonst erzeugen Sie leicht Abwehrreaktionen.

- *Nutzenfragen (N):* Sie helfen dem Kunden, ein Gefühl für den Wert und den Nutzen einer Problemlösung zu entwickeln. Sie lenken die Aufmerksamkeit des Kunden vom Problem zur Lösung. Beispiele: »Würde es Ihnen helfen, wenn Sie ... könnten? Was glauben Sie, wie könnte Ihnen eine schnellere Maschine helfen?«
Tipp: Stellen Sie mit Ihrer Frage dem Kunden etwas Schönes, Erstrebenswertes in Aussicht – die Lösung.

Weitere nützliche Fragetypen

Je nach Gesprächssituation gibt es eine Reihe von Fragetypen, die eine ganz bestimmte Funktion erfüllen. Folgende sind besonders nützlich:

- *Explorationsfragen:* Sie dienen dazu, die Kaufmotive des Kunden zu ermitteln und beginnen in der Regel mit Wie, Was und Welche. Beispiel: »Wie haben Sie das Problem bisher gelöst?«

- *Hypothetische Fragen:* Mit ihnen können Sie Kunden zum »Träumen« bringen – wenn Sie beispielsweise jemanden auf eine Lösungsmöglichkeit aufmerksam machen wollen, an die er bislang noch gar nicht geglaubt hat. Beispiel: »Angenommen, es gäbe eine Lösung, die Ihre beiden Anforderungen zu Ihrer vollsten Zufriedenheit erfüllt – wie groß wären die Vorteile, die Sie dadurch erhielten?«
- *Gegenfragen:* Mit ihnen lassen sich die Produkteigenschaften, auf die der Kunde besonderen Wert legt, durch Nachhaken ermitteln. Beispiel: »Warum ist speziell dieser eine Punkt so wichtig?«
- *Kontrollfragen:* Sie dienen dazu, Klarheit zu schaffen. Beispiel: »Habe ich Sie da richtig verstanden?«
- *Suggestivfragen:* Sie setzen das Einverständnis des anderen voraus. Deshalb sollten Sie diesen Fragetyp nur dann einsetzen, wenn Sie guten Gewissens davon ausgehen können, dass der Gesprächspartner mit Ihnen einer Meinung ist. Beispiel: »Das ist doch so in Ihrem Sinne?«

Fazit: Mithilfe der (richtigen) Fragen können Sie im Kundendialog alles herausfinden, was Sie wissen wollen. Nutzen Sie die verschiedenen Fragetechniken und -typen als nützliche »Werkzeuge« im Verkaufs- und Kundengespräch. Haben Sie den Mut, bei Bedarf nachzuhaken und Gegenfragen zu stellen. Bedienen Sie sich auch (»legaler«) psychologischer Mittel wie hypothetischer und suggestiver Fragen.

Nachgedacht
- Wissen Sie genau, in welcher Situation und Gesprächsphase welche Fragen zielführend sind?
- Entsprechen die Kundenreaktionen Ihren Erwartungen und Wünschen?
- Können Sie mit den unterschiedlichen Fragetypen souverän und flexibel umgehen?

2.7 Professionelle Einwandbehandlung

Die wichtigste Regel in Sachen Einwände lautet: Einwände sind positiv, denn sie spiegeln Kaufinteresse wider. Gerade weil der Gesprächspartner am Produkt beziehungsweise an einer Zusammenarbeit mit Ihnen interessiert ist, sagt er offen, was ihn im Moment noch davon abhält. Je genauer und detaillierter er seinen Einwand äußert, umso intensiver beschäftigt er sich mit der Kaufentscheidung. Sehen Sie deshalb Einwände als große Chance: Der Kunde ist interessiert, benötigt von Ihnen aber noch ein paar Informationen. Oder er fordert Sie indirekt auf, anhand von guten

Argumenten und Fakten seine Bedenken zu zerstreuen. Erfüllen Sie ihm diesen Wunsch: mit einer professionellen Einwandbehandlung.

2.7.1 Echte Einwände erkennen und nutzen

Dass der Kunde Einwände bringt, ist also durchaus normal. Es erleichtert Ihnen sogar die Argumentation – denn jetzt wissen Sie, wo Sie noch Informationen und Erläuterungen nachschieben müssen. Deshalb können Sie Einwänden ganz gelassen entgegen sehen.

Bewährte Einwandtechniken

Ganz entspannt und flexibel können Sie agieren, wenn Sie die folgenden Einwandtechniken gut beherrschen, die sich auch in der täglichen Praxis vielfach bewährt haben.

- *Einwand vorwegnehmen:* Diese Methode ist angebracht, wenn Sie von vornherein damit rechnen, dass der Kunde einen bestimmten Einwand bringen wird – und nur dann. Andernfalls würden Sie die sprichwörtlichen »schlafenden Hunde« wecken. Beispiel: »Sie werden jetzt sicherlich einwenden, dass Sie die Umstellung sehr teuer kommt. Sie können aber sicher gehen, dass sich diese Investition schon nach sehr kurzer Zeit bezahlt macht, weil dadurch ja die Betriebskosten wesentlich geringer ausfallen. Sie erzielen damit sogar eine laufende Ersparnis gegenüber Ihren früheren Kosten.«
- *Einwand umwandeln:* Sie wiederholen den Einwand mit Ihren eigenen Worten, um Zeit zu gewinnen. Beispiel: »Wenn ich das jetzt richtig verstanden habe, ist Ihnen diese Zusatzausstattung gar nicht so wichtig?« Mit großer Wahrscheinlichkeit wird der Kunde darauf eingehen und Ihnen vielleicht sogar noch weitere Erklärungen und Informationen geben, die es Ihnen erleichtern, passend zu argumentieren.
- *Einwand zurückstellen:* Diese Methode sollten Sie nur dann anwenden, wenn der Kunde Sie viel zu früh unterbricht, unhöflich wird und vorschnell Einwände bringt. Oder wenn Sie den Eindruck haben, dass er Ihnen nicht richtig zuhört. Beispiel: »Das ist ein wichtiger Punkt, über den wir uns ausführlich unterhalten sollten. Wenn Sie einverstanden sind, möchte ich das noch gerne ausführen, dann können wir in Ruhe über dieses Thema sprechen.«
- *Einwand zurückwerfen (Bumerang-Strategie):* Mit dieser Strategie spielen Sie den Einwand wieder zurück und reichern ihn mit Nutzwerten an oder geben ihm eine andere Perspektive. Beispiel: »Genau aus diesem

Grund lohnt es sich, die Maschine schon jetzt zu kaufen. Wenn Sie die Betriebskosten-Ersparnis hochrechnen, die Ihnen dadurch pro Jahr entsteht, und Sie außerdem noch Ihre alte Maschine in Zahlung geben, machen Sie damit viel höheren Gewinn, als wenn Sie noch zwei Jahre warten.«
- *Einwand umdeuten (Refraiming).* Dazu benutzen Sie ganz einfach das Wörtchen *und*. Beispiel: »Ich kann Sie gut verstehen, und wenn Sie das einmal so betrachten ...«

> **Tipp:** Auf einen Einwand mit »Ja, aber ...« zu reagieren, ist eine der größten Versuchungen überhaupt. Versuchen Sie, ihr trotzdem zu widerstehen. Trainieren Sie immer wieder andere Reaktionen, bis sie Ihnen in Fleisch und Blut übergegangen sind. Die einfachsten sind beispielsweise »Ach ja?«, »Interessant!« et cetera. Der überraschte Ausruf »Das ist mir neu!« kann bisweilen angebracht sein – allerdings könnten ihn empfindliche Gesprächspartner bereits als Widerspruch auffassen, im Sinne von ungläubigem Erstaunen oder der Behauptung »Das kann nicht sein!«.

Keine Angst vor Preiseinwänden

Preiseinwände gehören zu den typischen Standardeinwänden. Hier ist es das Beste, sich ein Spektrum an Reaktionsmöglichkeiten zurechtzulegen, auf das Sie bei Bedarf zugreifen können. Am besten schriftlich. Beispiele:

- *Den Einwand wiederholen:* »Zu teuer?«, »Sie finden, das Produkt ist zu teuer?«
- *Mit W-Fragen antworten:* »Inwiefern?«, »Unter welchem Gesichtspunkt?«, »Womit vergleichen Sie denn die Investition?«
- *Mit »Stoßdämpfern« abfedern:* »Ein interessanter Aspekt.«
- *Andere Sichtmöglichkeit anbieten:* »Wenn Sie den Preis als solchen betrachten, könnte er Ihnen tatsächlich etwas höher erscheinen. Doch wenn Sie bedenken, was alles noch darin inbegriffen ist: Angefangen von ... bis hin zu ..., dann sparen Sie damit sogar noch Geld.«

Gründe ermitteln

Bei Preiseinwänden versuchen Sie herauszufinden, womit der Kunde den Preis vergleicht. Dazu fragen Sie ihn ganz einfach: »Womit vergleichen Sie (den Preis)?« oder »Woran orientieren Sie sich denn?«

- Misst der Gesprächspartner den Preis an dem Budget, das ihm zur Verfügung steht, ist es das Beste, ihn nach der Höhe seines Budgets zu fragen. Dann können Sie ihm ein entsprechendes Angebot erstellen beziehungsweise eine Produktvariante anbieten, die der verfügbaren Geldsumme des Kunden entspricht.
- Ist die Grundlage des Preiseinwandes der Vergleich mit Informationen aus Presse, Rundfunk oder TV, sollten Sie sich nach den genauen Details erkundigen, die in der Werbung genannt wurden. Beziehungsweise fragen Sie den Kunden, worauf er sich genau bezieht.
- Beruht der Einwand auf der persönlichen Vorstellung des Kunden, finden Sie heraus, wie er zu seiner Einschätzung gekommen ist. Weitere Vergleichsmaßstäbe sind zum Beispiel ein anderes Angebot, Aussagen anderer Personen (Freunde, Kollegen), ein früherer Preis oder die Material- und Produktqualität.

Tipp: Bei Preiseinwänden können hypothetische Fragen den Kunden dazu veranlassen, seinen eigenen Einwand neu zu überdenken. Beispiel: »Nur einmal angenommen, Sie würden sich dennoch dafür entscheiden – was glauben Sie, welche Auswirkungen dies auf Ihre Produktivität hätte?«

Fazit: Bleiben Sie gelassen, wenn Kunden Preiseinwände bringen. Versuchen Sie, herauszufinden, wie der Kunde zu seiner Einschätzung kommt – und ob der Preis wirklich das maßgebende Entscheidungskriterium für ihn ist. Regen Sie den Gesprächspartner dazu an, seine Auffassung zu überdenken.

Nachgedacht
- Begrüßen Sie es, wenn Kunden Einwände bringen?
- Greifen Sie bei Ihrer Argumentation auf bewährte Einwandtechniken zurück?
- Versuchen Sie, dem Kunden mit Ihrer Einwandbehandlung eine neue Sichtweise anzubieten, ohne ihn bloß zu stellen?
- Vermeiden Sie Konfrontationen?

2.7.2 Vorwände sicher erkennen

Kunden, die bei ihrer Entscheidung unsicher sind oder denen ein Produkt zu teuer ist, bringen mitunter Vorwände, um sich möglichst schnell wieder zurückzuziehen. Das ist nicht immer auf Anhieb erkennbar. Doch es gibt Mittel und Wege, mit denen Sie herausfinden können, was hinter der Antwort des Kunden wirklich steckt.

- Wenn Sie den Verdacht haben, dass der Kunde einen Vorwand bringt, prüfen Sie dies zunächst durch Kontrollfragen wie: »Wenn wir diesen Punkt noch klären, wäre dann alles in Ordnung für Sie?« oder »Gesetzt den Fall, wir könnten die Lieferzeit verkürzen, würden Sie dann bei uns kaufen?« Antwortet der Kunde mit »Ja«, handelt es sich um einen echten Einwand. Sagt der Kunde trotzdem »Nein« oder druckst er herum, ist klar, dass mehr dahinter steckt und noch ein weiteres Problem vorliegt.
- Erforschen Sie jetzt den eigentlichen Grund. Mit neuen Kontrollfragen können Sie wieder klären, ob der Kunde jetzt einen echten Einwand oder wieder nur einen Vorwand nennt. Wichtig: Kontrollfragen führen schnell dazu, dass sich der Kunde in die Ecke gedrängt fühlt, abblockt oder aggressiv wird. Dann nehmen Sie lieber Bezug auf die Gesprächssituation: »Ich habe den Eindruck, wir bewegen uns im Kreis. Wie sehen Sie das?«
- Vorwände lassen sich auch entlarven, indem sie zu Argumenten umgepolt werden. Sagt der Kunde: »Ich habe sehr wenig Zeit«, dann können Sie entgegnen: »Wann haben Sie denn mehr Zeit?« Weicht er wieder aus, kann es sich zwar um einen echten Einwand handeln – doch achten Sie auf seine Stimme. Will er sich herausmanövrieren, können Sie dies meist schon hören – beziehungsweise kann er Ihnen irgendwann keinen triftigen Grund mehr nennen.

Gezielt nachhaken

Ob es sich um einen Vorwand oder Einwand handelt, können Sie herausfinden, indem Sie gleich danach eine Frage stellen. Beispiel: Sagt etwa der Kunde: »Ich muss darüber erst mit Herrn Schmidt sprechen«, so haken Sie nach: »Bis wann haben Sie denn mit ihm gesprochen?« Will sich der Kunde absolut nicht festlegen, auch nicht grob, so ist die Wahrscheinlichkeit hoch, dass es sich um einen Vorwand handelt.

> **Tipp:** Wenn Sie einen Vorwand vermuten und die Hintergründe herausfinden wollen, so beachten Sie immer folgende Regel: Der Kunde muss sein Gesicht wahren können. Nie darf er sich entlarvt oder bloß gestellt fühlen.

Falls Sie den Eindruck haben, dass Ihr Gesprächspartner nicht ehrlich sagt, was er denkt und sich hinter einem Vorwand versteckt, helfen hypothetische Fragen und Kontrollfragen. Beispiele:

- »Angenommen, wir würden dieses Problem für Sie lösen, würden Sie dann bei uns kaufen?«
- »Wenn wir diesen Mangel für Sie noch beheben, ist dann alles in Ordnung?«

Beantwortet der Kunde diese oder ähnliche Fragen positiv, handelte es sich um einen echten Einwand. Verneint er dagegen, weicht aus oder sucht nach weiteren Scheinargumenten, hat er nur einen Vorwand gebracht. In diesem Fall sollten Sie nicht mehr inhaltlich darauf eingehen. Falls sie gar nicht mehr weiterkommen, können Sie es auch auf folgende Weise probieren: »Herr Kunde, Ihre Zufriedenheit und Ihr Vertrauen liegt mir sehr am Herzen. Bitte sagen Sie mir deshalb offen, was Sie darüber denken.«

Empfehlenswert ist außerdem folgende Frage: »Ist dies der einzige Hinderungsgrund für Sie oder gibt es noch einen weiteren?«

> **Tipp:** Achten Sie darauf, wie konkret der Kunde seine Einwände und Gegenargumente formuliert. Je allgemeiner und ungenauer er sich äußert, umso höher ist die Wahrscheinlichkeit, dass es sich um einen Vorwand handelt. Gibt er sich dagegen viel Mühe, seinen Einwand genau und nachvollziehbar zu erläutern, ist dies mit Sicherheit der echte Grund, warum er mit dem Kauf noch zögert.

Fazit: Anhand von Kontrollfragen und Umdeutungen können Sie herausfinden, ob der Kunde einen Vorwand genannt hat. Versuchen Sie anhand von weiterführenden Fragen zu ermitteln, wo das eigentliche Kaufhindernis liegt. Sprechen Sie dabei offen, verhalten Sie sich aber dem Kunden gegenüber rücksichtsvoll, damit er sich nicht »entlarvt« fühlt und Ihnen ehrlich sagt, wo sein Problem liegt.

> **Nachgedacht**
> - Werden Sie hellhörig, wenn der Gesprächspartner sehr allgemeine, unspezifische Einwände bringt?
> - Prüfen Sie anhand von Fragen, ob es sich um einen Vorwand handelt?
> - Versuchen Sie den wahren Kaufhinderungsgründen auf die Spur zu kommen?

3   Verkaufen im Selling-Team

Die telefonische Terminvereinbarung ist der erste Schritt in Richtung Kunden, den Sie für den Außendienst gehen: Allerdings lohnt es sich nicht, »auf Biegen und Brechen« möglichst viele Termine zu vereinbaren. Finden Sie lieber schon am Telefon heraus, wer wirklich interessiert ist und machen Sie den Gesprächspartner neugierig: Er muss regelrecht gespannt darauf sein, was ihm der Außendienstkollege beim persönlichen Treffen für neue Perspektiven eröffnet.

Inwieweit Sie einen Besuchstermin vereinbaren oder zunächst selbst den Interessenten betreuen, entscheiden Sie selbst: Anhand bestimmter Kriterien, wie beispielsweise dem Informationsbedarf des potenziellen Kunden. Stellt sich später heraus, dass eine Betreuung per Telefon nicht ausreicht, übergeben Sie an den Außendienst.

Gemeinsame Projekte koordinieren Sie am besten vom Innendienst aus. Denn Sie haben den nötigen Überblick und können gut kontrollieren, ob alle Schritte wie geplant eingehalten werden. Schließlich sorgen Sie auch für einen geregelten und schnellen Informationsfluss.

Das Angebotsmanagement stellt gerade im Selling-Team oft ein Problem dar: Fehlen wichtige Informationen oder wird das Kundeninteresse falsch eingeschätzt, kann es passieren, dass Sie umsonst ein Angebot ausarbeiten – oder dass im schlimmsten Fall die Konkurrenz davon profitiert. Klären Sie deshalb vorher, worum es genau geht: Ob konkret eine Entscheidung ansteht oder ob sich der Interessent nur generell informieren will. Auch der Zeitpunkt spielt eine Rolle: Ein zu frühes Angebot kann genauso ein Eigentor sein wie ein zu spätes.

Verfolgen Sie jedes Angebot, das Sie abgeben. Legen Sie verbindlich fest, wann der nächste Schritt erfolgt und worin er besteht. Denn das Ziel ist immer der Auftrag – und um den sollten Sie kämpfen.

Das gilt auch für die Akquise und Betreuung von Schlüsselkunden. Unterstützen Sie den Key-Account-Manager vor allem in Sachen Informationsbeschaffung und Networking. Gute Kontakte und kurze (Informations-)Wege sind gerade hier eine wesentliche Erfolgsvoraussetzung.

Schließlich gehört zum Vertrieb im weitesten Sinne auch das Marketing. Es sorgt dafür, dass Kunden auf Ihr Unternehmen und seine Produkte aufmerksam werden. Allerdings dürfen Marketing-Kampagnen, Kundenveranstaltungen und Messebeteiligungen nie zum Selbstzweck werden. Sie alle haben nur ein Ziel: Verkäufe anzubahnen und Ihnen Abschlüsse zu erleichtern. Arbeiten Sie deshalb Hand in Hand mit den Kollegen aus der Marketingabteilung: Es lohnt sich. Dies gilt auch für die Messevor- und Nachbereitung: Hier ist es das wichtigste Ziel, Neukunden zu generieren. Ihre Aufgabe ist es deshalb, die Kontaktanbahnung und -weiterverfolgung zu managen.

3.1 Abstimmung mit dem Außendienst

Klären Sie gemeinsam mit dem Außendienst die »Spielregeln« der Zusammenarbeit. Dazu gehört natürlich auch, wer welche Aufgaben übernimmt. Selbst wenn Sie glauben, dass bei Ihnen alles geregelt ist – in der Vertriebspraxis gibt es immer wieder Fälle, in denen schnelles Handeln gefragt ist und für die es kein »Allround-Lösungsrezept« gibt.

Als Innendienstmitarbeiter sind Sie natürlich für die Aufgaben zuständig und verantwortlich, die von der Firmenzentrale aus erledigt werden müssen. Wo genau die Schnittstelle zum Außendienst liegt, was seine Aufgaben sind und was Ihre – da verläuft die Grenze oft fließend. Bei manchen Projekten müssen Sie wieder ganz neue Spielregeln definieren.

Verbindliche Absprachen

Erleichtern Sie sich deshalb gegenseitig die Zusammenarbeit, indem Sie das klären, was wirklich wichtig ist und immer wieder vorkommt. Dazu gehört beispielsweise die Vorgehensweise bei Akquisetelefonaten und der Vereinbarung von Besuchsterminen. Dabei treten immer wieder folgende Fragen auf:

- Wer vereinbart Besuchstermine mit potenziellen Kunden?
- Wer vereinbart Besuchstermine mit Stammkunden?
- Wer vereinbart Folgekontakte?
- Wer übernimmt das telefonische Nachfassen?

Dann müssen Sie wissen:

- Mit welchem Vorlauf werden Termine vereinbart?
- In welchen Fällen müssen Sie erst Rücksprache mit dem Außendienst halten, bevor Sie verbindliche Termine vereinbaren können?
- Wie viel Zeit sollten Sie pro Termin einplanen? (zum Beispiel für Erstbesuch, Folgebesuch, Präsentation et cetera)
- Was müssen Sie bei der Routenplanung berücksichtigen? (zum Beispiel maximale Entfernung in Kilometern, Staugefahr, zeitlicher Spielraum für Anfahrt, eventuelle Übernachtungen et cetera)

Genaues Briefing

Fordern Sie auf jeden Fall ein genaues Briefing für die wichtigsten Telefonate an. Beispielsweise für den Erstkontakt mit Terminvereinbarung:

- Welche möglichen Interessewecker, Stichwörter, Themenbeschreibungen dürfen Sie verwenden?
- Wie tief dürfen die Informationen gehen, die Sie dem Gesprächspartner vermitteln? Was gehört unbedingt in Ihr Akquisetelefonat, was nicht? Ab wann müssen Sie zum Beispiel sagen: »Das erläutert Ihnen gerne unser Außendienstmitarbeiter, Herr Schmidt, im persönlichen Gespräch ...«
- Welche Informationen sollten Sie vom potenziellen Neukunden für den Außendienst einholen, bevor Sie den Termin festmachen? Was sind Muss-, was Kann-Informationen? Wie sollten Sie diese Informationen für den Außendienst aufbereiten (inhaltlich und formal)?
- Wann sollten Sie überhaupt erst einen Termin vereinbaren? Welche Voraussetzungen müssen dafür erfüllt sein?

Stecken Sie genau die Kompetenzen ab. Dazu gehört vor allem auch, auf welche Fragen von Interessenten Sie vorbereitet sein müssen. Was können Sie antworten, wo schalten Sie direkt den Außendienstkollegen ein?

Gegenleistungen einfordern

Umgekehrt können auch Sie vom Außendienst entsprechende Gegenleistungen einfordern. Dazu gehört:

- Dass er seinen Terminplaner, auf den Sie beispielsweise per Intranet gemeinsam zugreifen, stets aktuell hält und zeitnah die Zeitfenster blockt, die er sich freihalten will, etwa für Bürozeiten oder lange Kundentermine.
- Dass er Sie umgehend über die Gesprächsergebnisse informiert. Dabei klären Sie auch, wer von Ihnen die Informationen in der Datenbank erfasst.
- Dass er Ihnen alle Informationen gibt – oder notfalls noch einholt – die Sie benötigen, um den Fortgang der Akquise erfolgreich voranzutreiben. Beispielsweise, wenn der Kunde weitere Informationen wünscht oder ein schriftliches Angebot einfordert.
- Dass er Sie über Änderungen und Aktualisierungen informiert – etwa, wenn sich herausstellt, dass noch Mitentscheider hinzugezogen werden müssen oder der Ansprechpartner ein anderer ist.

Konflikte sind lösbar

Konflikte mit dem Außendienst lassen sich nie vollständig ausschließen. Denn die Art der Zusammenarbeit bringt es mit sich, dass auch Reibungsflächen entstehen können. Doch Konflikte sind lösbar – vorausgesetzt, beide Seiten sind bereit, an der Konfliktbewältigung mitzuarbeiten.

Ist ein Konflikt bereits entstanden, dürfen Sie ihn keinesfalls unterdrücken oder gar leugnen. Sonst wird die Situation für beide Seiten kontraproduktiv und es besteht die Gefahr, dass Sie gegen- und nicht mehr miteinander arbeiten. Die Emotionen stauen sich immer weiter an – bis der Konflikt eskaliert.

Mut zu Konflikten

Haben Sie den Mut, bei Konflikten mit dem Außendienst offen zu reden. Sie müssen Ihre Standpunkte und Interessen klar zum Ausdruck bringen. Ebenso müssen Sie offen sein für die Anliegen und Bedürfnisse des Außendienstes. Am besten sagen Sie dem betroffenen Kollegen offen, dass es ein Problem gibt, das Sie gemeinsam mit ihm besprechen und lösen wollen. Auf keinen Fall darf ein Konfliktgespräch »zwischen Tür und Angel« oder auf die Schnelle stattfinden. Vereinbaren Sie dafür einen eigenen Gesprächstermin – das kann auch ein Telefontermin sein.

- Bereiten Sie sich gut auf das Gespräch vor – so wie Sie es auch bei Ihren Verkaufsgesprächen tun. Ziel ist es natürlich, den Konflikt zu bereinigen und eine für alle Seiten praktikable Lösung zu finden.
- Wählen Sie einen positiven Einstieg: Zum Beispiel können Sie den Kollegen daran erinnern, dass Sie bislang sehr gut zusammengearbeitet haben und sich wünschen, dass dies auch in Zukunft der Fall sein wird.
- Vermeiden Sie Schuldzuweisungen, indem Sie Ich-Botschaften senden. Beispiel: »Mir ist aufgefallen, dass es häufig Komplikationen in folgenden Bereichen gibt.«
- Ist eine ausführliche Schilderung des Sachverhalts notwendig, so kündigen Sie dies vorher an: »Wenn Sie einverstanden sind, werde ich zunächst aus meiner Sicht die aktuelle Situation darstellen, über die ich anschließend mit Ihnen sprechen möchte.«
- Unternimmt ein Gesprächspartner Rechtfertigungsversuche oder geht er zum Gegenangriff über, so halten Sie Ihre eigenen Emotionen zurück und lassen Sie ihn ausreden. Anschließend erklären Sie ihm, dass es Ihnen ausschließlich um die Klärung des Problems geht und dass Sie den anderen bitten, gemeinsam mit Ihnen eine Lösung zu suchen.

Warnsignale erkennen

Schwelende Konflikte erkennen Sie vor allem an folgenden Anzeichen:

- Der Ton untereinander wird kühler, spitzer oder ironischer, er ist geprägt von Aggressivität und Sarkasmus. Sie spüren, dass etwas in der Luft liegt.
- Die Zusammenarbeit ist geprägt von gegenseitiger Schuldzuweisung und persönlichen Angriffen.
- Beide Seiten verhalten sich stur, sind nicht kooperationsbereit.
- Informationen werden zurückgehalten.

Wenn sich solche oder ähnliche Anzeichen häufen, greifen Sie so schnell wie möglich ein. Sprechen Sie das Problem an – dann können Sie noch konstruktiv miteinander umgehen. Ganz wichtig: Bei der Konfliktlösung darf es nur Gewinner geben – keinen Verlierer.

Konflikte sind (manchmal) positiv

Konflikte im Vertriebsteam können durchaus positiv sein, wenn sie offen ausgetragen werden:

- *Unterschiedliche Haltungen werden klar:* Konflikte geben den Anstoß, unterschiedliche Positionen abzugrenzen und klare Sachverhalte zu schaffen.
- *Konflikte ermöglichen Veränderung:* Es entstehen neue Ideen und Verbesserungsvorschläge.
- *Schwachstellen werden sichtbar:* Wenn im Team Unzufriedenheit auftaucht, können die Ursachen erforscht und beseitigt werden.
- *Meinungsunterschiede helfen, die richtigen Entscheidungen zu treffen:* Sie zeigen ein Problem aus unterschiedlichen Sichtweisen auf. Diese können bei der Entscheidungsfindung berücksichtigt werden.
- *Konflikte stärken die Zusammengehörigkeit:* Ein Team, das Konflikte zulässt, diese gemeinsam analysiert und bereinigt, wächst zusammen. Jeder Beteiligte versucht, seinen Beitrag zur Teambildung und zum positiven Arbeitsklima zu leisten.

Klare Prioritäten

Klare Prioritäten erleichtern Ihnen und dem Außendienst die Zusammenarbeit. Unterscheiden Sie vor allem zwischen wichtigen und dringlichen

Aufgaben. Denn nicht das Dringliche, das »jetzt sofort und auf der Stelle« erledigt werden soll, hat Vorrang, sondern einzig und allein das, was wirklich wichtig ist. Geben Sie dem Wichtigen die oberste Priorität und terminieren Sie diese Aufgaben. Sonst bleiben sie ständig unerledigt – zu Lasten der dringlichen.

Beispiel: Ruft der Außendienst an und nennt einen Wunsch, den Sie ihm so schnell wie möglich, am besten sofort erfüllen sollen, haben Sie das Recht zu sagen, was jetzt Priorität hat. Der Außendienst muss das akzeptieren. Bieten Sie aber eine Lösung an: Zum Beispiel wann es zeitlich möglich ist, seinen Wunsch zu erfüllen. Vielleicht können Sie diese Aufgabe auch nach unten delegieren.

Tipp: Nutzen Sie die Möglichkeit zum Austausch mit Ihren Außendienstkollegen. Informelle, zwanglose Treffen sind ideal. Selbst wenn die Resonanz geringer ist als Sie sich wünschen – lassen Sie die Außendienst- und natürlich auch die Innendienstkollegen spüren, dass Sie wirklich an echter Teamarbeit interessiert sind. Zum gegenseitigen Verständnis trägt auch bei, wenn Sie sich gegenseitig »in die Karten« schauen lassen: Zum Beispiel, indem Sie immer mal wieder den Außendienst auf seinen Verkaufstouren begleiten. Umgekehrt müssen natürlich auch Sie dazu bereit sein, die Kollegen in Ihrem Büro zu empfangen.

Fazit: Gemeinsame, verbindliche Spielregeln und klare Absprachen verbessern nicht nur die Zusammenarbeit mit dem Außendienst, sondern schaffen auch eine produktive Arbeitsatmosphäre. Sie verhindern, dass Aufgaben doppelt oder gar nicht erledigt werden und beugen Missverständnissen vor. Je mehr Sie sich gegenseitig »in die Karten schauen lassen«, umso besser können Sie sich unterstützen und gemeinsame Verkaufserfolge erzielen.

Nachgedacht
- Haben Sie die Aufgabenteilung mit dem Außendienst genau geklärt?
- Ist diese schriftlich dokumentiert?
- Sind Sie über die Projekte informiert, die gerade beim Außendienst laufen?
- Ist Ihre Zusammenarbeit transparent?
- Unterstützen Sie sich gegenseitig?
- Gehen Sie mit Konflikten konstruktiv um?
- Setzen Sie die richtigen Prioritäten?

3.2 Telefonische Terminvereinbarung

Nichts ist einfacher, als für die telefonische Terminvereinbarung das Ziel festzulegen: Es ist immer der Termin. Orientieren Sie sich dabei an folgenden Regeln:

- Sie »verkaufen« ausschließlich den Termin. Der Produkt- oder Lösungsverkauf ist Sache des Außendienstes und hat speziell in diesem Telefonat nichts zu suchen.
- Den Termin »auf Biegen und Brechen« hereinzuholen, ist vergeudete Mühe. Überzeugen, nicht überreden, lautet die Devise: Wer sich überrumpelt fühlt, wird den Termin entweder wieder stornieren oder den Außendienst sogar versetzen – im seltensten Fall aber kaufen.
- Vereinbaren Sie nur dann einen Termin, wenn Sie auf wirkliches Interesse stoßen. Der Gesprächspartner muss wissen, um welches Thema es geht. Erst dann kann er entscheiden, ob er sich näher damit befassen will.
- Machen Sie nicht mit irgendwelchen Personen Termine aus – sondern mit denen, die entscheiden. Vergewissern Sie sich durch Rückfragen, dass Sie mit dem richtigen Ansprechpartner verbunden sind. »Entscheiden Sie das alleine …?« ist beispielsweise eine geeignete Frage, wenn Sie den Eindruck haben, nicht mit dem Entscheider verbunden zu sein, oder wenn Sie ausfindig machen wollen, ob es sich um ein Entscheidergremium handelt. Im letzteren Fall sollten Sie möglichst alle wichtigen Personen zum Termin bitten. Bestätigen Sie den Termin schriftlich unmittelbar danach. Das wirkt seriös, und Sie können noch einmal kurz festhalten, worum es geht. Umgekehrt können Sie aber auch um eine Terminbestätigung bitten. Das ist beispielsweise sinnvoll, wenn Sie mit der Sekretärin gesprochen haben.

Kurz und knapp

Halten Sie Ihre Telefonate, die der Terminvereinbarung dienen, kurz und knapp. Denn für die ausführliche Information des Kunden ist der Außendienst zuständig. Beispiel:

- Sie erläutern Ihrem Ansprechpartner in einem bis drei Sätzen, worum es geht.
- Statt reinen Informationen verwenden Sie einen Interessewecker, der den Gesprächspartner bei seinen Problemen oder Wünschen abholt.

- Sie nennen den Grund Ihres Anrufs: Die Vereinbarung eines Termins, bei dem der Außendienst die angesprochene Lösung näher erläutern kann.
- Dann fragen Sie den Gesprächspartner nach einem passenden Termin: Am besten mithilfe einer Alternativfrage. Damit setzen Sie ganz einfach voraus, dass er einen Termin mit Ihnen vereinbaren wird. »Wann ist es denn für Sie am günstigsten, lieber Anfang oder Ende nächster Woche?«

Tipp: Auch bei der telefonischen Terminvereinbarung gilt die Regel »Weniger ist oft mehr«. Setzen Sie auf Qualität statt Quantität: Wenn Sie nur möglichst viele Besuchstermine vereinbaren – egal, ob diese erfolgversprechend sind – tun Sie dem Außendienstkollegen und sich selbst keinen Gefallen. Besser ist es, am Telefon die wirklichen Interessenten zu ermitteln und sich auf sie zu konzentrieren.

Vorsicht, Rückzug

Versuchen Sie nie, jemandem einen Termin aufzudrücken. Denn dann erfolgt sehr schnell eine Reaktion, die mit Kaufreue vergleichbar ist: Der Kunde ärgert sich darüber, dass er gegen seinen Willen überredet wurde und zugesagt hat. Deshalb greift er nun zum Telefonhörer und storniert wieder den Termin.

Vor allem bei Personen, die schlecht »Nein« sagen können, besteht die Gefahr, dass Sie sich falsche Hoffnungen machen: Bei solchen Gesprächspartnern ist es relativ leicht – verdächtig leicht – einen Termin zu bekommen. Doch hinterher wird er wieder abgesagt.

Ein weiterer Aspekt: Vereinbaren Sie Besuchstermine mit potenziellen Kunden möglichst zeitnah. Sonst erhöht sich das Risiko, dass der Gesprächspartner den Termin platzen lässt. Ersttermine akquirieren Sie ein bis maximal zwei Wochen vorher. Sie oder der Außendienst selbst sollten den Termin kurz vorher nochmals bestätigen. Findet er am Nachmittag statt, kann die Bestätigung auch noch am selben Tag morgens erfolgen.

Fazit: Nur Termine mit wirklichen Interessenten sind erfolgversprechend. Üben Sie deshalb keinen Druck aus, sondern versuchen Sie, Neugierde und Interesse zu wecken. Verraten Sie nicht zu viel bei Ihrem Akquisetelefonat: Der Kunde soll gespannt sein, was ihm der Außendienst beim persönlichen Gespräch erläutert.

Nachgedacht

- Setzen Sie bei der Terminvereinbarung auf Qualität statt Quantität?
- Vereinbaren Sie nur Termine mit wirklichen Interessenten?
- Legen Sie die Besuchstermine möglichst zeitnah fest?
- Bestätigen Sie den Außendienstbesuch unmittelbar vorher?

3.3 Akquisekoordination

Als Innendienstmitarbeiter sitzen Sie sozusagen an der Schaltzentrale: Sie steuern Akquiseprojekte vom Schreibtisch aus und koordinieren die einzelnen Aktivitäten. Dazu gehört auch, zu entscheiden, bei welchen Kunden der Außendienst eingeschaltet werden muss und wen Sie effektiv vom Innendienst aus betreuen können.

Bei manchen Akquiseprojekten zeigt sich erst bei den Folgekontakten, was wirklich darin steckt. Anhand Ihrer Vorrecherche und Adressqualifizierung können Sie aber schon im Vorfeld einige Fakten über den potenziellen Kunden ermitteln, die Ihnen Aufschluss über das mögliche Potenzial geben.

So kann es Ihr erstes Zwischenziel sein, Kunden anhand ihres Bedarfs zu klassifizieren. Dann entscheiden Sie, ob zunächst Sie den Verkaufsprozess ankurbeln oder ob Sie von vornherein den Außendienst einschalten. Bleiben Sie aber flexibel: Wenn Sie im Laufe der Akquise merken, dass der Kunde Beratungs- und Erklärungsbedarf hat, den Sie per Telefon nicht leisten können, übergeben Sie an den Außendienst.

Ein Kunde für den Außendienst

Folgende Merkmale sprechen dafür, dass Sie den Außendienst einschalten sollten:

- Es geht um den Verkauf komplexer, aufwändiger, erklärungsbedürftiger Lösungen, die vor Ort präsentiert und erläutert werden müssen.
- Der Kunde fragt aufwändige, individuelle, maßgeschneiderte Lösungen nach, die eigens für ihn entwickelt werden müssen.
- Das Produkt oder die Lösung lässt sich nicht am Telefon erklären.
- Es geht um langfristige, strategische Partnerschaft und Zusammenarbeit.
- Der Beratungsaufwand ist sehr intensiv, die Telefonate dauern bis zu einer Stunde und mehr.

- Der Kunde wünscht ausführliche Erläuterungen und hat das Bedürfnis, sich abzusichern. Er vertraut keiner Beratung per Telefon – erst was er sehen und anfassen kann, überzeugt ihn.
- Der Kunde ist sehr beziehungsorientiert und wünscht den persönlichen Kontakt zum Verkäufer.
- Der Kunde benötigt Anschauungsmaterial, mit dem er aber überfordert ist, wenn er es nur zugeschickt bekommt. Oder es handelt sich um virtuelle Produkte wie IT-Lösungen.
- Der Kunde ist unzufrieden mit seinem bisherigen Lieferanten, bei dem er sämtliche Großaufträge tätigt und hat konkret vor zu wechseln.
- Um den Bedarf des Kunden richtig einschätzen zu können, muss sich der Außendienst vor Ort ein genaues Bild davon machen.

Anfragen richtig einordnen

Nimmt ein Interessent von sich aus mit Ihnen Kontakt auf, können Sie anhand seiner Anfrage entscheiden, wie Sie nun vorgehen. Bezieht sich das Anliegen auf allgemeine Informationen beziehungsweise Standardprodukte, die Sie üblicherweise per Telefon verkaufen, können Sie zunächst die Anfrage selbst bearbeiten. Telefonische Anfragen sind eine gute Gelegenheit, um nachzuforschen, was dahinter steckt: Je konkreter sich der Interessent äußert und je mehr Informationen er von sich preisgibt, auf umso größere Kaufabsicht deutet dies hin.

Erfolgt die Anfrage schriftlich, bietet es sich ebenfalls an, den Interessenten erst einmal anzurufen. Stellen Sie Fragen zu seinem Unternehmen, zum möglichen Einsatz des Produkts, zu der benötigten Menge et cetera. So finden Sie heraus, ob der Interessent grundsätzlich Potenzial hat und ausbaufähig wäre. Weiterführende Fragen sind beispielsweise »Wie lösen Sie denn momentan folgendes Problem …?«, »Mit welchem System arbeiten Sie derzeit?« et cetera. So können Sie zum Beispiel, wenn Sie technische Produkte verkaufen, herausfinden, ob der Kunde mit einem veralteten System arbeitet und bald auf ein neues umstellen muss: Daraus könnte ein Großauftrag für den Außendienst werden.

Geregelter Informationsfluss

Gemeinsame Projekte, die Sie mit dem Außendienst durchführen und abwickeln, steuern Sie ebenfalls vom Innendienst aus. Dazu gehört es auch, den Außendienst frühzeitig an seine »Pflichten« zu erinnern: Zum Beispiel, Ihnen die aktuellen Ergebnisse seiner Kundenbesuche mitzuteilen – sei es unmittelbar danach per Telefon oder gebündelt per E-Mail oder Fax. Einigen Sie sich dafür auf feste wöchentliche Zeiten: Selbst wenn sich der Außendienst nur ungern festnageln lässt, hat dies Vorteile: Sie bleiben ihm Rhythmus und müssen sich nicht jedes Mal neu absprechen. Beispielsweise können Sie gemeinsam vereinbaren, dass Ihnen jeden Montag Nachmittag die Besuchsberichte und -ergebnisse der vergangenen Woche vorliegen müssen.

Auch feste Zeiten für Telefonate oder E-Mails haben Vorteile: Sie können sich darauf verlassen, dass Ihre Nachricht den Kollegen erreicht und umgekehrt. Natürlich kann es Ausnahmen geben, wenn beispielsweise Kundentermine zu ungewöhnlichen Zeiten stattfinden – doch darüber können Sie sich spätestens am Vortag informieren.

Alle Projekte im Griff

Verlassen Sie sich nicht darauf, dass sich der Außendienst um das Projektmanagement kümmert. Sorgen Sie selbst dafür, dass Sie Ihre gemeinsamen Projekte in der geplanten Zeit durchführen und zum Abschluss bringen. Im Vorfeld legen Sie einvernehmlich die einzelnen Schritte und Verantwortlichkeiten fest, wenn spezielle Absprachen notwendig sind oder es sich um Projekte handelt, bei denen Sie Neuland betreten.

Sowie eine Aktivität des Außendienstes auf sich warten lässt, haken Sie nach. Gerade weil Außendienstmitarbeiter auch mit zahlreichen Unwägbarkeiten, Verzögerungen und außerplanmäßigen Kundenanliegen zurechtkommen müssen, passiert es schnell, dass sich Projekte länger hinziehen als geplant. Oder es müssen plötzlich die Prioritäten neu gesetzt werden. Das sollten Sie den Kollegen zwar nicht verübeln: Halten Sie aber dennoch an Ihren gemeinsamen Vorhaben und Zielen fest. Denn wenn ein erfolgversprechendes Akquiseprojekt nicht mehr mit dem gleichen Nachdruck verfolgt wird, weil zum Beispiel mehrere dringende Anfragen von potenziellen Neukunden hereingekommen sind, so fragen Sie sich als erstes: Was ist jetzt wirklich wichtig? Nur das zählt im Moment. Dies konsequent durchzuhalten, ist nicht immer leicht, zahlt sich jedoch aus. Auch wenn es manchmal unangenehm ist, »Nein« zu sagen beziehungsweise dem Außendienst zu erklären, dass die Kundenanfragen erst am nächsten Tag beantwortet werden können.

Tipp: Steuern Sie den Außendienst: Erinnern Sie ihn bei Bedarf an Ihre gemeinsamen Ziele und halten Sie an Ihren Prioritäten fest. So verhindern Sie, dass sich der Außendienst verzettelt und plötzlich zweitrangigen Aufgaben den Vorrang gibt.

Fazit: Warten Sie nicht darauf, bis Ihnen der Außendienst Aufgaben übergibt: Nehmen Sie selbst die Steuerung Ihrer gemeinsamen Akquiseprojekte in die Hand. So stellen Sie sicher, dass diese in geordneten Bahnen verlaufen und Sie stets den Überblick behalten. Sorgen Sie auch dafür, dass der Außendienst seinen Pflichten nachkommt: So können Akquisitionen nur dann zielorientiert weiterverfolgt werden, wenn Sie den Informationsfluss lückenlos und fortlaufend in Gang halten.

> **Nachgedacht**
> - Haben Sie klare Kriterien, nach denen Sie entscheiden, ob Sie ein Akquiseprojekt selbst in die Hand nehmen oder den Außendienst einschalten?
> - Ist der Informationsaustausch zwischen Ihnen und dem Außendienst verbindlich geregelt – und funktioniert er auch?
> - Können Sie bei Ihren Projekten in der Regel den Zeitplan einhalten?
> - Steuern Sie den Außendienst und erinnern ihn bei Bedarf an die richtigen Prioritäten?

3.4 Angebotserstellung für Außendienst-Kunden

Bittet Sie der Außendienst, ein Angebot für einen Kunden oder Interessenten zu erstellen, so klären Sie, ob das jetzt schon sinnvoll ist. Die erste entscheidende Frage lautet: Benötigt der Empfänger wirklich ein komplett ausgearbeitetes Angebot oder wünscht er erst einmal nur allgemeine Informationen? Vielleicht möchte er sich zunächst einen groben Überblick über Ihr Leistungsspektrum verschaffen: Dann sollten Sie ihm genau diesen Wunsch erfüllen – für ein konkretes Angebot ist es noch zu früh.

Wichtige Punkte klären

Klären Sie bei Bedarf mit dem Außendienst oder direkt mit dem Interessenten am Telefon folgende Punkte:

- Welche Produkte und Leistungen soll das Angebot konkret beinhalten?
- Wofür genau benötigt der potenzielle Kunde das angefragte Produkt beziehungsweise Leistungspaket? Wie möchte er es einsetzen?
- Liegen alle Eckdaten und Informationen vor, damit Sie überhaupt ein maßgeschneidertes Angebot erstellen können?
- Bis wann muss das Angebot vorliegen? Wann konkret steht die Entscheidung beziehungsweise Vergabe an?
- Welche Personen sind an der Entscheidung beteiligt? Welche Entscheidungskriterien sind ihnen wichtig?

- Welche Mengen werden benötigt?
- Handelt es sich um einen Einmalauftrag oder einen längerfristigen Vertrag?
- Vergibt der potenzielle Kunde den Auftrag zum ersten Mal oder zieht er einen Lieferantenwechsel in Erwägung? Falls ja, aus welchen Gründen?
- Welche Kriterien sind dem Interessenten bei dem neuen Produkt oder der Lösung besonders wichtig? Worauf kommt es ihm bei einer Partnerschaft mit dem Lieferanten an?

Wer wirkliches Interesse hat, wird bereit sein, mit Ihnen beziehungsweise dem Außendienst diese Fragen gemeinsam zu klären. Denn das ist nur zu seinem Vorteil. In diesem Fall erstellen Sie ein sorgfältig ausgearbeitetes Angebot, das der Außendienst persönlich vor Ort dem Kunden präsentiert und erläutert.

> **Tipp:** Erstellen Sie Ihre Angebot rechtzeitig – aber so spät wie möglich. Das heißt, etwa eine Woche vor dem spätesten Termin, den der Empfänger nennt. Dies hat folgenden Vorteil: Der Empfänger befasst sich jetzt intensiv mit der bevorstehenden Auftragsvergabe. Sie erreichen ihn also dann, wenn er mitten im Thema ist.
> Zusätzlich rufen Sie oder der Außendienst den Kunden zwei Wochen vor dem Stichtag noch einmal an. Klären Sie, ob sich mittlerweile die Rahmenbedingungen geändert haben, ob Sie noch zusätzlich etwas im Angebot berücksichtigen müssen oder ob alles beim Alten bleibt. So stellen Sie sicher, dass Ihr Angebot bestmöglich auf den Empfänger zugeschnitten ist.

Erfolgsquote erhöhen

Ihr Ziel darf es niemals sein, möglichst viele Angebote zu erstellen. Vielmehr kommt es darauf an, die Erfolgsquote zu erhöhen: Also die Zahl der Angebote, die zum Auftrag führen. Dabei kann es natürlich auch passieren, dass Folgeangebote nötig sind – diese werden bei der Erfolgsquote nicht mitgerechnet.

Einigen Sie sich mit dem Außendienst darauf, dass Sie einem Interessenten nie unaufgefordert ein Angebot zuschicken oder präsentieren. Das ist vergeblicher Aufwand, den Sie sich sparen können. Erfolgversprechender ist es, wenn der Außendienst bei seinen Kundenterminen den Gesprächspartner so stark interessiert und begeistert, dass dieser unbedingt ein Angebot haben will. Doch auch dann sollten Sie zuerst prüfen:

- Wie hoch stehen die Chancen für einen künftigen Auftrag?
- Steht eine konkrete Vergabe an oder ist diese noch in weiter Ferne?
- Ist der Kunde bereit und in der Lage, seinen bisherigen Lieferanten zu wechseln oder zumindest einen zusätzlichen Lieferanten aufzunehmen?
- Ist das Auftragspotenzial groß genug?

Wann immer Sie ein Angebot erstellen: Die Erfolgschance muss konkret vorhanden sein.

Heben Sie sich ab

Angebote müssen spannend sein. Verzichten Sie deshalb auf Standardbriefe und -floskeln. Heben Sie sich lieber schon durch Ihr Angebot von den Mitbewerbern ab.

Machen Sie den Preis zur Nebensache – natürlich müssen Sie ihn nennen. Stellen Sie aber detailliert den Nutzen und die Leistung heraus, die der Kunde dafür bekommt. Stellen Sie sich einfach vor, Ihr Angebot wäre ein schriftliches Verkaufsgespräch. Zeigen Sie dem Empfänger,

- dass Sie sein Problem und seine Aufgabenstellung genau kennen,
- dass Sie wissen, welche Auswirkungen es hat,
- dass Sie seine Entscheidungskriterien kennen,
- dass Sie gerade deshalb der richtige Partner für ihn sind,
- welche Argumente dafür sprechen, mit Ihnen zusammenzuarbeiten
- und wie die nächsten Schritte aussehen können.

Formulieren Sie Ihre Angebote aus. Stichpunktartige Daten wirken trocken, nüchtern. Verwenden Sie besser einen kundenorientierten Sie-Stil. Das erzeugt – selbst wenn der Empfänger ein Faktenmensch ist – eine gewisse Vertrautheit. Er schließt bewusst oder unbewusst von Ihrem Brief- und Angebotsstil auf die Art der Zusammenarbeit. Und ein sorgfältig ausformuliertes Angebot ist auch Ausdruck von Wertschätzung gegenüber dem potenziellen Kunden.

Fazit: Prüfen Sie im Einzelfall, ob sich eine detaillierte Angebotsabgabe lohnt. Bevor Sie nicht alle wichtigen Fragen geklärt haben, machen Sie sich erst gar nicht an die Arbeit. Wer wirklich interessiert ist und konkrete Kaufabsicht hat, wird Ihnen beziehungsweise dem Außendienst gerne alle Fragen beantworten. Erst dann können Sie Ihr Angebot optimal auf die Bedürfnisse des Empfängers zuschneiden.

> **Nachgedacht**
> - Klären Sie im Vorfeld, ob sich eine Angebotsabgabe lohnt?
> - Geben Sie Ihre Angebote zum richtigen Zeitpunkt ab?
> - Formulieren Sie Ihre Angebote kundenorientiert?
> - Erkennt der Empfänger, warum er mit Ihnen zusammenarbeiten soll?
> - Sind Ihre Angebote Teil des Verkaufs?

3.5 Nachverfolgung von Angeboten

Jedes Angebot, das Sie abgeben, müssen Sie oder der Außendienst nachverfolgen. Verlassen Sie sich nicht darauf, dass sich der Interessent von sich aus wieder meldet. Die meisten Kunden erwarten, dass Sie wieder den Kontakt herstellen. Das ist für manche auch ein Test, wie sehr Sie sich wirklich um Ihre zukünftigen Kunden bemühen.

Nehmen Sie diesen Test deshalb ernst: Am besten kündigen Sie bereits im Angebotsschreiben an, wann Sie den Kunden wieder anrufen oder sich der Außendienst mit ihm in Verbindung setzt. Halten Sie diesen Termin unbedingt ein – damit zeigen Sie dem potenziellen Kunden bereits, dass Sie ein absolut zuverlässiger Partner sind und Ihre Versprechen einhalten.

Halten Sie die Zeitspanne zwischen Angebotsversand und Nachfassen relativ kurz – etwa zwei bis fünf Tage. So erhöhen Sie die Wahrscheinlichkeit, dass sich der Empfänger auch tatsächlich damit befasst, wenn er es auf den Tisch bekommt.

> **Tipp:** Fragen Sie niemals bei Ihrem Nachfasstelefonat, ob Ihr Angebot angekommen ist. Gehen Sie davon aus, dass dies so ist. Der Gesprächspartner wird Ihnen von selbst sagen, wenn er es noch nicht bekommen hat oder noch keine Zeit hatte, sich damit zu befassen. Dann nehmen Sie ihn gleich beim Wort: »Bis wann werden Sie es sich anschauen? Klappt das bis morgen Mittag?« Oder »Was halten Sie davon, wenn wir es jetzt am Telefon gemeinsam durchgehen?« Ihr Ziel ist es, dass sich der Gesprächspartner möglichst schnell und intensiv mit Ihrem Angebot befasst. So bleiben Sie ihm präsent: Wenn Sie jetzt einen neuen Zeitpunkt ausmachen, steigt die Chance, dass er Ihre Offerte besonders wichtig nimmt.

Über das Angebot sprechen

Fragen Sie bei Ihren Nachfasstelefonaten, ob die Lösung den Wünschen und Vorstellungen des Interessenten entspricht. Jetzt kann er entweder zustimmen oder (teilweise) verneinen.

Im ersten Fall fragen Sie selbstbewusst und ohne zu Zögern, ob Sie nun den Auftrag buchen und die Abwicklung einleiten dürfen. »Dann darf ich den Auftrag für Sie fertig machen und Ihnen den Vertrag zuschicken?«

Im zweiten Fall haben Sie jetzt die Chance, herauszufinden, was genau den Kunden noch zögern lässt. Vielleicht hat er Angebote von Mitbewerbern vorliegen, die das Ihrige preislich unterbieten. Fragen Sie den Kunden, was genau er noch von Ihnen benötigt, um eine positive Entscheidung treffen zu können. Nennt er einen niedrigeren Preis, so lautet Ihre Gegenfrage: »Ist das der einzige Grund, der Sie zögern lässt oder gibt es noch einen anderen?«

Preiszugeständnisse vermeiden

Erst wenn Sie konkret wissen, wovon die Entscheidung abhängt, können Sie richtig argumentieren; und eventuell mit dem Außendienst beziehungsweise der Vertriebsleitung klären, inwieweit Preiszugeständnisse möglich sind. Doch denken Sie immer daran: Der Kunde versucht zwar möglichst günstig einzukaufen. Bevorzugt er aber einen Lieferanten, geschieht dies in den seltensten Fällen nur wegen des Preises. Erst wenn er keine anderen Argumente mehr hat, ist der Preis das Entscheidungskriterium. Liefern Sie ihm also triftige Gründe, warum es sich für ihn lohnt, gerade bei Ihnen zu kaufen. Relativieren Sie den Preis, indem Sie alle Kundenvorteile noch einmal detailliert aufführen.

Fazit: Stimmen Sie mit dem Außendienst ab, wer das Angebot nachfasst. Legen Sie schon bei der Erstellung den Zeitpunkt fest, an dem Sie oder der Außendienst sich wieder mit dem Kunden in Verbindung setzen. Teilen Sie diesen Termin dem Kunden in Ihrem Angebot oder dem Begleitschreiben mit. Klären Sie dann, wie weit die Entscheidung des Kunden vorangeschritten ist und ob er bereits kaufbereit ist. Falls ja, leiten Sie umgehend den Abschluss ein. Ansonsten informieren Sie den Außendienst, welche Fragen noch mit dem Kunden geklärt werden müssen.

Nachgedacht

- Fassen Sie jedes Angebot nach?
- Erweisen Sie sich dabei als zuverlässiger Partner?
- Gehen Sie bei Ihren Nachfasstelefonaten auf die Kundenbedürfnisse ein?
- Versuchen Sie, über Ihre Nachfasstelefonate zum Abschluss zu kommen?

3.6 Unterstützung des Key-Account-Managers

Ohne die tatkräftige Unterstützung seines Teams kann ein Key-Account-Manager seine umfassenden Aufgaben kaum vollständig wahrnehmen. Deshalb kommen bei der Betreuung von Schlüsselkunden noch weitere Aufgaben auf Sie zu.

Die erste Besonderheit: Jeder Schlüsselkunde ist einzigartig. Deshalb muss er auch individuell betreut werden – im Gegensatz zu Großkunden, die ein ähnliches Bedarfsprofil aufweisen können. Die wichtigsten Aufgaben, die sich im Key-Account-Geschäft ergeben, sind:

- gemeinsame Pilotprojekte mit den Schlüsselkunden,
- Erforschung von Marktchancen für den Schlüsselkunden,
- Produktentwicklung und das Herausbringen von Prototypen,
- gemeinsame Produkteinführung mit Schlüsselkunden,
- Produkttests,
- Unterstützung des Schlüsselkunden bei komplexen Prozessen in seinem Unternehmen.

Gemeinsame Akquisitionsplanung

Ihre Teamarbeit mit dem Key-Account-Manager beginnt bereits bei der Akquisitionsplanung für bestehende oder anvisierte Schlüsselkunden. Klären Sie im Vorfeld mit dem Key-Account-Manager, welche Informationen er von Ihnen benötigt. Zum Beispiel ist es für ihn wichtig zu wissen, welche Wettbewerber sein Geschäft stören könnten, mit welchen Produktleistungen sie aufwarten und welche Preise sie ansetzen werden. An solche Marktinformationen kommen Sie, indem Sie sich die entsprechenden Prospekte, Kataloge und Preislisten der Mitbewerber beschaffen.

Sofern Sie diese nicht direkt beim Wettbewerber anfordern können, gibt es vielleicht den einen oder anderen treuen Stammkunden, der Ihnen dabei behilflich sein kann.

Gute Dienste leistet Ihnen auch das Internet: Sammeln Sie alles, was Sie über die Konkurrenz in Erfahrung bringen können: Datenblätter und Produktbeschreibungen, Preislisten, Referenzlisten und Veröffentlichungen in Fachzeitschriften. Wenn Sie noch ein Übriges tun wollen, so können Sie für den Key-Account-Manager die Informationen zusammenführen und auswerten.

Aktuellste Kundeninformationen

Dies gilt auch für Informationen, die darüber Aufschluss geben, mit welchen Herausforderungen der Schlüsselkunde konfrontiert ist, welchen Bedarf er hat und welche Lösung er benötigen könnte. Dazu können Sie zusätzlich Informationen aus der Branche sammeln, in der Ihr Schlüsselkunde aktiv ist. Beschaffen Sie sich dafür die aktuellen Ausgaben der einschlägigen Fachzeitschriften, die über die Kundenbranche berichten. Marktstudien sowie Veröffentlichungen aus den Branchenfachverbänden sind ebenfalls nützliche Informationsquellen.

Schließlich benötiget Ihr Key-Account-Manager auch noch Informationen über das Kundenunternehmen selbst. Diese finden Sie am schnellsten über die Firmen-Homepage.

> **Tipp:** Rufen Sie dort auch die Presseinformationen ab. Diese finden Sie meistens unter dem Menüpunkt »News« oder »Presse«. Oft sind sie auch versteckt und erst nach mehreren Klicks zu entdecken: Zum Beispiel vom Menüpunkt »Unternehmen« aus. Wenn Sie auch hier nicht fündig werden, probieren Sie es unter »Sitemap« oder nutzen Sie die Suchfunktion, falls vorhanden.
> Anhand von Presseinformationen erfahren Sie am ehesten, was sich im Kundenunternehmen tut, welche Ziele verfolgt werden und welche personellen Veränderungen sich ergeben haben. Auch der Geschäftsbericht – häufig zu finden unter »Investor Relations« – hilft weiter.

Immer nach Plan

Bei Großprojekten – und gerade im Key-Account-Management – empfiehlt sich ein Bewertungsbogen, in dem Sie Ihre Informationen und konkrete Maßnahmenplanung systematisch erfassen. Am besten hinterlegen Sie diesen Bewertungsbogen im Firmennetzwerk beziehungsweise Intranet, sodass Sie und der Key-Account-Manager gemeinsam darauf Zugriff haben. Je weiter ein Projekt voranschreitet, umso mehr Fakten und Informationen sollte das Formular enthalten – bis es Ihnen schließlich ein vollständiges Bild liefert. Darin erfassen Sie beispielsweise:

- Die Wettbewerber, die dem Key-Account-Manager bei seiner Akquisitionsarbeit gefährlich werden können sowie Informationen zu deren Aktivitäten, Stärken- und Schwächenprofil.
- Aktuelle Herausforderungen, Probleme oder Aufgaben, denen der Kunde auf seinen Märkten begegnen muss. Daraus lässt sich aktueller und künftiger Bedarf ableiten.

- Personen im Kundenunternehmen, die am Kaufprozess beteiligt sind und/oder auf die Kaufentscheidung Einfluss nehmen können. Dazu gehören auch die möglichen »Störer« und »Kaufverhinderer«.
- Weitere Informationsquellen, die der Kunde zu seiner Entscheidungsfindung heranzieht. Diese reichen von persönlichen Kontakten bis hin zu Branchen- und Marktinformationen.
- Mögliche Kaufhinderungsgründe, Gegenargumente und Einwände, die der Kunde genannt hat. Dazu gehört auch die genaue Analyse, inwieweit diese ein echtes Kaufhindernis darstellen.

Bauen Sie Kontakte auf

Der Key-Account-Manager braucht ein funktionierendes Netzwerk. Auch dabei können Sie ihn unterstützen: Finden Sie heraus, mit welchen Personen er es bei seiner Akquisitionsarbeit zu tun haben wird. Ermitteln Sie diese, indem Sie in der Telefonzentrale beziehungsweise in den Vorzimmern anrufen und sich nach den jeweiligen Verantwortlichkeiten erkundigen.

Möglicherweise gelingt es Ihnen dabei sogar, weitere Informationen über die Verhandlungspartner zu gewinnen. Beispielsweise, wie im Kundenunternehmen die Entscheidungswege verlaufen, wer welchen Entscheidungseinfluss ausübt und wer tatsächlich entscheiden darf. Auch Meinungen, Stimmungen und Tendenzen sowie Handlungspräferenzen können Sie erfragen oder »heraushören«. Schließlich können Sie die Kontakte, die Sie dabei aufgebaut haben, dazu nutzen, um Ihrem Key-Account-Manager Gesprächstermine zu vermitteln.

Teamwork im Akquisitionsprozess

Besonders gefragt sind Ihre Teamworker-Eigenschaften während des Akquisitionsprozesses: Während der Key-Account-Manager beim Kunden die Weichen für eine langfristige Partnerschaft stellt und Abschlüsse herbeiführt, können Sie ihn von der Firmenzentrale aus unterstützen.

So sollte sich der Key-Account-Manager darauf verlassen können, dass er Sie im Bedarfsfall erreicht, während er seine Kundengespräche führt. Am besten ist es, wenn Sie sich alle Informationen auf den Bildschirm rufen oder ausdrucken, die er bei seinen Verhandlungen benötigen könnte. So sind Sie in der Lage, die meisten Fragen, die er bei seinen Anrufen stellt, sofort zu beantworten. Teilen Sie auch den Kollegen in der Entwicklungsabteilung die Kundentermine mit. Bereiten Sie die Fachleute in Ihrem Unternehmen darauf vor, dass während dessen wichtige Anrufe vom Key-Account-Manager erfolgen können. Stellen Sie sicher, dass ein kompetenter Ansprechpartner zur Verfügung steht.

Nach den jeweiligen Besuchsterminen sorgen Sie dafür, dass die Vereinbarungen, die der Key-Account-Manager mit seinen Verhandlungspartnern getroffen hat, auch erfüllt werden. Gehen Sie den Besuchsbericht Punkt für Punkt durch und erledigen Sie alle Aufgaben, die sich daraus ergeben.

> **Tipp:** Da jeder Schlüsselkunde ein eigenes Bedarfsprofil hat, kann jedes Projekt anders verlaufen. Dies erfordert auch von Ihnen eine hohe Flexibilität: Rechnen Sie immer damit, dass sich aufgrund von neuen Erkenntnissen Änderungen ergeben. Vielleicht hat ein Prototyp-Test bei ausgewählten Endkunden ergeben, dass das gemeinsam entwickelte Produkt noch nicht den Marktanforderungen entspricht. Oder es stellt sich heraus, dass einzelne Prozesse noch nicht reibungslos funktionieren. In solchen Fällen können Sie über Ihre Networking-Kontakte im Kundenunternehmen Marktforschung betreiben: Analysieren Sie für den Key-Account-Manager, wo die beteiligten Personen noch Veränderungsbedarf sehen und für welche Probleme sie dringend eine Lösung suchen.

Fazit: Im Key-Account-Management ist gute und flexible Teamarbeit die wichtigste Voraussetzung für den Erfolg und den Aufbau langfristiger Partnerschaften. Da Schlüsselkunden oft ganz spezielle Anforderungen haben, müssen auch Sie die Kundenunternehmen sehr gut kennen und über entsprechende Kontakte verfügen. Gerade bei der Informationsgewinnung und dem Netzwerkaufbau können Sie dem Key-Account-Manager gut zuarbeiten – und so die Weichen für erfolgreiche Geschäfte stellen.

> **Nachgedacht**
>
> - Besorgen Sie sich umfassende Informationen über das Kundenunternehmen und seine Märkte?
> - Unterstützen Sie den Key-Account-Manager mit harten Fakten und guten Beziehungen?
> - Sorgen Sie dafür, dass Ihre gemeinsamen Akquisitionsprojekte systematisch abgewickelt und koordiniert sind?
> - Stellen Sie sicher, dass zum richtigen Zeitpunkt die wichtigen Personen in Ihrem Unternehmen erreichbar sind und dass der Key-Account-Manager Zugriff auf alle Informationen hat, die er benötigt?

3.7 Zusammenarbeit mit der Marketingabteilung

Vertrieb und Marketing werden oft als getrennte Abteilungen in Unternehmen geführt. Im schlimmsten Fall arbeiten sie eher neben- als miteinander. Dabei können gerade die Kollegen vom Marketing Akquisitionsprojekte anstoßen und potenzielle Kunden auf das Unternehmen aufmerksam machen: Dann kommt es für Sie darauf an, den gelungenen Erstkontakt zu nutzen und beim Kunden Kaufbereitschaft zu wecken.

3.7.1 Verkaufsfördernde Mailings

Typische Marketingmaßnahmen sind Werbebriefe und Mailings: Hier geht es nicht darum, mit raffinierten Slogans und bunt bedrucktem Papier für Unterhaltung zu sorgen. Das Ziel ist immer der Verkauf – und deshalb sollten Sie mit den Marketingkollegen zusammenarbeiten. Beispielsweise können Sie gemeinsam Kampagnen planen und die Ziele und Inhalte festlegen, bevor es an die praktische Umsetzung geht.

So sollten Sie nach Möglichkeit verhindern, dass Massenmailings an alle Kunden verschickt werden, wenn ein konkretes Produkt oder eine Leistung beworben wird, die nur für einen Teil Ihrer Kunden interessant sein kann. Selektieren Sie zumindest bei Ihren Stammkunden die Empfängergruppen. Denn:

- Ein Kunde, der gerade ein Spitzenprodukt aus dem oberen Preissegment gekauft hat, ist beleidigt, wenn ihm per Mailing nur ein einfaches Standardprodukt angeboten wird.
- Einem Kunden, der vor wenigen Wochen einen Abschluss getätigt hat, darf nicht noch einmal im Mailing das gleiche Produkt angeboten werden – womöglich zu besonders attraktiven Konditionen.
- Ein Adressat, der nur ein kleines Unternehmen führt, braucht ein Angebot, das auf seine Bedarfslage abgestimmt ist. Und nicht eines, das sich nur Großkunden leisten können.

> **Tipp:** Bestimmen Sie die zentrale Botschaft. Eine wichtige Botschaft kann zum Beispiel sein, dass Sie Ihre Kunden besonders kompetent beraten und persönlich betreuen. In diesem Fall ist es Ihr Ziel, Vertrauen aufzubauen. Ebenso kann es Ihr Ziel sein, dem Empfänger deutlich zu machen, dass er dringenden Handlungsbedarf hat und Ihr Angebot unbedingt in Anspruch nehmen sollte. In diesem Fall stellen Sie in Ihrem Mailing sein aktuelles Problem an den Anfang, um bereits Identifikation und Leidensdruck zu erzeugen. Ihr Angebot ist dann die rettende Lösung.

Erst anrufen

Die klassische Reihenfolge bei Direktmarketing-Aktionen ist, an (potenzielle) Kunden ein Mailing zu schicken und dann telefonisch nachzuhaken. Doch gerade bei sehr aufwändigen Aktionen bietet sich der umgekehrte Weg an: Sie rufen erst an, ermitteln die richtige Zielperson beziehungsweise gleichen die Daten ab. Dann finden Sie heraus, ob grundsätzliches Interesse besteht.

Auf diese Weise verschicken Sie Mailings nur noch an Adressaten, bei denen ein generelles Interesse vorhanden ist. Dies steigert die Erfolgswahrscheinlichkeit. Das Schreiben beziehungsweise die Unterlagen sollten spätestens drei Tage nach Ihrem Anruf beim Empfänger eintreffen – bei dem Sie dann ebenfalls spätestens drei Tage später nachhaken.

Erfolgsregeln für Ihr Mailing

Wenn Sie die folgenden Tipps beachten, werden Ihre Mailings attraktiver und erfolgreicher:

- Je bunter Ihr Mailing gestaltet ist, umso werblicher wirkt es. Dies beginnt schon beim Briefumschlag. Gerade im Business-Bereich empfiehlt es sich deshalb, Mailings von reiner Werbung zu trennen. Seriös und vertrauensbildend wirken Briefe, die auf dem üblichen Geschäftspapier gedruckt und im neutralen Briefumschlag versendet werden.
- Verwenden Sie Ihre Firmenschrift. Sie können besonders wichtige Punkte, zum Beispiel Messetermine oder den Zeitraum einer Aktion, mit Fettdruck – eventuell auch farbig – hervorheben. Gehen Sie aber sparsam mit solchen Hervorhebungen um.
- Machen Sie es dem Empfänger leicht, Ihren Brief zu lesen, indem Sie ihn klar strukturieren und mit kurzen Sätzen und Absätzen arbeiten. Ihre Devise lautet: »So einfach wie möglich«.
- Dies gilt auch für die Formulierung und Wortwahl: Je feiner Sie Ihre Empfängerzielgruppe selektiert haben, umso genauer können Sie den Brief auch sprachlich auf sie zuschneiden. Verwenden Sie Begriffe, die aus ihrer »Welt«, also zum Beispiel der betreffenden Branche stammen.
- Setzen Sie gezielt Schlüsselbegriffe ein, die dem Leser sofort ins Auge fallen. Dazu gehören Wörter, mit denen er sich identifiziert (Beruf, Branche, Funktion) sowie bestimmte Begriffe, bei denen er aufmerkt (Umsatzzuwächse, Einsparpotenzial et cetera).
- Unterschreiben Sie jeden einzelnen Brief persönlich, denn Sie sind der Ansprechpartner für den (potenziellen) Kunden. Er kennt Sie also

schon, wenn Sie ihn daraufhin erneut kontaktieren. Damit können Sie Ihr Schreiben ausdrücklich von Massenwerbesendungen abheben, die nur mit einer eingescannten beziehungsweise elektronisch erstellten Unterschrift aufwarten können.

> **Tipp:** Sprechen Sie den Empfänger nur einmal mit seinem Namen an – sonst wirkt Ihr Schreiben penetrant und wird als lästige Werbung empfunden. Gerade Formulierungen wie »Deshalb ist es gerade für Sie, Herr Muster, wichtig ...« stoßen häufig auf wenig Gegenliebe – und sollten deshalb bei einem seriösen Mailing unterbleiben.

Fallen umgehen

Besprechen Sie mit den Marketingkollegen, welche Formulierungen noch erlaubt sind und wodurch sich Kunden eventuell provoziert fühlen könnten. Beispiel: Dem Empfänger wird geraten, sich endlich von seinem veralteten Gerät zu trennen und etwas Modernes anzuschaffen. – Das kann ein Fettnäpfchen sein: Trifft dies zu und er verwendet noch ein älteres Produkt, könnte er sich beleidigt fühlen. Hat er sich erst ein neues Produkt angeschafft, wird er Ihren Brief sofort wegwerfen: Er fühlt sich nicht angesprochen. Formulieren Sie Ihre Vorannahme deshalb lieber als Frage. Beispiele:

- »Geht es Ihnen häufig so, dass ...?«
- »Vermissen Sie manchmal ...?«
- »Träumen Sie öfters von ...?«

In diesem Fall hat der Empfänger immer noch die Möglichkeit, gedanklich »Nein« zu sagen und das Schriftstück bei Seite zu legen. Selbst wenn Ihr Thema momentan nicht für ihn aktuell ist, haben Sie noch Chancen, zu einem späteren Zeitpunkt seinen »Nerv« zu treffen.

> **Tipp:** Jede Marketingaktion hat das Ziel, den Adressaten zum Handeln zu veranlassen. Bauen Sie deshalb Response-Elemente ein: zum Beispiel bieten Sie Muster an, die sich der Interessent anfordern kann. Oder Sie weisen darauf hin, dass Ihr Angebot zeitlich begrenzt ist. Dass Sie dennoch bei allen Adressaten nachfassen, dürfte sich für Sie schon von selbst ergeben: Denn schließlich dient eine Marketingaktion ja dazu, Bedarf zu wecken und Besitzwünsche auszulösen.

Fazit: Stimmen Sie Ihre Werbebriefe und Mailings möglichst genau auf die Empfängerzielgruppe ab. Nehmen Sie den Mehraufwand in Kauf – denn er lohnt sich. Denn nur ein (potenzieller) Kunde, der sich persönlich angesprochen fühlt, bedeutet für Sie eine Verkaufschance.

> **Nachgedacht**
> - Selektieren Sie die Empfängergruppen Ihrer Werbebriefe?
> - Gestalten Sie Ihre Aussendung als seriösen Geschäftsbrief?
> - Aktivieren Sie die Empfänger zu Response?
> - Fassen Sie jedes Mailing nach?

3.7.2 Kundenveranstaltungen planen und durchführen

Kundenveranstaltungen sind für die Marketingabteilung eine Großaufgabe. Dabei sollte sie auf Ihre Unterstützung zählen können. Denn schließlich geht es auch hier darum, direkt oder indirekt Käufe auszulösen oder anzubahnen. Die Zeiten, in denen Kundenveranstaltungen in erster Linie zur Selbstdarstellung und Imagepflege genutzt wurden, sind vorbei. Typische Ziele von Kundenveranstaltungen sind beispielsweise:

- Kunden für ein neues Produkt zu gewinnen,
- Neukunden zu generieren,
- mit Kunden aus einem bestimmten Segment stärker ins Geschäft zu kommen,
- die Wünsche und Bedürfnisse von bestimmten Kundengruppen noch besser kennenzulernen,
- Lösungen für bestimmte Kundenprobleme bieten, zum Beispiel in Form von Seminaren, Vorträgen und Diskussionsrunden.

Richtige Vorbereitung

Bei der Planung und Vorbereitung soll Sie folgende Checkliste unterstützen:

- Wer soll eingeladen werden? Ist es eine große, allgemeine, offene Veranstaltung oder ein Event für eine ausgewählte Kundengruppe?
- Wie soll die Kundenveranstaltung kommuniziert werden? Sind individuelle, persönliche Einladungen angebracht oder reicht es aus, ein Massenmailing an alle Kunden zu schicken?
- Welche Dienstleister werden für das Event benötigt? (Catering, Bewirtungspersonal, Animateure, Experten, Vortragsredner et cetera.) Ho-

len Sie möglichst frühzeitig Angebote ein beziehungsweise können Sie im Internet und in den Branchenverzeichnissen entsprechende Dienstleister ausfindig machen.
- Wer kümmert sich um was? Erstellen Sie eine Liste, in der die jeweils verantwortlichen Personen und Ansprechpartner aufgeführt sind.
- Was ist Thema, Botschaft beziehungsweise Ziel der Veranstaltung? Welche festen Programmpunkte gibt es, welche Leerzeiten müssen noch gefüllt werden?
- Welches Rahmenprogramm soll stattfinden? Was ist eine sinnvolle Ergänzung zum Hauptthema/Motto des Events?
- Wie ist der Zeitplan? Wann müssen die Programmpunkte spätestens feststehen? Wann spätestens müssen alle Angebote von externen Dienstleistern eingeholt und ausgewertet sein? Nach welchen Kriterien werden die Dienstleister ausgewählt? Wann spätestens müssen alle Entscheidungen getroffen sein?
- Wer koordiniert den Ablauf, ist für die Organisation während der Veranstaltung verantwortlich?
- Wer kümmert sich um die Kunden und Gäste? Ist sichergestellt, dass alle ausreichend betreut werden? Wer kann notfalls noch einspringen, wenn weiteres Personal benötigt wird?

Beginnen Sie mit der Planung so früh wie möglich – am besten sofort, wenn feststeht, dass eine neue Kundenveranstaltung stattfinden soll.

Erfahrungen nutzen

Greifen Sie auf Ihre Erfahrungen aus vorausgegangenen Veranstaltungen zurück. Dies betrifft sowohl die Organisation, als auch die Resonanz bei den Kunden und Gästen. Am effektivsten gestalten Sie Ihre Planung, wenn Sie die Nachbereitung einer Veranstaltung zur Vorbereitung der nächsten nutzen:

- Wie war die Besucherresonanz? Kamen ausreichend Gäste, waren es weniger oder mehr als erwartet? Welche Gründe hatte dies? War der Zeitpunkt besonders günstig oder ungünstig, waren die Einladungen wirklich »einladend«? Weckten sie genügend Neugierde und boten echte Anreize, um zu Ihnen zu kommen?
- Welche Programmpunkte sind bei den Gästen am besten angekommen? Was hatte den größten Erfolg? Ist es sinnvoll, diese Programmpunkte noch einmal in gleicher Weise bei der folgenden Veranstaltung mit aufzunehmen? Was spricht dafür, was dagegen? Wie können in

ähnlicher Weise solche Besuchermagnete geschaffen werden? Welche Varianten sind möglich? Welche aktuellen Anlässe gibt es?
- Wie funktionierte die Zusammenarbeit mit externen Dienstleistern? Bei wem war der Service besonders gut? Buchen Sie diesen Dienstleister schon jetzt für die Folgeveranstaltung beziehungsweise reservieren Sie sich so früh wie möglich den Termin.
- Wo gab es Mängel, Probleme mit externen Dienstleistern? In welchen Fällen lassen sich Pannen auf mangelndes Briefing zurückführen und mit wem möchten Sie definitiv nicht mehr zusammenarbeiten? Setzen Sie diese Dienstleister sofort auf Ihre Negativ-Liste.
- Wo gab es Organisations- und Ablaufprobleme, die Sie im eigenen Unternehmen beseitigen müssen? Was können Sie tun, wen müssen Sie dafür hinzuziehen, wo sind besondere Absprachen und Abstimmungen nötig?
- Wie war Ihr persönlicher Eindruck von der Veranstaltung? Fühlten sich die Gäste wohl, war die Atmosphäre gut? Wirkte sich das Event verkaufsfördernd aus? Konnten Sie durch persönliche Kontakte Kundenbeziehungen intensivieren oder sogar Kunden reaktivieren? Was waren die Gründe dafür?
- Ziehen Sie Ihr persönliches Fazit aus der Kundenveranstaltung. Machen Sie es wie nach jedem Kundentelefonat: Halten Sie alle Informationen, die Sie gewonnen haben, unmittelbar danach fest: Sowohl Ihre positiven, als auch Ihre negativen Erfahrungen. So sparen Sie Zeit, denn Sie können bei der nächsten Veranstaltung gezielt auf die Dienstleister und Veranstaltungspunkte zurückgreifen, die sich in der Praxis bewährt haben.

Kunden persönlich einladen

Wenn Sie Kunden persönlich ansprechen und einladen, steigt die Chance, dass sie auch zu der Veranstaltung kommen. Handelt es sich um eine Veranstaltung für Außendienst-Kunden, ist es Aufgabe der Kollegen, die Kunden einzuladen. Beispielsweise können Sie oder der Außendienst dabei ankündigen, dass in wenigen Tagen nochmals eine schriftliche Einladung folgt. So fühlen sich die Kunden besonders privilegiert, weil sie schon im Vorfeld informiert und eingeladen wurden.

Anreize bieten

Schaffen Sie Anreize, damit Ihre Wunschkunden und Wunschinteressenten zu Ihrer Veranstaltung kommen. Kündigen Sie Ihre Höhepunkte an. Beispiele:

- Ein Lösungsangebot für ein brennendes Problem, zum Beispiel im Rahmen der Händlerunterstützung. Hier nutzen Sie als Aufhänger und »Interessewecker« für Ihre telefonischen und schriftlichen Einladungen das aktuelle Problem und kündigen an, dass Sie eine überraschende Lösung bieten.
- Ein gern verwendeter, weil durchaus wirkungsvoller Aufhänger ist auch, dem Kunden zu versprechen, dass er auf der Veranstaltung erfährt, wie er auch künftig erfolgreich sein kann, wie er den Aufschwung in Gang setzt oder wie er sich seine eigene Konjunktur macht et cetera. Voraussetzung ist natürlich, dass er entsprechenden Nutzen aus der Veranstaltung ziehen kann.
- Auch der Hinweis auf einen Gewinn bringenden Erfahrungsaustausch oder die Ankündigung der Präsentation von Erfolgsbeispielen sind wirkungsvolle Aufhänger.

Professionelle Moderation

Finden im Rahmen der Kundenveranstaltung Diskussionsrunden statt, sollten diese nach Möglichkeit von einem Profi moderiert werden. Messen und Seminarveranstaltungen, die Sie oder Ihre Kollegen besuchen, sind gute Möglichkeiten, geeignete Moderatoren ausfindig zu machen. Genauso können Sie aber auch Ihre Kunden nach Empfehlungen fragen beziehungsweise Ihre Kollegen im Außendienst. Oder Sie nutzen das Internet für Ihre Recherche. Verlangen Sie Referenzen, damit Sie wissen, ob der betreffende Moderator gerade für Ihre Zwecke die richtige Wahl ist.

Der Vorteil eines externen Moderators ist auch seine Neutralität: Denn er soll die Diskussion steuern, darf aber keine Partei für bestimmte Ansichten und Meinungen ergreifen oder gar persönlich Stellung beziehen. Sofern Sie selbst einmal Gruppengespräche moderieren – und sei es nur im kleinen Kreis – orientieren Sie sich an folgenden Punkten:

- Machen Sie sich mit der Technik vertraut. Mit Laptop und Beamer sollten Sie souverän umgehen, außerdem mit den räumlichen Verhältnissen vertraut sein: Prüfen Sie vorher Verdunkelungsmöglichkeiten, Steckdosen, vorhandene Geräte et cetera. Vergewissern Sie sich, dass alles reibungslos funktioniert.
- Warten Sie erst einen Moment, bevor Sie das Gespräch eröffnen. Schauen Sie in die Runde, stellen Sie Blickkontakt zu jedem einzelnen Teilnehmer her, während Sie die Anwesenden begrüßen.
- Versuchen Sie auch Ihre Körpersprache – vor allem Mimik und Gestik – neutral und unter Kontrolle zu halten. Innerliches Stöhnen ist absolut

fatal – und kaum zu verbergen. Bemühen Sie sich deshalb um eine positive, offene Einstellung. Dabei hilft es auch, wenn Sie sich vorher nochmals einen Überblick über die Teilnehmer verschaffen. So schützen Sie sich vor Überraschungen.
- Greifen Sie die einzelnen Diskussionsbeiträge auf, sorgen Sie dafür, dass die Redeanteile gleichmäßig verteilt sind. Zurückhaltende Personen aktivieren Sie mit offenen Fragen. Beispiel: »Jetzt hätte ich gerne dazu noch Ihre Meinung gehört – was ist denn Ihre Erfahrung mit ...?«
- Fassen Sie am Ende die wichtigsten Ergebnisse zusammen. Kontroverse Ansichten formulieren Sie als Thesen und Statements der Teilnehmer.

Auf die Teilnehmer kommt es an

Schon die Auswahl der Teilnehmer entscheidet wesentlich über den Erfolg von Kundenforen. Die erste Grob-Selektion der Teilnehmer erfolgt über das Ziel und das Thema der Veranstaltung.

Überlegen Sie genau, ob Sie eher eine heterogene oder eine homogene Gruppe bevorzugen.

- Eine heterogene Gruppe ermöglicht einen lebhaften Austausch und begünstigt kontroverse Diskussionen. Dies kann sehr fruchtbar sein und interessante Ergebnisse bringen. Allerdings ist dies für den Moderator auch eine große Herausforderung. Er sollte über entsprechende Erfahrungen verfügen.
- Eher homogene Gruppen sind relativ leicht zu moderieren – allerdings besteht hier die Gefahr, dass die Teilnehmer so stark in ihren Meinungen und Ansichten übereinstimmen, dass die Diskussion einschläft. Auch kann es schnell passieren, dass wichtige Themen überhaupt nicht zur Sprache kommen.

Die Gruppe sollte höchstens zwanzig Personen umfassen. Denn jeder sollte zu Wort kommen. Größere Foren müssen so gestaltet werden, dass das Feedback aller Teilnehmer erfasst werden kann. Zum Beispiel mit schriftlichen Fragebögen oder Moderationskärtchen, die anschließend für alle sichtbar am Flipchart befestigt werden.

Bei heterogenen Gruppen heben Sie schon in der Einladung den gemeinsamen Nenner hervor. Denn schließlich sollen die Teilnehmer füreinander interessant sein und sich etwas zu sagen haben.

Sprechen Sie gezielt Kunden an, die auch in der täglichen Geschäftsbeziehung konstruktiv Feedback geben. Denn das werden sie mit großer

Wahrscheinlichkeit auch in der Diskussionsrunde tun, was den Austausch erheblich erleichtert.

Exklusiv-Einladungen (»Nur Sie als Experte in ... wurden ausgewählt«) eignen sich gut, um ein handverlesenes Publikum zu bekommen.

> **Tipp:** Die größte Herausforderung für den Moderator liegt meist im richtigen Umgang mit Störern, Kritikern und Quertreibern, die versuchen, die Gruppe auseinander zu bringen oder ständig Kontra geben. Da es sie fast in jeder Konstellation gibt, sollten Sie das akzeptieren und auf keinen Fall persönlich nehmen. Ebenso wenig sollten Sie sich dazu hinreißen lassen, inhaltlich zu argumentieren oder gar zu versuchen, die Aussagen des Quertreibers zu widerlegen – das würde ihn noch mehr herausfordern. Geben Sie ihm die Möglichkeit, sich zu äußern, gehen Sie aber inhaltlich nicht darauf ein. Wenn er fertig ist, übergeben Sie dem nächsten das Wort.

Leitfaden entwickeln

Entwickeln Sie gemeinsam mit den Marketingkollegen einen Leitfaden für Ihre Gruppengespräche. Orientieren Sie sich dabei an folgenden Punkten:

- Bestimmen Sie die Ziele. Was soll bei dem Gespräch herauskommen? Wofür benötigen Sie Ergebnisse, Meinungen, Stimmungen, Tendenzen (zum Beispiel vor einer geplanten Produktneueinführung, Produktweiterentwicklung, Veränderung des Angebotsportfolios et cetera)?
- In welchem Rahmen beziehungsweise vor welchem Hintergrund findet die Diskussion statt? Was ist das Hauptthema der Veranstaltung?
- Legen Sie die Tagesordnung fest. Informieren Sie die Teilnehmer vorher darüber.
- Definieren Sie den gemeinsamen Nenner der Teilnehmer (zum Beispiel Anwender eines bestimmten Produkts, Angehörige einer bestimmten Branche, gemeinsame Funktion im Unternehmen, fachliches Know-how et cetera). Sie brauchen mindestens ein verbindendes Element, dass Sie – beziehungsweise der betreffende Moderator – immer wieder einbringen und nutzen kann.
- Sofern sich die Teilnehmer im Vorfeld anmelden, überlegen Sie, welche positiven und negativen Statements kommen könnten. Bei zu erwartenden negativen Einwürfen bietet es sich an, die Einwände vorwegzunehmen und mit entsprechenden Fakten neutral zu behandeln. Beispiel: »Da unsere Produkte ja bekanntlich im oberen Preissegment liegen,

haben wir auch sehr hohe Anforderungen an die Qualität.« Damit nehmen Sie den typischen Preiseinwand vorweg.
- Wenn möglich, motivieren Sie mindestens einen Fürsprecher und Empfehlungsgeber, an der Diskussion teilzunehmen. Hier kann der Moderator die betreffenden Personen bitten, ihre Erfahrungen zu schildern.
- Wenn Sie einen externen Moderator beauftragen, briefen Sie ihn genau über Ihre Ziele sowie die Teilnehmerkonstellation.

Ergebnisse dokumentieren

Diskussionsrunden sollten aufgezeichnet werden, denn sie geben Ihnen wertvolle Informationen über Ihre Kunden, deren Probleme, Wünsche und Bedürfnisse. Werten Sie die Diskussionsbeiträge anschließend gemeinsam aus. Lassen Sie auch den Teilnehmern die Dokumentation zukommen. Und vor allem: Halten Sie sie darüber auf dem Laufenden, wie ihre Wünsche und Anregungen umgesetzt werden.

Fazit: Kundenveranstaltungen sind eine gute Gelegenheit, auch an solche Wunschkunden heranzukommen, bei denen Sie sonst Mühe haben. Wenn Sie gemeinsam mit den Marketingkollegen ein spannendes Thema finden und ein attraktives Rahmenprogramm vorweisen können, können Sie auf eine gute Besucherresonanz zählen. Nutzen Sie bei der Vorbereitung Ihre Erfahrungen aus vorausgegangenen Veranstaltungen. Diskussionsrunden mit den Teilnehmern sind für Kundenveranstaltungen eine Bereicherung und können wertvolle Ergebnisse liefern. Erfolgsentscheidend sind neben dem Thema die Auswahl des Moderators und der Teilnehmer sowie die Auswertung.

Nachgedacht
- Ist Ihr Kundenevent auf die Bedürfnisse und Interessen Ihrer Wunschzielgruppen zugeschnitten?
- Laden Sie Ihre Kunden persönlich ein?
- Haben Sie die Organisation gut im Griff?
- Ist festgelegt, wer welche Aufgaben übernimmt?
- Verstehen Sie die Kundenveranstaltung als Auftakt zum Akquiseprozess?
- Nutzen Sie Diskussionsrunden, um wertvolle Anregungen und Ergebnisse zu bekommen?
- Werden die Diskussionen professionell moderiert und dokumentiert?

3.8 Messebeteiligungen vor- und nachbereiten

Gerade bei Messebeteiligungen sind eine gute Organisation und Koordination das A und O. Zusätzlich sollten Sie schon im Vorfeld dafür sorgen, dass genügend potenzielle Kunden und Interessenten zum Messestand kommen: Denn die Messe ist die ideale Plattform für die Neukundengewinnung. Und damit verfolgt sie klare Vertriebsziele.

> **Tipp:** Ihre Messeeinladungen und Werbematerialien können Sie beziehungsweise die Marketingkollegen schon mehrere Wochen vorher verschicken. Für die telefonische Terminvereinbarung planen Sie zwei Wochen vor der Messe ein – nicht früher. Bestätigen Sie diese Termine schriftlich, am besten per Fax oder Brief. Damit unterstreichen Sie die Wichtigkeit des Treffens.

Neukunden ansprechen

Auch für die Kollegen aus dem Marketing muss klar sein, dass die Messebeteiligung in erster Linie der Neukundengewinnung gilt. Danach richten sich Gestaltung und Inhalte der Werbematerialien und Marketingmaßnahmen. Dazu einige Tipps:

- Nehmen Sie kritisch die Besucherwerbung und die Einladungskarten unter die Lupe. An wen richten sie sich? An Stammkunden, die ohnehin schon bei Ihnen kaufen, oder sprechen sie gezielt Neukunden an, die Ihr Unternehmen noch gar nicht kennen? Welche Botschaften werden ihnen vermittelt?
- Gehen Sie gezielt potenzielle Kunden an, um im Vorfeld der Messe Termine zu vereinbaren? Denken Sie immer daran: Stammkunden, die ohnehin bei Ihnen kaufen, lassen sich kostengünstiger per Telefon oder Außendienstbesuch betreuen.
- Wie großzügig gehen Sie mit der Verteilung von Freikarten und Gutscheinen um? Wenn Sie diese allzu bereitwillig abgeben, werten Sie Ihr Unternehmen ab. Erkundigen Sie sich lieber, ob der Besucher bereits Karten besitzt – vielleicht hat er schon von Ihren Mitbewerbern welche bekommen und verteilt Ihre wahllos an irgendwelche Freunde und Bekannte weiter.
- Wie verfahren Sie mit Prospekt- und Informationsmaterial, Produktbroschüren und Hochglanzmappen? Schicken Sie diese nur auf Aufforderung zu – sonst besteht die Gefahr, dass sie ungelesen weggeworfen werden, weil der Empfänger der Informationsflut nicht mehr gewachsen ist. Registrieren Sie genau, wem Sie was bereits geschickt haben.

Und vereinbaren Sie mit den Kollegen, die auf der Messeveranstaltung präsent sind, dass sie Ihnen so konkret wie möglich mitteilen, was genau der Standbesucher erhalten soll. Wenn Sie ihm nur ausgewählte, individuell auf seine Wünsche zugeschnittenen Informationen zuschicken, erhöhen Sie deren Wert.

> **Tipp:** Wenn Sie für den Außendienst am Messestand Termine vereinbaren, so halten Sie nach der Messe genügend Zeit für die Besuche von Messe-Neukontakten frei. Reservieren Sie dafür mindestens die nächsten zwei, besser sogar vier Wochen nach der Messe.

Nach der Messe geht es weiter

Unmittelbar nach der Veranstaltung – besser noch währenddessen – starten Sie die Nachbereitung. Wenn Sie sich täglich vom Außendienst beziehungsweise den Kollegen am Messestand die Berichte durchfaxen oder mailen lassen, können Sie Informationsmaterial zeitnah verschicken. Bleiben Sie ständig in Kontakt, sodass Sie Anfragen sofort bearbeiten können. Sofern nicht schon vom Außendienst erledigt, vereinbaren Sie sofort Besuchstermine mit wichtigen Interessenten. Oder Sie bahnen direkt Verkäufe an: Anhand der Messeberichte können Sie eventuell schon herauslesen, inwieweit sich Chancen für Zusatzverkäufe ergeben. Falls Sie dazu noch nicht genügend Informationen haben, können Sie diese telefonisch herausfinden. Außerdem vervollständigen Sie Ihr Wissen: Fehlen Ihnen noch Daten zur Kontaktperson und dem betreffenden Unternehmen, können Sie diese telefonisch und über deren Internetauftritt ermitteln.

Auch die Nicht-Besucher kontaktieren

Sind Interessenten und potenzielle Kunden, die ihren Messebesuch zugesichert haben, dennoch nicht am Stand oder zum vereinbarten Termin gekommen, haken Sie nach. Schicken Sie den betreffenden Personen lieber einen freundlichen Brief, in dem Sie bedauern, dass diesmal leider offensichtlich etwas dazwischengekommen ist. Dann nennen Sie kurz die wichtigsten Messe- beziehungsweise Produkthighlights und bieten dem Empfänger an, ihn dazu natürlich gerne auch nach der Messe ausführlich zu informieren. Wichtig: Geben Sie ihm das Gefühl, etwas verpasst zu haben.

Oder Sie rufen die Kontaktperson ganz einfach an und erkundigen sich, ob es ein Zeitproblem war, weswegen sie nicht gekommen ist. Warten Sie die Reaktion ab und versuchen Sie einen neuen Außendiensttermin zu vereinbaren. In den meisten Fällen haben Sie gute Chancen, weil dem Gesprächspartner sein unhöfliches Verhalten peinlich ist. Sollte er erneut ausweichen, können Sie davon ausgehen, dass sein Interesse nicht allzu groß ist.

Messeergebnisse genau dokumentieren

Jede Messebeteiligung bringt für Vertrieb und Marketing neue Erfahrungen und Ergebnisse. Deshalb sind für die Erfolgskontrolle und Messe-Analyse vor allem folgende Fragen wichtig:

- Welche Zielgruppen wurden erreicht? Entspricht die Zahl der qualifizierten Kontakte den Erwartungen? Ist die Besucherqualität gut?
- Entspricht die Zahl der qualifizierten Kontakte beziehungsweise potenziellen Kunden den Messezielen?
- Welche Produkte oder Produktgruppen stießen bei welcher Zielgruppe auf besonderes Interesse?
- Wie sind die Auftragseingänge (bei Ordermessen), unterteilt nach Produkten oder Produktgruppen?
- Wie viele Besuchstermine konnten auf der Messe vereinbart werden (auch pro Mitarbeiter und Tag)?
- Wie war das Feedback der Messebesucher (Meinungen, Wünsche, Anregungen, Lob, Kritik)?
- In welche Richtung ging das Hauptinteresse der Besucher (konkrete Kaufabsicht, generelle Information, spätere Kaufabsicht et cetera)?

Aus diesen Ergebnissen können Sie klare Ziele für das Nachmessegeschäft ableiten. Und Sie können die Erkenntnisse in die Vorbereitung der nächsten Messebeteiligungen einfließen und für Verbesserungen nutzen.

Fazit: Sorgen Sie dafür, dass Ihre Werbe- und Marketingmaßnahmen im Vorfeld einer Messe auch die richtigen Zielpersonen erreichen und dass sie in der Informationsflut Beachtung finden. Versenden Sie nur ausgewählte, auf den Empfänger zugeschnittene Informationen. Beginnen Sie am besten schon während der Messe mit der Nachbereitung. Kontaktieren Sie auch die Personen, die trotz Termin nicht zur Messe gekommen sind. Führen Sie eine Erfolgskontrolle durch.

Nachgedacht

- Richten Sie die Werbe- und Marketingmaßnahmen für die Messe vorrangig an Neukunden?
- Vereinbaren Sie Termine am Messestand bewusst mit potenziellen Kunden?
- Versenden Sie nur ausgewählte Prospekte, Broschüren und Informationsmaterial?
- Achten Sie darauf, dass der Empfänger nicht mit Mehrfach-Werbematerial überladen wird?
- Reservieren Sie für den Außendienst die nächsten zwei bis vier Wochen nach der Messe für Termine mit Standbesuchern?
- Lassen Sie sich täglich die Messeprotokolle zusenden?
- Gleichen Sie den Messeerfolg mit Ihren Zielen ab?

4 Akquiseprozesse abwickeln

Bereiten Sie sich nicht nur organisatorisch-strategisch, sondern auch mental auf Ihre Akquisitionen vor. Denn Sie wissen, dass es oft viel Geschick und mühsame Überzeugungsarbeit kostet, um einen Kunden zu gewinnen. Zu Beginn haben Sie die Wahl zwischen einem Kaltanruf und der schriftlichen Kontaktaufnahme. Wenn Sie sich für die erste Variante entscheiden, müssen Sie binnen weniger Momente das Interesse des Gesprächspartners wecken. Bei der schriftlichen Kontaktaufnahme sind Sie zwar vor direkten, ungehaltenen Reaktionen gefeit. Sie bleiben allerdings auch im Unklaren darüber, was mit Ihrem Schreiben passiert und ob es überhaupt von der richtigen Zielperson gelesen wird. Entsprechend interessant und nutzenorientiert müssen Sie den Text gestalten.

Beim zweiten Kontakt beziehen Sie sich immer auf den vorausgegangenen. Spätestens dann sollten Sie versuchen, mögliche Auftragschancen beziehungsweise Kundenpotenziale zu ermitteln.

Erstellen Sie für Interessenten nur dann ein umfassendes Angebot, wenn konkrete Auftragschancen vorhanden sind. Klären Sie vorher alle wichtigen Punkte. Dazu gehört natürlich auch, wie konkret das Kaufvorhaben tatsächlich ist. Vereinbaren Sie schon bevor Sie Ihr Angebot verschicken einen Nachfasstermin. Dieser muss für beide Seiten absolut verbindlich sein.

Sorgen Sie dafür, dass sich der Ansprechpartner ausführlich mit Ihrem Angebot befasst: Indem Sie die Frist zwischen Angebotsabgabe und Nachfassen möglichst kurz halten.

Sie können nur dann treffend argumentieren, wenn Sie die speziellen Kaufmotive Ihrer Kunden kennen: Finden Sie heraus, ob Ihr Gesprächspartner eher positive oder negative Beweggründe hat, um sich für eine Lösung zu entscheiden. Dann geben Sie ihm genau die Argumente, die er für seine Entscheidungsfindung braucht.

Eine wesentliche Rolle spielt aber auch, mit welchem Kunden- und Persönlichkeitstyp Sie es zu tun haben: Ob der Kunde von Natur aus eher vorsichtig oder risikobereit ist, ob er ein begeisterungsfähiger, emotionaler Mensch ist oder in erster Linie ein Zahlen- und Faktenmensch.

Nahezu unvermeidlich sind Preisgespräche: Halten Sie so weit wie möglich an Ihren Preisen fest. Geben Sie keinen Preisnachlass ohne

Gegenleistung. Stehen Sie selbstbewusst zu Ihren Preisen – der Kunde muss spüren, dass Ihre Produkte und Lösungen seinen Preis wirklich wert sind.

Bevor Sie den Abschluss einleiten, müssen sie alle Kaufhindernisgründe aus der Welt schaffen. Durchläuft der Kunde Kaufkonflikte, müssen Sie ihn Schritt für Schritt dabei begleiten, diese zu lösen. Dann erleichtern Sie Ihrem Kunden die Kaufentscheidung. Zeigen Sie ihm den Weg zum Ziel.

Haben Sie den Abschluss schon in der Tasche, dürfen Sie eines nicht vergessen: Empfehlungen einzuholen. Denn jeder zufriedene und begeisterte Kunde ist auch ein möglicher Empfehlungsgeber. Oft bedarf es eines Anstoßes, damit Kunden aktiv werden. Das Gleiche gilt für schriftliche Referenzen. Nehmen Sie Ihren Kunden die Hauptarbeit ab: Dann ist es nur noch ein kleiner Schritt, um gute Referenzschreiben zu bekommen, mit denen Sie viele weitere Kunden beeindrucken und überzeugen können.

4.1 Akquisevorbereitung

Überlassen Sie bei Ihrer Verkaufstätigkeit nichts dem Zufall. Bereiten Sie sich auf Ihre Kundenakquisitionen gut vor und planen Sie die einzelnen Schritte. So erhöhen Sie bereits im Vorfeld Ihre Erfolgschancen. Dies gilt sowohl für Ihre Arbeitsorganisation, als auch für Ihre Einstellung und Ihren Erfolgswillen.

4.1.1 Organisatorische Vorbereitung

Planen Sie Ihre Akquisitionen systematisch und Schritt für Schritt. Dabei können Sie sich an folgender Checkliste orientieren:

- Welche übergeordneten Ziele sollen mit der Akquise verfolgt werden? Beispielsweise bestimmte Kundengruppen oder -segmente zu erschließen, die Marktdurchdringung bei bestehende Kundengruppen oder -segmenten auszubauen, einzelne Kunden weiterzuentwickeln, aktuelle Produktneuheiten zu vermarkten et cetera.
- Über welchen Kommunikationskanal soll die Erstansprache erfolgen? Auf welchem Weg wollen Sie die (potenziellen) Kunden erreichen?
- Womit wollen Sie die Neugierde und das Interesse der (potenziellen) Kunden wecken? Was ist Ihr Anlass zur Kontaktaufnahme, Ihr Gesprächsaufhänger?
- Welche Filter und Selektionskriterien setzen Sie an, um möglichst früh herauszufinden, bei wem konkrete Verkaufschancen bestehen? Welche

Informationen benötigen Sie vom Kunden? Welche Fragen müssen Sie ihm stellen?
- Wann brechen Sie die Akquise ab, weil sich in absehbarer Zeit keine Möglichkeit der Zusammenarbeit ergibt?
- Wann nehmen Sie bei welchen (potenziellen) Kunden einen neuen Anlauf?

Dann folgt Ihre Zeitplanung:

- Bis zu welchem Zeitpunkt sollen Ihre Ziele (zum Beispiel Umsatzziele oder die Hinzugewinnung einer bestimmten Kundenzahl aus einem favorisierten Segment) erreicht sein?
- Welche Vorlaufzeit steht Ihnen dafür zur Verfügung?
- Wie verteilen Sie Ihre Aktivitäten auf die einzelnen Wochen und Monate?
- Welche Aufgaben müssen Sie sonst noch in dieser Phase erledigen und einplanen? Wie viel Zeit benötigen Sie dafür?

Rechnen Sie immer genügend zeitlichen Spielraum mit ein, damit Sie Ihre Zeit- und Aufgabenplanung einhalten können.

Realistische Ziele setzen

Jeder Kundenkontakt – sei es ein Kaltanruf oder ein Abschlussgespräch – sollte in eine konkrete Vereinbarung münden. Setzen Sie sich dafür konkrete Ziele: bestehend aus einem Hauptziel, Alternativzielen und einem Mindest-Ziel. Beispiel:

- Ihr Hauptziel ist die Gewinnung des Auftrags.
- Ihr Alternativziel ist die Zustimmung des Kunden zu einer Testlieferung oder zu einem Pilotprojekt.
- Ihr Mindestziel ist das Ja des Kunden zu einem neuen Kontakt mit verbindlichem Termin.

Streben Sie immer als erstes Ihr Hauptziel an. Lässt sich dieses im Gespräch mit großer Wahrscheinlichkeit nicht mehr erreichen, ändern Sie Ihre Strategie und peilen das Alternativziel an. Ist der Kunde auch dazu nicht bereit, steuern Sie Ihr Mindestziel an. Der Vorteil dieser Vorgehensweise: Sie bleiben flexibel und steuern in jedem Fall auf ein konkretes Ergebnis zu.

Kunden abwerben

Sehr viele Neukundenoffensiven stellen ein Abwerben von Konkurrenzkunden dar. Es sei denn, Sie verkaufen Produkt- oder Dienstleistungsinnovationen, die ein absolutes Novum darstellen und es gibt bislang noch nichts Vergleichbares auf dem Markt. Oder Sie konzentrieren sich (im Moment) auf Kunden mit erstmaligem Bedarf wie beispielsweise bei Firmenneugründungen.

Um Kunden von Wettbewerbern zu gewinnen, ist oft ein langer Atem nötig. Wie viel Zeit Sie dafür einplanen müssen, hängt davon ab, ob Sie zum Beispiel komplexe oder systemgebundene Produkte und Dienstleistungen verkaufen oder solche, bei denen Kunden problemlos zwischen mehreren Anbietern wechseln können. Ist Letzteres der Fall, kann Ihre Akquise beispielsweise Kunden zum Testkauf veranlassen. Sind sie nicht nur zufrieden, sondern sogar begeistert, werden sie zum treuen Wiederholungskäufer und Stammkunden.

Stärken- und Schwächenanalyse

Eine wichtige Erfolgs-Voraussetzung für die Kundenabwerbung ist die eigene Stärken- und Schwächenanalyse sowie die der wichtigsten Mitbewerber. Nur wenn Sie genau definieren können, welche Vorzüge Ihr Unternehmen und seine Produkte gegenüber welchem Konkurrenten haben, stehen Ihnen schlagkräftige Argumente zur Verfügung.

Am besten listen Sie ganz systematisch Ihre Stärken und Schwächen auf; genauso verfahren Sie mit denen Ihrer wichtigsten Mitbewerber. Falls Ihnen noch Informationen fehlen, versuchen Sie über das Internet, die Fachpresse und persönliche Kontakte das jeweilige Profil zu vervollständigen. Am Ende können Sie Ihre Mitbewerber in Kategorien einteilen:

- Ihre schärfsten Konkurrenten sind keinesfalls diejenigen, die Ihnen »haushoch« überlegen sind – bei deren Kunden hätten Sie ohnehin keine Chance. Es sind vielmehr diejenigen, die ähnliche Leistungen und Konditionen in gleicher Qualität zum gleichen Preis bieten, also bei denen die Unterscheidungsmerkmale nur sehr gering sind.
- Eine weitere Hauptgruppe bilden die Konkurrenten, gegenüber denen Sie deutliche Stärken vorweisen können. Hier stellt sich allerdings die Frage, aus welchem Grund manche Kunden ihnen dann immer noch den Vorzug geben.
- Schließlich definieren Sie noch eine mittlere Gruppe: Das sind die Mitbewerber, von denen Sie sich unterscheiden, bei denen aber zum

Beispiel die Ausrichtung eine andere ist. Beispielsweise können darunter Unternehmen sein, die sich auf eine bestimmte Branche spezialisiert haben und dort besondere Kompetenzen besitzen.

Arbeiten Sie die genauen Unterschiede heraus. Nur dort, wo Sie im Vergleich zum Wettbewerb klare Nutzenvorteile bieten können, bestehen echte Erfolgschancen. Ausschlaggebend ist immer das, was die jeweilige Wunschzielgruppe benötigt: So wird eine Stärke erst dann zum Wettbewerbsvorteil, wenn sie genau den Kundenbedürfnissen entspricht.

Fazit: Systematisch geplante und durchgeführte Akquistionen haben die höchste Erfolgswahrscheinlichkeit. Legen Sie fest, welche Kundengruppen Sie ansprechen wollen, in welcher Weise dies geschehen soll und womit Sie das Interesse der potenziellen Kunden wecken wollen. Da Neukundengewinnung häufig ein Abwerben von Konkurrenzkunden bedeutet, müssen Sie wissen, wo genau Ihre Stärken und Schwächen liegen. Setzen Sie da an, wo Sie der Konkurrenz deutlich überlegen sind.

Nachgedacht
- Läuft Ihre Akquise nach Plan?
- Wissen Sie genau, wen Sie in welcher Weise ansprechen wollen?
- Haben Sie genügend Filter eingebaut, damit Sie die Erfolgswahrscheinlichkeit realistisch einschätzen können?
- Haben Sie einen klaren Zeitplan?
- Kennen Sie Ihre Stärken und Schwächen gegenüber der Mitbewerber?
- Können Sie Ihre Stärken in klare Nutzenargumente fassen?

4.1.2 Mentale Vorbereitung

Eine halbherzig oder pessimistisch angegangene Akquise ist von vornherein zum Scheitern verurteilt. Machen Sie sich klar, dass Kundengewinnung und -entwicklung oft harte, aber lohnenswerte Arbeit ist. Seien Sie bereit, für Ihren Erfolg zu kämpfen – nur dann entwickeln Sie die richtige Einstellung und den so wichtigen Erfolgswillen.

Realistisch bleiben

Bereiten Sie sich innerlich darauf vor, dass Sie auch Absagen bekommen. Doch akzeptieren Sie diese im Rahmen Ihrer Erfolgsquote. Beispiel: Sie müssen durchschnittlich neun Adressen »abtelefonieren«, um auf einen möglichen Interessenten zu stoßen. Betrachten Sie die übrigen acht

Anrufe als notwendige Schritte, um zum Ziel zu kommen – keinesfalls als Misserfolg. Dann können Sie sich vornehmen, Ihre Erfolgsquote immer weiter zu verbessern.

> **Tipp:** Einer der größten Feinde von Vertriebsmitarbeitern sind innere Blockaden. Das beste, schnellste und wirkungsvollste Gegenmittel ist, genau das zu tun, vor dem Sie Hemmungen haben. Wenn Sie also Scheu haben, Kunden anzurufen, dann tun Sie genau das. Und wenn Sie befürchten, ohnehin nicht zum Entscheider durchgestellt zu werden, dann verlagen Sie ihn ganz selbstbewusst und notfalls auch mit Nachdruck. Denn: Innere Blockaden können nur dann entstehen, wenn Sie gerade »untätig« sind und statt dessen darüber nachdenken, was Sie »eigentlich« tun müssten. Wenn Sie jedoch aktiv handeln, verschwinden Ihre Blockaden. Sie bleiben in Aktion und haben gar keine Zeit, an etwas anderes zu denken.

Mit Begeisterung

Sicherlich gibt es Tage, an denen es an der nötigen Begeisterung mangelt. Diese Phasen sollten jedoch die Ausnahme sein. Denn Begeisterung ist ansteckend und motiviert. Machen Sie sich deshalb immer mal wieder bewusst, was Sie an Ihrem Beruf und dem Verkauf so sehr begeistert, zum Beispiel:

- der Umgang mit Menschen,
- die Herausforderung, sich auf völlig unterschiedliche Personen einstellen zu müssen,
- die Arbeit im Team,
- Ihre Produkte, die Sie verkaufen,
- die Unternehmensphilosophie, die auch Sie verkörpern,
- das Feedback begeisterter Kunden,
- weiterempfohlen zu werden,
- Kunden aus einer Notlage zu befreien,
- Kunden dabei unterstützen, erfolgreicher zu werden,
- Skeptiker zum Umdenken zu bewegen,
- unterschiedliche Aufgaben zu managen,
- die Abwechslungen in Ihrem Beruf.

Egal, woher Sie Ihre Begeisterung nehmen – sie ist die beste Erfolgsvoraussetzung für Ihre Akquisitionen. Machen Sie sich nicht von anderen abhängig – zum Beispiel vom Lob und der Anerkennung Ihres Chefs. Und wenn Sie einmal überhaupt keinen Lichtblick mehr sehen, dann fangen

Sie trotzdem an mit Ihrer Akquise: Wenn Sie erst einmal damit begonnen haben, fällt es Ihnen schon leichter. Irgendwann sind Sie mitten in Ihrer Tätigkeit und haben gar keine Zeit für störende Gedanken. Jetzt können sich wieder die nötige Motivation und Begeisterung einstellen.

> **Tipp:** Natürlich lassen sich negative Emotionen gegenüber manchen Personen und Gesprächspartnern nie ganz verhindern. Doch sie sind echte Erfolgsverhinderer. Damit Sie sich wieder über jeden Interessenten freuen können – egal, ob er Ihnen sympathisch ist oder nicht – machen Sie eine kleine Übung. Nehmen Sie sich typische negative Eigenschaften vor und versuchen Sie, diese positiv umzudeuten. Beispiele:
> - arrogant – selbstbewusst, willensstark,
> - undurchsichtig – diplomatisch, diskret,
> - feige – vorsichtig, besonnen,
> - kalt, berechnend – sorgfältig, genau,
> - unfair – clever,
> - habgierig – gewinn-, profitorientiert.

Positive Glaubenssätze

Ihr Akquiseerfolg wird wesentlich von Ihrer inneren Einstellung bestimmt. Eine große Rolle spielen dabei Glaubenssätze: Wer schon damit rechnet, eine Absage zu bekommen, der verhält sich unbewusst genau so, dass er diese auch erhält. Umgekehrt werden Sie, wenn Sie mit der nötigen Siegermentalität an Ihre Akquisetelefonate oder -schreiben herangehen, auch die entsprechenden Erfolge erzielen: Weil sich Ihre Ausstrahlung, Ihre Sicherheit und Ihre positive Einstellung auf den Kunden überträgt. Überprüfen Sie deshalb bevor Sie den ersten Schritt zur Kontaktaufnahme machen, Ihre Einstellung. Sowie Sie noch negative Glaubenssätze entdecken, ersetzen Sie diese durch positive. Beispiele:

- *Negativ:* »Bei diesem Kunden werde ich sowieso scheitern.«
  Positiv: »Genau diesen Kunden werde ich jetzt überzeugen.«
- *Negativ:* »Der Gesprächspartner hat bestimmt wieder keine Zeit und blockt ab.«
  Positiv: »Ich unterstütze jetzt den Kunden dabei, Zeit zu sparen.«
- *Negativ:* »Der Entscheider hat bestimmt noch nie etwas von uns gehört.«
  Positiv: »Der Gesprächspartner ist bestimmt begeistert, wenn er erfährt, wie er durch uns Zeit und Geld sparen kann.«

> **Tipp:** Gewöhnen Sie sich an, wann immer sich ein negativer Glaubenssatz breit macht, innerlich »Stopp« zu sagen. Dann formulieren Sie diesen Glaubenssatz in einen positiven um. Mit der Zeit wird Ihnen dies automatisch gelingen.

Entwickeln Sie Erfolgswillen

»Gewonnen wird im Kopf.« Dieser Satz lässt sich auch auf den Verkauf übertragen. Wenn Sie selbst nicht daran glauben, einen Gesprächspartner überzeugen zu können, so wird es Ihnen auch nicht gelingen: Weil Sie unbewusst genauso handeln.

Wollen Sie dagegen unbedingt einen Kunden gewinnen, entwickeln Sie die nötige Siegermentalität. Das setzt Energien frei: Sie kämpfen um Ihren Erfolg – und zwar so lange, bis er sich einstellt.

Auch wenn es Ihnen abwegig erscheint – mit Selbstgesprächen und Wiederholungen können Sie in sich den nötigen Erfolgswillen erzeugen. Je häufiger Sie sich beispielsweise den Satz »Ich werde den Kunden Meier noch in dieser Woche überzeugen und zum Abschluss führen« sagen und je stärkere Emotionen Sie dabei entwickeln, umso höher wird Ihr Erfolgswillen und Ihre Einsatzbereitschaft. Zusätzlich können Sie sich diesen Satz aufschreiben, sodass Sie ihn immer vor sich sehen. Je stärker Sie sich damit befassen und identifizieren, umso näher kommen Sie Ihrem Ziel. Um sich auch in schwierigen Situationen zu motivieren, können Sie sich beispielsweise immer wieder den Satz sagen: »Ich halte durch.«

> **Tipp:** Sollte es Ihnen einmal an der nötigen Motivation fehlen, Akquiseprojekte anzustoßen, so beantworten Sie sich die Frage: Was kann mir schlimmstenfalls passieren? – Sie werden feststellen, dass Ihnen überhaupt nicht viel passieren kann: Sie bekommen höchstens keinen Auftrag. Doch wenn sich die Aufschieberitis breit macht und Sie Ihre Akquisitionen hinauszögern, weil sie »ganz wichtige« Verwaltungsaufgaben zu erledigen haben, so bekommen Sie nicht nur keinen Auftrag. Sie werden auch immer unzufriedener mit sich, und die Hürde wird immer größer. Deshalb: Fangen Sie an.

Fazit: Erfolgswillen, Begeisterung und eine gewisse »Gewinnermentalität« gehören im Verkauf mit dazu. Sie verschaffen Ihnen die nötige Motivation und das erforderliche Durchhaltevermögen, auch schwierige Akquisitionen anzugehen und erfolgreich zum Abschluss zu bringen. Sorgen Sie deshalb für eine positive Grundhaltung und stellen Sie sich den Herausforderungen.

Nachgedacht

- Bleiben Sie realistisch und akzeptieren, dass nicht jeder Anruf zum Auftrag führen kann?
- Bringen Sie die nötige Begeisterung und den Erfolgswillen mit?
- Sorgen Sie für eine positive Grundeinstellung?
- Begegnen Sie Ihren (potenziellen) Kunden offen und unvoreingenommen?

4.2 Erstkontakt: telefonisch oder schriftlich?

Wenn Sie einen potenziellen Kunden zum ersten Mal ansprechen, haben Sie die Wahl zwischen dem direkten Kontakt per Telefon und einer schriftlichen Ansprache. Beides hat Vor- und Nachteile. Welches im Einzelfall der bessere Weg ist, lässt sich nicht immer vorhersagen. Eines steht allerdings fest: Warten Sie nicht darauf, bis sich mögliche Interessenten von selbst melden. Gehen Sie den ersten Schritt.

4.2.1 Kaltanruf

Kaltakquisen per Telefon haben den Vorteil, dass Sie eine direkte Reaktion des Gesprächspartners bekommen und unmittelbar darauf eingehen können. Auch wissen Sie sofort, ob Sie den gewünschten Ansprechpartner erreichen oder (noch) nicht.

Tipp: Die Angst vor Ablehnung ist ein großes Hemmnis bei der Kaltakquise. Hier hilft, wenn Sie sich vorher sagen: Der Gesprächspartner kennt mich ja noch gar nicht. Also kann er auch nicht mich persönlich meinen, wenn er ablehnend reagiert.

Sie verlieren nichts

Sicherlich ist immer das Risiko vorhanden, einen Gesprächspartner im ungünstigen Moment zu erwischen. Doch dabei verlieren Sie nichts: Fragen Sie in einem solchen Fall, wann Ihr Anruf denn besser passt. Lässt sich der andere nicht darauf ein, machen Sie einen Vorschlag. Beispiel: »Sind Sie morgen Vormittag im Büro zu erreichen?« Dann probieren Sie es einfach erneut.

Vielleicht gehören Sie auch zu den vielen Personen, die Anrufe in der Reihenfolge ihrer persönlichen Vorlieben tätigen – und die (vermeintlich) unangenehme Telefonate hinauszögern und immer weiter aufschieben. Machen Sie es anders: Denken Sie nicht erst lange darüber nach, wen Sie jetzt als erstes anrufen. Telefonieren Sie der Reihe nach alle anstehenden Kontakte durch – ohne Wenn und Aber. Müssen Sie ein zweites Mal nachhaken, so setzen Sie diesen Anruf sofort auf Termin. Damit sparen Sie nicht nur Zeit, sondern auch wertvolle Energie: Diese sollten Sie lieber für Ihre eigentlichen Telefongespräche verwenden.

Auf den Punkt kommen

Bereiten Sie Ihre Telefonate so vor, dass Sie innerhalb kürzester Zeit das Wesentliche klären können. Orientieren Sie sich dabei an den Wörtern *wer, was, warum* und *wie*:

- Stellen Sie sich und Ihre Firma kurz vor (wer).
- Dann fassen Sie möglichst in einem Satz zusammen, worum es geht (was).
- Jetzt erläutern Sie kurz, aus welchem Grund Sie sich damit gerade an den Gesprächspartner wenden (warum).
- Klären Sie abschließend das weitere Vorgehen, zum Beispiel ein erneutes Telefonat, Informationen zuschicken, einen Rückruftermin et cetera (wie).

Störfragen

Dass Kunden ungehalten reagieren, wenn sie am Telefon »überfallen« werden, liegt auf der Hand. Doch auch wer nicht selbstbewusst genug erscheint, wird oft abgeblockt. Höflich ist es, zu fragen, ob die Zielperson jetzt für ein kurzes Gespräch bereit ist. Dazu benutzen Sie die »Störfrage« – vermeiden aber das Wort »stören«. Fragen Sie zum Beispiel: »Haben Sie einen Augenblick Zeit?« oder »Können wir kurz miteinander reden?«

»Kenne ich nicht«

Falls Ihr Unternehmen nicht zu den Branchengrößen gehört, müssen Sie damit rechnen, dass der Angerufene noch nie etwas über Ihr Unternehmen gehört hat. Wenn Sie also Ihre Firma nennen und der Gesprächspartner spontan sagt »Kenne ich nicht«, sollten Sie eine schlagfertige Antwort parat haben, mit der Sie ihn neugierig machen können. Souverän und selbstsicher wirkt es beispielsweise, wenn Sie sagen: »Natürlich, da Sie bislang noch nicht mit uns zu tun hatten, sagt Ihnen unsere Firma noch nichts. Das ging vielen Kunden, mit denen wir jetzt schon lange Jahre zusammenarbeiten, anfangs genauso. Heute können sie sich das gar nicht mehr vorstellen.«

> **Tipp:** Betrachten Sie es als Erfolg, wenn es Ihnen gelingt, bei Ihrem Kaltanruf den Gesprächspartner zu interessieren. Beispielsweise kann es Ihr erstes Zwischenziel sein, Ihr Unternehmen bei ihm bekannt zu machen. Denn kein Kunde möchte bei einem Lieferanten kaufen, von dem er noch nichts weiß. Betrachten Sie deshalb Ihre Kaltanrufe auch als vertrauensbildende Maßnahme gegenüber potenziellen Neukunden.

Den richtigen Gesprächspartner ermitteln

Selbst wenn in Ihren Adressdaten die Namen der Entscheider genannt sind, sollten Sie sich nicht hundertprozentig darauf verlassen: Vielleicht gibt es Mitentscheider und Beeinflusser, die Sie ebenfalls überzeugen müssen. Oder es sind mehrere Entscheider für verschiedene Bereiche verantwortlich. Nutzen Sie deshalb Ihren Erstanruf, um herauszufinden, wer der wirkliche Entscheider ist. Dazu empfiehlt sich folgende Vorgehensweise:

- Sagen Sie ganz offen, worum es geht – egal, ob Sie nun die Vorzimmerdame, den Abteilungsleiter oder den Geschäftsführer persönlich an der Leitung haben. Vielleicht wird die Kontaktperson gleich eine Frage dazu stellen, um herauszufinden, mit wem Sie dafür am besten sprechen: »Geht es um ... oder um ...?«
- Wenn Sie die gewünschte Kontaktperson in der Leitung haben, fahren Sie fort. Nennen Sie den Grund Ihres Anrufs.
- Falls Sie noch keinen Namen wissen, fragen Sie nach: »Wer bei Ihnen ist denn verantwortlich für ...?« Fragen Sie immer nach dem Verantwortlichen, nie nach dem Zuständigen. Denn Sie brauchen den tatsächlichen Entscheider.
- Wenn Sie sich nicht sicher sind, ob Sie den richtigen Gesprächspartner in der Leitung haben, fragen Sie beispielsweise: »Entscheiden Sie das allein oder gibt es noch andere Personen ...?« Wurde Ihnen die betreffende Person zum Beispiel von der Sekretärin genannt, können Sie fragen: »Entscheidet das Frau ... allein oder gibt es noch andere Personen, die daran beteiligt sind?«
- Sofern Sie mit jemandem aus einer hohen Hierarchieebene sprechen und dieser Sie an eine andere Person weiterreicht, fragen Sie: »Ist Herr ... verantwortlich für ...?«, »Entscheidet Herr ... über ...?«

Vergewissern Sie sich immer, dass Sie die richtige Zielperson am Telefon haben. Es bringt Ihnen nichts, jemanden zu begeistern und zu überzeugen, der keine Entscheidungskompetenz oder zu wenig Einfluss hat, um den wirklichen Entscheider dafür zu gewinnen.

Klares Ergebnis

Führen Sie Ihr Akquisetelefonat so, dass es Ihnen konkrete Ergebnisse bringt. Sei es, dass Sie den richtigen Ansprechpartner ermittelt haben, oder dass Sie bereits Interesse bei ihm geweckt haben: Zumindest einen entscheidenden Schritt sollten Sie dabei weitergekommen sein. Dann entscheiden Sie über die nächsten Folgemaßnahmen beziehungsweise klären Sie mit dem Gesprächspartner das weitere Vorgehen.

Fazit: Der Kaltanruf ist eine schnelle und effektive Möglichkeit, um sich bei potenziellen Kunden bekannt zu machen. Versuchen Sie von Anfang an, den Entscheider in die Leitung zu bekommen. Nennen Sie in wenigen Sätzen den Grund – und den Nutzen – Ihres Anrufs.

Nachgedacht
- Telefonieren Sie Ihre Adressen konsequent ab – ohne auf Ihre persönlichen Vorlieben zu achten?
- Ermitteln Sie immer den Entscheider?
- Vergewissern Sie sich, dass Sie mit der richtigen Kontaktperson sprechen?
- Führen Ihre Kaltanrufe zu konkreten Ergebnissen?
- Planen Sie sofort die nächsten Schritte?

4.2.2 Schriftlicher Erstkontakt

Potenzielle Kunden per E-Mail oder Brief anzuschreiben, hat den Vorteil, dass sich Schriftliches nicht so schnell »verflüchtigen« kann wie ein Anruf. Auch wird Ihr Adressat das Gespräch nicht vorzeitig beenden.

Allerdings ist auch Schriftliches nicht vor dem Papierkorb sicher: Nur wenn der Empfänger Ihren Brief als interessant erkennt, wird er weiterlesen – sofern ihn nicht schon seine Sekretärin oder Assistentin aussortiert. Und auch E-Mails kommen nicht immer dort an, wo sie hingelangen sollen: Wenn Sie nicht die persönliche E-Mail-Adresse des Entscheiders haben, ist Ihre erste Hürde, dass sie überhaupt dorthin weitergeleitet wird. Auch haben mittlerweile zahlreiche Unternehmen ihre Spam-Filter verschärft.

Vom Erstkontakt per Fax sollten Sie besser vollständig absehen. Ihr Schreiben würde als Werbefax eingestuft und hätte geringe Chancen, Beachtung zu finden. Wenn Sie also mit Ihrer schriftlichen Kontaktaufnahme Erfolg haben wollen, müssen Sie äußerst professionell vorgehen.

Erstkontakt per E-Mail

Falls Sie sich für die Kontaktaufnahme per E-Mail entscheiden, versuchen Sie vorher telefonisch die E-Mail-Adresse des Entscheiders – oder zumindest seines Vorzimmers zu bekommen. Sofern Sie an eine allgemeine »info@-Adresse« schreiben, müssen Sie deutlich machen, an wen die Nachricht weitergeleitet werden soll. Nennen Sie deshalb in der Betreffzeile ein aussagekräftiges, inhaltliches Stichwort, das sich zum Beispiel auf den Verantwortungsbereich der Zielperson oder Ihre Produkte bezieht. Vermeiden Sie reißerische Betreffzeilen wie »Last-Minute-Angebot«, »Entscheiden Sie sich schnell«, »Wollen Sie Kosten sparen?« et cetera. Sie erwecken einen unseriösen Eindruck – und sorgen oft dafür, dass Ihre E-Mail im Spam-Filter landet.

Positiver Einstieg

Wie beim Kaltanruf gilt auch für den schriftlichen Erstkontakt: Sie brauchen einen Einstieg, der Neugierde weckt, interessiert und beim Empfänger möglichst positive Emotionen auslöst. Im Vorteil sind Sie, wenn Sie auf eine Empfehlung zugreifen können: »Von Herrn Meier, Firma Muster in Berlin, haben wir erfahren, dass auch Sie …« Der Effekt: Wenn der Empfänger den Namen einer bekannten Person liest, entsteht bei ihm ein Gefühl der Vertrautheit. Er hat quasi den Eindruck, als würde er Sie und Ihr Unternehmen schon kennen. Damit bekommen Sie gleich einen Vertrauensvorschuss.

Falls Ihnen keine Empfehlung vorliegt, versuchen Sie, etwas anderes zu finden, auf das Sie sich beziehen können: Beispielsweise einen Messeauftritt oder eine besondere Marketingmaßnahme des potenziellen Kunden.

Einfach und verständlich

Ihren Brief- oder E-Mail-Text formulieren Sie so klar und verständlich wie möglich. Verzichten Sie auf komplizierte Produktbezeichnungen, unter denen sich niemand etwas vorstellen kann. Vertrauen und Sympathie wecken Sie auf folgende Weise:

- Formulieren Sie den Text so einfach und kurz wie möglich. Verzichten Sie auf Schachtelsätze und komplizierte Erläuterungen. Gehen Sie davon aus, dass der Empfänger, wenn er den Brief oder die E-Mail öffnet, gedanklich noch bei einer anderen Sache ist. Machen Sie ihm das Umschalten leicht.
- Sprechen Sie den Empfänger persönlich im Sie-Stil an: »Sie haben die Möglichkeit …«, »Sie können …«. Vermeiden Sie den Wir-Stil: »Wir bieten Ihnen …«
- Verzichten Sie auf penetrante Namensnennung im Stil von »Und deshalb, Herr Müller …« et cetera. Das wirkt anbiedernd. Es reicht, wenn Sie den Empfänger mit dem üblichen Gruß »Sehr geehrte/r Herr/Frau …« ansprechen.
- Ihr Schreiben sollte sich auf eine Seite beschränken. Gehen Sie davon aus, dass der Empfänger nicht allzu viel Zeit dafür übrig hat, sich damit zu befassen.
- Gestalten Sie den Text übersichtlich, gliedern Sie ihn in Absätze.
- Machen Sie dem Leser zum Schluss einen konkreten Vorschlag, was er jetzt tun soll. Kündigen Sie aber auch selbst Ihre Aktivität an: Zum Beispiel, dass Sie sich im Lauf der nächsten Woche telefonisch bei ihm melden werden.

Tipp: Ein Mailing per Brief oder E-Mail ist noch kein Garant dafür, dass Sie es beim anschließenden telefonischen Nachfassen leichter haben. Sie können aber dafür sorgen, dass der Name Ihres Unternehmens dem Empfänger ein Begriff ist – und dass er zumindest bereit ist, Ihnen am Telefon nähere Informationen über sich und seinen Bedarf zu geben.

Fazit: Beim schriftlichen Erstkontakt wissen Sie nie, ob Ihr Brief oder Ihre E-Mail den gewünschten Ansprechpartner tatsächlich erreicht. Sie können aber durch eine seriöse Aufmachung und einen nutzerfreundlichen Schreibstil die Wahrscheinlichkeit erhöhen.

Nachgedacht
- Versuchen Sie, Ihr Schreiben direkt an den gewünschten Ansprechpartner zu adressieren?
- Vermeiden Sie unseriös und reißerisch wirkende Betreffzeilen in E-Mails?
- Ist Ihr Schreib- und Briefstil nutzerfreundlich?
- Können Sie mit Ihrem Schreiben einen positiven ersten Eindruck von Ihrem Unternehmen vermitteln?

4.3 Der zweite Kontakt

Wenn Sie einen Adressaten nicht schon nach dem ersten Kaltanruf aussortiert haben, folgt der nächste Kontakt. Dabei beziehen Sie sich immer auf Ihren ersten Anruf oder Ihr vorausgegangenes Schreiben. Bereits beim Zweitkontakt können Sie dem potenziellen Kunden zeigen, dass er sich auf Sie verlassen kann: Indem Sie zum Beispiel pünktlich zum angekündigten Zeitpunkt anrufen oder ihm umgehend die gewünschten Informationen oder sogar ein erstes Angebot zuschicken. Gleichzeitig machen Sie deutlich, dass Sie an einer Zusammenarbeit nicht nur interessiert sind, sondern sich auch für den Kunden engagieren.

> **Tipp:** Sie geben das Tempo vor. Wenn Sie mit Ihrem zweiten Kontakt zu lange warten, geraten Sie beim Kunden wieder in Vergessenheit. Sind Sie schnell und zuverlässig, wird er Ihr Angebot und Ihre Bemühungen ernst nehmen. Und er erkennt, dass Sie professionell sind.

Gleich weitermachen

Machen Sie bei Ihrem Folgekontakt da weiter, wo Sie aufgehört haben. Vielleicht musste der Ansprechpartner intern etwas klären – jetzt wird sich herausstellen, ob er dies getan hat. Wenn er merkt, dass Sie ihn beim Wort nehmen und zuverlässig sind, erzeugt dies eine gewisse Verpflichtung bei ihm. Falls er sein Versprechen nicht einhalten konnte, wird er sich nun mit hoher Wahrscheinlichkeit bemühen, dies möglichst schnell nachzuholen.

Bedarfsermittlung

Sofern Sie in Ihrem Erstgespräch noch keinen näheren Bedarf ermitteln konnten, ist es jetzt an der Zeit: Finden Sie durch Fragen heraus, was die Wünsche und Probleme des Kunden sind und in welchen Bereichen er für eine Lösung offen ist. Beispiele:

- »Wie aktuell ist denn bei Ihnen …?«
- »Welche Bedeutung hat für Sie das Thema …?«
- »Welchen Stellenwert hat in Ihrem Unternehmen …?«
- »Wie stehen Sie zu …?«
- »Welche Anforderungen stellen Sie in Bezug auf …?«
- »Was vermissen Sie an Ihrer bisherigen Ausstattung …?«
- »Welche Eigenschaften müsste die Lösung beinhalten, damit sie Ihren Vorstellungen entspricht?«

Stellen Sie solche und ähnliche Fragen, um das Gespräch zu steuern. Gibt Ihnen der (potenzielle) Kunde bereitwillig Auskunft, lassen Sie ihm die Möglichkeit, sich ausführlicher zu erklären. Halten Sie in diesem Fall noch weitere Fragen zurück – vielleicht gibt er Ihnen schon von sich aus die Antwort darauf. Falls nicht, stellen Sie anschließend Ihre Frage.

Angebot ja oder nein?

Schon beim zweiten Kontakt – wenn Sie den Bedarf ermittelt haben – sollten Sie bewerten können, ob es sinnvoll ist, ein Angebot zu erstellen. Bei einfachen Produkten, die sich problemlos per Telefon verkaufen lassen, ist eine schriftliche Auftragsbestätigung, die der Kunde unterschreibt, eher Formsache: Oder der Kunde kann sich die betreffenden Produkte auf Ihrer Internetseite anschauen und dort alle wesentlichen Informationen und Produktdaten abrufen, die er braucht.

Bevor Sie sich jedoch die Mühe machen, ein individuell ausgearbeitetes, schriftliches Angebot zu erstellen, klären Sie folgende Punkte:

- Haben Sie konkrete Chancen, den Auftrag zu bekommen? Oder ist der Interessent fest an einen Mitbewerber gebunden und möchte nur ein Vergleichsangebot? Fragen Sie ruhig direkt nach, wie Ihre Auftragschancen stehen.
- Wann ist der Vergabezeitpunkt? Steht überhaupt konkret einer an? Oder ist die Entscheidung noch in weiter Ferne? Ist letzteres der Fall, genügt es, dem Ansprechpartner allgemeine Informationen zukommen zu lassen und mit ihm in Kontakt zu bleiben.
- Welche Eckdaten benötigen Sie? Welche Informationen müssen Sie noch vom Gesprächspartner erfragen? Seine Bereitschaft, Ihnen genaue Auskünfte zu geben, ist ebenfalls ein Indiz dafür, ob er vor hat, bei Ihnen zu kaufen.

Erst wenn Sie auf diese Fragen konkrete Antworten und Ergebnisse haben, entscheiden Sie, ob Sie ein Angebot verschicken – beziehungsweise erläutern Sie dem Gesprächspartner, welche Voraussetzungen noch erfüllt werden müssen. Damit überlassen Sie ihm die Entscheidung und er fühlt sich nicht brüskiert.

> **Tipp:** Ob allgemeine Informationen oder Angebote: Stellen Sie sicher, dass diese auch beim Empfänger ankommen. Kündigen Sie den Versand vorher an. Machen Sie noch einmal deutlich, warum gerade diese Unterlagen für den Empfänger von großem Nutzen sind. Und: Verschicken Sie Ihre Post unmittelbar nach dem vorausgegangenen Telefonat. Damit stellen Sie sicher, dass sie der Empfänger auch erwartet und positiv aufnimmt.

Kunden neugierig machen

Sofern Sie Ihr Produkt oder Ihre Lösung gleich am Telefon vorstellen, machen Sie den Gesprächspartner neugierig. Sie erzeugen Spannung, wenn Sie mit der Produkt- oder Lösungsbeschreibung noch etwas warten. Im Idealfall wird der Kunde sogar etwas ungeduldig und will endlich wissen, wie Ihre Lösung aussieht. Dafür gehen Sie folgendermaßen vor:

- Beschreiben Sie zunächst die Ausgangslage, das aktuelle Problem, die Situation des Kunden.
- Nennen Sie anschließend das Wunschziel, das der Kunde anstrebt beziehungsweise das Ergebnis, das er dank Ihrer Lösung erreichen kann.
- Eröffnen Sie dann dem Kunden, dass es eine Möglichkeit gibt, sein Wunschziel zu erreichen. Sie verraten aber noch nicht wie. Dann schweigen Sie.
- Warten Sie, bis der Kunde zum Beispiel sagt: »Und, wie sieht diese Lösung aus?«
- Falls der Kunde wider Erwarten nichts sagt, müssen Sie keinesfalls nervös werden. Sie können zum Beispiel jetzt sein Schweigen kommentieren. Beispiel: »Sie sagen nichts – wie darf ich das interpretieren?«
- Sofern Sie den Eindruck haben, dass der Kunde nur deshalb nichts sagt, weil er von Ihnen erwartet, dass Sie nun Ihre Lösung vorstellen, können Sie folgendermaßen fortfahren: »Sie möchten jetzt sicherlich wissen, wie dieses Lösung aussieht: …« und starten Ihre Beschreibung.

Fazit: Beim zweiten Kontakt offenbart sich vieles: Wie ernsthaft der Gesprächspartner an einer Geschäftsbeziehung interessiert ist und ob konkrete Auftragschancen bestehen. Fordert der potenzielle Kunde ein Angebot an, lassen Sie sich nicht zu voreiligen Schlüssen hinreißen: Erst wenn er bereit ist, Ihnen Antwort auf alle wichtigen Fragen zu geben, haben Sie überhaupt Chancen auf einen Auftrag.

> **Nachgedacht**
> - Knüpft Ihr Folgekontakt unmittelbar an den Erstkontakt an?
> - Ermitteln Sie den konkreten Bedarf des Kunden?
> - Klären Sie Ihre Auftragschancen?
> - Erstellen Sie nur dann ein detailliertes Angebot, wenn echte Chancen auf eine Zusammenarbeit bestehen?

4.4 Angebote nachbereiten

Zu jeder Angebotsabgabe gehört auch das Nachfassen: Verlassen Sie sich nie darauf, dass sich ein Interessent von selbst wieder meldet. Er erwartet von Ihnen, dass Sie sich für ihn einsetzen. Wenn Sie nicht nachtelefonieren, entsteht beim potenziellen Kunden der Eindruck, Sie hätten kein Interesse an einer Zusammenarbeit. Das kann schnell als Arroganz gewertet werden.

Am besten terminieren Sie Ihr telefonisches Nachfassen bereits mit dem Versenden des Angebots. Dabei sollte der potenzielle Kunde einerseits genügend Zeit haben, sich mit dem Angebot zu befassen, andererseits darf er nicht zu lange damit allein gelassen werden. Sonst besteht die Gefahr, dass er es erst einmal beiseite legt, um sich zu einem späteren Zeitpunkt damit zu beschäftigen.

Sorgen Sie dafür, dass sich der Interessent auch tatsächlich mit Ihrem Angebot befasst. Fragen Sie ihn deshalb, bevor Sie Ihr Angebot erstellen,

- bis wann er es spätestens benötigt
- und wie lange er braucht, um sich damit zu befassen.

Weicht er aus oder nennt unverbindliche Zeitangaben, schlagen Sie zwei alternative Termine vor: Akzeptiert der Interessent keinen von beiden, bleiben Sie höflich-hartnäckig, bis er selbst einen Vorschlag macht.

> **Tipp:** Vielleicht haben auch Sie es schon des Öfteren erlebt, dass ein Interessent »ganz dringend« bis zu einem bestimmten Termin ein Angebot verlangte, dann aber zum betreffenden Zeitpunkt im Urlaub oder auf Geschäftsreise war. Zwar können Sie dies nicht vollständig ausschließen – aber zumindest nachfragen, ob sich der Empfänger dann auch unmittelbar damit befasst. Eine gute Informationsquelle ist auch das Vorzimmer: Die Assistentin weiß mindestens so gut, wann ihr Chef in Urlaub, auf Geschäftsreise oder im Meeting ist, wie er selbst.

Gleich weitermachen

Wenn Sie nun zum vereinbarten Termin nachfassen, gehen Sie selbstverständlich davon aus, dass dem Interessenten Ihr Angebot vorliegt und dass er sich damit befasst hat. Deshalb fragen Sie auch gar nicht erst danach, sondern fragen den Gesprächspartner, ob es ihm zusagt. Zu Beginn genügt solch ein kleiner Anstoß, um die Situation zu klären: Hat sich der Gesprächspartner mit Ihrem Angebot auseinandergesetzt, wird er jetzt Stellung dazu nehmen. Dann können Sie, um Ihre Auftragschancen einzuschätzen beziehungsweise zu verbessern, noch eigene Fragen stellen – je nach Kundenantwort beispielsweise:

- »Was genau gefällt Ihnen daran besonders?«
- »Was konkret sollte noch geändert werden?«
- »Welche Punkte fehlen Ihnen noch?«

Gibt der Gesprächspartner zu, dass er sich noch nicht mit Ihrem Angebot auseinandergesetzt hat, entgegnen Sie: »Was halten Sie davon, wenn wir das jetzt gemeinsam durchgehen?«

Lassen Sie sich bei Ihren Nachfasstelefonaten auf keinen Fall abwimmeln oder vertrösten. Finden Sie heraus, was der Grund dafür ist. Vielleicht ist sich der potenzielle Kunde noch gar nicht sicher, ob er überhaupt die geplante Anschaffung benötigt. Oder er hat nicht die Entscheidungskompetenz, möchte dies aber nicht vor Ihnen zugeben. Welcher Grund auch immer vorliegt – kommen Sie ihm auf die Schliche.

Fragen Sie zum Beispiel:

- »Gibt es außer der Abklärung mit … noch etwas, das Sie zurückhält?«
- »Was lässt Sie noch zögern?«
- »Welche Punkte müssen wir noch klären, damit Sie sich entscheiden können?«
- »Unter welchen Voraussetzungen können Sie zusagen?«

Tipp: Meldet sich ein potenzieller Kunde von sich aus, nachdem er Ihr Angebot erhalten hat, deutet dies zumindest darauf hin, dass er dringend einen Anbieter beziehungsweise Lieferanten sucht. Vermutlich befasst er sich momentan intensiv mit der Kaufentscheidung. Behandeln Sie dieses Projekt deshalb mit hoher Priorität.

Fazit: Planen Sie mit jedem Angebot, das Sie verschicken, auch das telefonische Nachfassen ein. Vereinbaren Sie dafür einen festen Termin.

Lassen Sie sich niemals abwimmeln oder vertrösten: Finden Sie heraus, wie ernst es dem Interessenten wirklich ist und ob der Termin für die Auftragsvergabe noch aktuell ist.

> **Nachgedacht**
> - Fassen Sie jedes Angebot telefonisch nach?
> - Sorgen Sie dafür, dass sich der Interessent konkret mit Ihrem Angebot befasst?
> - Ermitteln Sie mögliche Änderungswünsche, um Ihre Erfolgschancen zu erhöhen?
> - Finden Sie heraus, wie weit die Entscheidung fortgeschritten ist?

4.5 Erfolgreich verhandeln am Telefon

4.5.1 Passende Argumentationsstrategie

Am Telefon sind viele Kunden besonders vorsichtig: Sie nehmen eine Abwehrhaltung ein, sowie sie sich zum Kauf gedrängt fühlen. Auch hat jeder Kunde seine eigenen Kaufgründe und Entscheidungskriterien. Dies beginnt schon damit, ob sich der Kunde eher positiv oder negativ motivieren lässt:

- *Positiv motivierte Menschen* haben eine Siegermentalität. Sie kaufen Produkte oder Lösungen, um damit noch erfolgreicher zu werden oder ihren Erfolg zu genießen und nach außen hin zu demonstrieren (Statussymbole).
- *Negativ motivierte Kunden* wollen dagegen drohende Nachteile, Risiken, Verluste vermeiden oder ihre aktuelle unbefriedigende Situation ändern. Für sie ist die Höhe des Leidensdrucks ausschlaggebend.

Entsprechend kundengerecht müssen Sie argumentieren: Spricht jemand von seinen Plänen und Zielen, die er erreichen, will, geben Sie ihm positive Argumente. Erläutern Sie, wie Ihre Produkte und Lösungen den Kunden bei seiner Zielerreichung unterstützen. Schildern Sie, welchen erstrebenswerten Zustand der Kunde damit erreichen wird und malen Sie diesen möglichst bildhaft aus: »Stellen Sie sich vor, wenn Sie schon bald ...«

Verhält sich der Kunde dagegen zurückhaltend, äußert viele Einwände, Bedenken und wirkt sehr risikoscheu, so sprechen Sie genau dieses Thema an. Vielleicht berichtet Ihnen der Kunde daraufhin von negativen Erfahrungen, die er schon gemacht hat und kein zweites Mal erleben will. Oder er befindet sich momentan in einer schwierigen Situation, in der er jegliches (Investitions-)Risiko scheut und Wert auf Sicherheit legt. Da Sie hier immer Gefahr laufen, dass sich der Kunde überhaupt nicht entscheidet, sollten Sie seinen Leidens- und Handlungsdruck erhöhen. Zeigen Sie ihm die negativen Folgen auf, die ihm drohen, wenn er die Entscheidung noch weiter aufschiebt. – Allerdings mit Fingerspitzengefühl: Wenn Sie übertreiben und Ihre Schilderungen zu drastisch werden, erzeugt das bei vielen Kunden Abwehrreaktionen. Geben Sie Ihrem Kunden die Sicherheit, dass ihn Ihre Lösung auch tatsächlich von seinen Problemen befreit. Stellen Sie dar, in welcher Weise dies geschieht, nennen Sie Beispiele und Referenzen.

> **Tipp:** Um Ihren Gesprächspartner und seine Kaufmotive richtig einzuschätzen, beantworten Sie sich folgende Fragen:
> - Was will der Gesprächspartner erreichen? Was bezweckt er mit dem Kauf?
> - Welche Erfolge oder Ergebnisse will er damit erzielen?
> - Welche Alternativen hat der Kunde, außer mit uns zusammenzuarbeiten? Hat er überhaupt welche?
> - Wie stark steht der Gesprächspartner unter Druck? Wie wichtig und brisant ist für ihn das Problem, für das er eine Lösung sucht?

Wirkungsvoll argumentieren

Erst wenn Sie wissen, aus welchen Motiven heraus Ihr Kunde handelt, können Sie richtig argumentieren. Dabei beachten Sie folgende Punkte:

- Bringen Sie Ihre Argumente mit Bedacht, nie sofort hintereinander. Lassen Sie Ihre Worte wirken und nachklingen, indem Sie danach eine kleine Pause machen. Verwenden Sie jedes Argument einzeln, nie mehrere auf einmal.
- Tragen Sie Ihre Argumente zum richtigen Zeitpunkt vor. Wenn Sie schon davon ausgehen können, dass ein Kunde einen bestimmten Einwand bringen wird und er bereits Bedenken hegt, können Sie seinen Einwand vorwegnehmen und ihm gleich erläutern, warum er diese Befürchtungen getrost beiseite schieben kann. Ansonsten gilt: Nennen Sie ein Argument immer dann, wenn sich der Kunde gerade mit diesem Thema befasst. Dann ist er optimal aufnahmebereit; er kann es richtig verstehen und einordnen.
- Nennen Sie die Argumente, die der Kunde am liebsten hört. Das gelingt Ihnen, wenn Sie darauf achten, wie er spricht, welche Aspekte er hervorhebt, welche Bedenken oder Ziele er äußert. Ideal ist es, wenn

Sie sogar bestimmte Lieblingswörter und Formulierungen ausmachen können, die Sie dann in Ihre eigenen Argumente einbauen.
- Argumentieren Sie nicht nach. Geben Sie dem Kunden das Gefühl, dass er eine gute Entscheidung trifft. Jedes Argument, das Sie noch nachschieben würden, könnte bei ihm Zweifel auslösen.

Hin-zu-Argumentation

Nicht jeder Kunde hat ein Problem. Vielleicht möchte sich der Gesprächspartner einfach etwas gönnen, sich oder einer anderen Person einen lang gehegten Wunsch erfüllen: Er möchte »zu etwas hin«. So gibt es durchaus auch Kunden, die ein Produkt um seiner selbst willen kaufen: Meist sind es Menschen, die offen und begeisterungsfähig für Neues sind und die über die entsprechenden finanziellen Mittel verfügen, um dieses Produkt zu erwerben.

In diesem Fall appelliert Ihre Argumentation an die Emotionen (Glück, Freude, Besitzwunsch), sollte aber dennoch sachlich-nachvollziehbare Begründungen liefern, sodass der Kunde seine Anschaffung objektiv rechtfertigen kann. Bei teuren, langlebigen Gebrauchsgütern sind solche objektiven Argumente zum Beispiel der Wert oder sogar die Wertsteigerung, die das Produkt erfährt.

Für viele Kunden ist Ihr Produkt aber auch Mittel zum Zweck: Sie wollen damit einen bestimmten Zustand erreichen. Beispiel: Der Kunde möchte technisch auf dem neuesten Stand sein, um damit seine Wettbewerbsfähigkeit zu verbessern. In diesem Fall erkundigen Sie sich genau, wo der Kunde hin möchte. Lassen Sie ihn sein Ziel so plastisch wie möglich beschreiben. Geben Sie Resonanz. (»Ich verstehe, Sie möchten damit ...«) Oder fragen Sie bei Bedarf nach (»Was genau möchten Sie damit ...?«) In der nächsten Phase klären Sie, wie das Produkt oder die Dienstleistung konkret aussehen muss, um diese Anforderungen zu erfüllen. Nun folgt die Phase der Beweise: Sie erläutern Anwendungsbeispiele und berichten von Kunden, die vergleichbare Vorstellungen und Wünsche hatten. Anhand solcher Praxisberichte zeigen Sie dem Kunden, dass die Lösung sein Versprechen tatsächlich erfüllt.

Von-etwas-weg-Argumentation

Hat der Kunde ein konkretes Problem, verspürt er bereits »Schmerzen« oder soll bei ihm ein entsprechendes Problembewusstsein geweckt werden, müssen Sie Ihre Argumentation auf dem Prinzip »von etwas weg« aufbauen. Dazu verstärken Sie zunächst den Leidensdruck des Kunden mithilfe von Auswirkungsfragen. Beispiele: »Wie wirkt sich das auf ... aus?«, »Welche Folgen hat das/befürchten Sie?« et cetera.

Je stärker der Leidensdruck, umso zugänglicher wird der Kunde für Ihr Lösungsangebot sein. Allerdings ist er auch kritisch, häufig sogar ängstlich und will sich absichern, wenn er in der Vergangenheit schlechte Erfahrungen gemacht hat. Geben Sie dem Kunden deshalb die Möglichkeit, auch seine negativen Erlebnisse ausführlich zu schildern. Hören Sie aufmerksam und aktiv zu. So erkennt der Kunde, dass Sie seine Probleme zu Ihren eigenen machen – und alles daran setzen, sie zu lösen.

Erfolgreich verhandeln am Telefon

Folgende Checkliste soll Sie bei Ihren telefonischen Verhandlungen unterstützen:

- Suchen Sie immer nach Lösungen, die sowohl Ihnen beziehungsweise Ihrem Unternehmen, als auch dem Kunden Vorteile bringen. Versuchen Sie nie, Kunden zu etwas zu überreden, das ihnen keinen echten Nutzen bringt.
- Stellen Sie kurzfristige hinter langfristige Erfolge. Zwar bringt Ihnen ein schneller Kaufabschluss zunächst ein Erfolgserlebnis. Weitaus lohnenswerter und profitabler sind aber langfristig angelegte Kundenbeziehungen – bei denen Sie nicht jedes Mal die Akquise von vorne beginnen müssen.
- Versuchen Sie immer, sich in die Situation Ihres Kunden zu versetzen. Was wäre Ihnen jetzt an seiner Stelle wichtig? Was gewinnt der Verhandlungspartner durch das Geschäft? Wie können Sie ihm dies glaubhaft deutlich machen?
- Streben Sie einen Abschluss an – aber nicht um jeden Preis. Setzen Sie sich vorher Ihre Grenzen. Es bringt Ihnen nur Probleme, wenn Sie einen Kunden gewinnen, der Ihnen unter dem Strich mehr Aufwand als Ertrag beschert.
- Bleiben Sie offen und flexibel. Vielleicht stellt sich während der Verhandlung heraus, dass für den Kunden ganz andere Aspekte zählen, als bislang angenommen. Dann müssen Sie sich wieder auf eine ganz neue Situation einstellen und Ihre Argumentation neu aufrollen.
- Treiben Sie die Verhandlung voran. Dabei hilft zum Beispiel auch der Zeitfaktor: Wenn der Kunde bis zu einem bestimmten Termin seine Lieferung benötigt, muss er sich rechtzeitig entscheiden. Das können Sie ihm deutlich machen.

- Teilen Sie Ihre Verhandlung in Teilschritte und Teilziele. Legen Sie Ihr Mindest-Ziel fest, das Sie auf jeden Fall erreichen wollen.
- War Ihre Verhandlung für Sie erfolgreich, so freuen Sie sich darüber. Geben Sie aber auch Ihrem Gesprächspartner das gute Gefühl, einen Erfolg erzielt zu haben. Beispielsweise können Sie, falls Sie ihm einen kleinen Preisnachlass zugestanden haben, sagen, dass Sie dies nur in Ausnahmefällen tun.

Fazit: Kunden kaufen aus unterschiedlichen Beweggründen. Erst wenn Sie diese kennen, können Sie treffend argumentieren. Bringen Sie nur die Argumente, die genau den Kundenbedürfnissen entsprechen. Versuchen Sie sich bei Ihren Verhandlungen immer in die Situation des Kunden zu versetzen und geben Sie ihm das gute Gefühl, sich richtig zu entscheiden.

> **Nachgedacht**
> - Ermitteln Sie die Kaufmotive Ihrer Kunden?
> - Stimmen Sie Ihre Argumente auf diese Motive ab?
> - Bringen Sie Ihre Argumente zum richtigen Zeitpunkt?
> - Verhandeln Sie ergebnis-, aber auch kundenorientiert?

4.5.2 Richtiger Umgang mit unterschiedlichen Kundentypen

Ob und wie sich ein Kunde entscheidet, hängt nicht nur von äußeren Voraussetzungen und Fakten ab, sondern immer auch von seiner Persönlichkeit. So sind manche Menschen durchaus risikobereit und entscheidungsfreudig, wenn sie die Chance auf gute Gewinne und Erfolge erkennen. Andere wiederum möchten sich stets absichern und kaufen am liebsten Produkte, die sich bereits vielfach bewährt haben. Folgende Kundentypen sind besonders häufig anzutreffen – wobei es natürlich immer auch Mischformen gibt:

Der selbstbewusste Macher

Ihn erkennen Sie schon an seiner selbstbewussten, oft forschen Haltung, seiner lauten Stimme und seinem dominanten Verhalten. Solche Kunden wollen gerne die Gesprächsführung übernehmen, sind sehr pragmatisch und zielorientiert und haben häufig wenig Zeit. Bei ihnen besteht nicht die Gefahr, dass sie sich am Telefon verplaudern – im Gegenteil, sie haben oft wenig Zeit und möchten sofort zum Thema kommen. Mit solchen Kunden kommen Sie gut zurecht, indem Sie klar und zielorientiert kommunizieren. Verhalten Sie sich selbstsicher, vermeiden Sie aber jegliche Art von

Konfrontation. Falls sich der Kunde in einer Sache täuscht oder Sie ihm einen anderen Vorschlag machen wollen, so tun Sie dies möglichst wertfrei. Beispiel: »Wir haben zuletzt die Erfahrung gemacht, dass ...« Dann stellen Sie dem Kunden eine Frage. Beispiel: »Wie interessant ist das für Sie?«

Argumentieren Sie sachlich-inhaltlich: So können Sie Ihre (Lösungs-) Kompetenz und Ihr Know-how deutlich machen, was solche Kunden sehr schätzen. Stellen Sie die Chancen und Vorteile für den Kunden heraus. Liefern Sie ihm aber nur die Informationen und Fakten, die er für seine Entscheidung benötigt: Denn solche Kunden reagieren sehr empfindlich, wenn sie sich bevormundet fühlen. Sie wollen sich stets selbst entscheiden und tun dies meist auch sehr schnell, wenn sie überzeugt sind. Von einem solchen dominanten Kunden haben Sie kaum Vorwände oder Ausflüchte zu befürchten: Er wird Ihnen offen sagen, was ihm gefällt oder was ihn stört. Fassen Sie am Ende des Gesprächs Ihre Ergebnisse und Vereinbarungen zusammen – und nennen Sie dann den nächsten Schritt. Ist der Kunde einverstanden, wird er Ihnen diesen sofort bestätigen.

Der Begeisterungsfähige

Bei solchen Kunden besteht stets die Gefahr, dass Sie die angenehme Gesprächsatmosphäre mit Kaufbereitschaft verwechseln. Solche Kunden sind sehr offen, charmant und optimistisch, aber häufig auch etwas chaotisch und unzuverlässig. Zwar ist es sehr leicht, mit ihnen einen Termin zu vereinbaren oder von ihnen das Okay für ein Angebot zu bekommen. Oft halten sie jedoch Zusagen nicht ein, stornieren Termine oder haben zum vereinbarten Zeitpunkt schlichtweg keine Zeit. Und wenn sie ein Angebot erhalten, ist keineswegs sichergestellt, dass sie sich damit auch befassen.

Da solche Gesprächspartner sehr kommunikativ sind und meistens über gute Kontakte verfügen, sind sie aber hervorragende Netzwerkpartner. Auch als Empfehlungsgeber und Referenzkunden sind sie bestens geeignet, denn mit ihrer ansteckenden Art sind sie die idealen Botschafter Ihrer Leistungen.

Zuvor müssen Sie diese Kunden allerdings für sich und Ihre Lösung gewinnen. Dies gelingt Ihnen am ehesten, wenn Sie ihnen vor Augen führen, was passieren kann, wenn sie sich jetzt nicht (für Ihre Lösung) entscheiden. Dabei dürfen Sie in Ihrer Argumentation durchaus mit Emotionen arbeiten: Laden Sie den Kunden zum Träumen ein, lassen Sie ihn mit hypothetischen Fragen (»Wenn Sie sich vorstellen, dass ... wie fühlen Sie sich dabei?«) den erstrebenswerten Zustand genießen, den er dank Ihrer Produkte und Lösungen erreichen kann.

Der Sicherheitsorientierte

Ganz anders verhält es sich mit sicherheitsorientierten Kunden: Sie zeigen sich oft sehr zurückhaltend, sogar schüchtern und scheu. Bei ihnen müssen Sie in den Vertrauensaufbau viel Zeit und Mühe investieren. Solchen Kunden rein per Telefon etwas zu verkaufen, ist nahezu unmöglich: Sie wollen erst einmal etwas Schriftliches in der Hand halten. Die Bestätigung Ihres Telefonats per Brief oder E-Mail ist deshalb obligatorisch. Außerdem möchten sie genau wissen, mit wem sie es zu tun haben: Schicken Sie ihnen ausführliche Unternehmenspräsentationen zu und verweisen Sie auf Ihre Internetseiten, wo zusätzliche und aktuelle Informationen bereit stehen.

Auch wechseln solche Kunden nur sehr ungern ihren Lieferanten. Sie scheuen jegliches Risiko und bleiben deshalb auch dann noch einem Anbieter treu, wenn sie nicht mehr hundertprozentig mit ihm zufrieden sind. Andererseits ärgern sie sich auch sehr, wenn ihr Vertrauen missbraucht wird.

Um solche Kunden zum Wechsel zu bewegen, müssen Sie sehr behutsam vorgehen. Stellen Sie Fragen wie »Was schätzen Sie denn an Ihrem Lieferanten besonders?« oder »Was hat Sie denn damals dazu veranlasst, zu Ihrem jetzigen Lieferanten zu wechseln?« Auf diese Weise bringen Sie den Kunden dazu, seine Lieferantenbeziehung zu überdenken – ohne dass er dies als Angriff von Ihnen wertet.

Versuchen Sie, mit offenen Fragen (W-Fragen) diesen Kunden zu öffnen. Wenn er spürt, dass Sie sich für ihn interessieren, wird er sich entspannen und bereit sein, Ihnen auch Informationen zu geben. Solche Kunden dürfen Sie nie zum Kauf drängen. Haben Sie jedoch ihr Vertrauen gewonnen und sie davon überzeugt, der richtige Partner zu sein, können Sie sich auf eine langfristige Kundenbeziehung freuen. Geben Sie also nicht zu schnell auf: Die Mühe lohnt sich.

Der Faktenmensch

Rechnerische, messbare Produktvorteile, Daten, Zahlen und kontrollierbare Ergebnisse – all das interessiert den typischen Faktenmensch. Wenn Sie ihm genau das bieten können, haben Sie sein Interesse geweckt. Über die emotionale Schiene können Sie hier dagegen wenig ausrichten. Dafür können Sie aber mit fundiertem Fachwissen punkten. Wenn Sie beispielsweise die Energieersparnis Ihres Produkts gegenüber eines Wettbewerbsmodells nachweisen und belegen können, stehen Ihre Chancen gut, dass sich der Gesprächspartner dafür interessiert – und eventuell sogar eine vorzeitige Ersatzbeschaffung in Betracht zieht. Wenn Sie ihm dazu noch vorrechnen können, wie sich die Investition konkret für ihn auszahlt beziehungsweise innerhalb welchen Zeitraums sie sich amortisiert hat, erhöhen Sie seine Kaufbereitschaft.

Bei solchen Kunden können Sie nur mit fundiertem Wissen gewinnen. Wenn Sie ihm alle Fragen souverän beantworten, wird er Sie als kompetenten Gesprächspartner anerkennen. Umgekehrt sollten Sie Ihre eigenen Fragen an den Kunden möglichst sachlich formulieren.

Fazit: Ihr Verkaufserfolg hängt auch davon ab, wie schnell Sie den jeweiligen Kundentyp identifizieren und auf seine Bedürfnisse eingehen. Bleiben Sie offen und flexibel, achten Sie auf typische Merkmale. Anhand Ihres eigenen Verhaltens und der Kundenreaktion erkennen Sie, ob Sie richtig liegen.

Nachgedacht
- Kommen Sie bei dominanten Kunden sofort auf den Punkt?
- Versuchen Sie begeisterungsfähige Kunden als Empfehler zu gewinnen?
- Investieren Sie bei sicherheitsorientierten Kunden vor allem in den Vertrauensaufbau?
- Können Sie Zahlen -und Faktenmenschen den Produktnutzen vorrechnen?

4.5.3 Keine Angst vor Preisverhandlungen

Preisgespräche sind gerade im Business-to-Business-Geschäft an der Tagesordnung. Betrachten Sie die »Preisfrage« deshalb als wichtigen Teil des Entscheidungsprozesses, den der Kunde durchläuft. Dazu einige Tipps:

- Der Preis spielt zwar in vielen Fällen eine wichtige Rolle, ist aber nicht das einzige Kriterium, nach dem der Kunde entscheidet. Er wird erst dann zum Hauptkriterium, wenn andere Argumente fehlen.
- Selbst ein hoher Preis muss kein Nachteil sein, wenn er dem Kunden richtig verkauft wird. Denn jedem ist klar, dass ein hoher Qualitätsstandard seinen Preis hat – billige Produkte würden den Kunden sogar misstrauisch machen.
- Entscheidend ist auch, aus welchem Motiv heraus der Kunde ein Produkt benötigt: Hilft es ihm aus einer Notlage, zum Beispiel, weil er quasi über Nacht eine schnelle Lösung braucht, wiegt der Nutzen weit mehr als der Preis.

- Kunden fragen häufig nach Preisnachlässen, wenn sie sich bereits für ein Produkt entschieden haben. Dies gilt vor allem dann, wenn die Preisfrage sehr spät gestellt wird.
- Da sich Kunden in der Regel ein Preislimit setzen und dieses während des Gesprächs vor Augen haben, sollten Sie ebenfalls konkret festlegen, wie weit sie gehen können. Oberstes Ziel muss es sein, am ursprünglichen Preis festzuhalten.
- Je transparenter Sie den Preis für den Kunden machen, umso weniger Spielraum bleibt dem Kunden, ihn zu drücken. Deshalb ist es sinnvoll, ihm zu erläutern, wie sich der Preis genau zusammensetzt. Je mehr Sie Ihre Lösung in Einzelteile aufsplitten können, umso wertiger und umfangreicher erscheint es für den Kunden.
- Der Kunde braucht selbst gute Argumente, mit denen er ein hochpreisiges Produkt in seinem Unternehmen verkaufen kann beziehungsweise mit denen er es an seine eigenen Kunden vertreibt. Er schätzt es, wenn Sie ihm dafür die entsprechenden Argumente liefern.

Preis erklären

Sie können hohe Preise relativieren, indem Sie dem Kunden erläutern, wie diese zu Stande kommen. Beispielsweise können Sie folgende Einflussfaktoren nennen:

- Kosten für die Rohstoffe,
- Beschaffungskosten,
- Herstellungskosten (vor allem auch teuere Maschinen und Spezialisten in der Fertigung), Entwicklungskosten (wobei auch der zeitliche Aspekt sehr wichtig ist – wenn sich etwa die Entwicklung eines Produkts über viele Jahre hinzog und entsprechend teuer wurde, sehr viele Tests nötig waren),
- Transport- und Logistikkosten (zum Beispiel bei sehr empfindlichen Produkten oder Gefahrgut, das nicht auf herkömmlichem Weg befördert werden kann).

Contrast-Selling

Das Verkaufen mit Kontrasten – Contrast-Selling – eignet sich gut, um Kunden den Wert eines hochpreisigen Produkts zu verdeutlichen. Es ist auch ein ideales Mittel, um Zusatzverkäufe zu erzielen. Das Prinzip: Zunächst erläutern Sie dem Kunden Ihr teuerstes Produkt oder Ihre aufwändigste Lösung – natürlich mit entsprechenden Nutzenargumenten.

Anschließend erklären Sie ihm eine andere Lösung, die deutlich preisgünstiger ist – dafür aber auch weniger bietet. Wenn der Preis deutlich niedriger ist, wird dem Kunden jetzt auch die Lösung selbst minderwertiger erscheinen und er tendiert zur ersten.

Selbstbewusst kommunizieren

Die wichtigste Regel für Preisgespräche lautet: Stehen Sie zu den Preisen Ihrer Produkte. Wer anfängt, sich zu rechtfertigen oder zu entschuldigen (»Ich habe die Preise ja nicht gemacht«) wirkt unglaubwürdig. Der Kunde erkennt sofort, dass Sie selbst nicht hinter dem stehen, was Sie verkaufen und schätzt das Produkt als geringwertig ein. Wenn Sie dagegen selbstbewusst zu Ihren Preisen stehen, bestärkt das den Kunden in seiner Entscheidung. Beispiel: »Da haben Sie vollkommen Recht. Unsere Preise sind höher als die unserer Mitbewerber. Mit gutem Grund, denn ...«

Haben Sie den Mut, Ihre Preise bei Bedarf schon zu Beginn der Verhandlung zu nennen. Damit zeigen Sie dem Kunden, dass Sie nicht die geringste Scheu davor haben. Außerdem entspannt sich die Situation: Wenn Sie und der Kunde das Thema Preis hinauszögern, entsteht für beide Seiten eine belastende Spannung. Es liegt noch etwas in der Luft. Indem Sie dieses Thema gleich an den Anfang des Gesprächs stellen, entkrampfen Sie die Atmosphäre. Ein weiterer Vorteil: Übersteigt der Preis das Budget des Kunden definitiv, erfahren Sie dies gleich zu Beginn. Sie sparen sich Erläuterungen und Argumente, die ohnehin nicht greifen würden.

Erste Orientierung

Fragt ein Kunde relativ früh nach dem Preis – noch bevor Sie eine genaue Lösung vorstellen – möchte er meistens nur eine preisliche Orientierung. Wenn Sie jetzt ausweichen (»Das kann ich Ihnen noch nicht sagen, da müssen wir erst ...«) bekommt der Kunde den Eindruck, dass der Preis in jedem Fall sehr hoch ausfallen wird.

Dabei ist es in dieser Phase meist noch gar nicht nötig, einen konkreten Preis zu nennen oder in die Preisverhandlung einzusteigen. Nennen Sie dem Kunden einfach einen groben Rahmen, eine Preisspanne, in der sich die Lösung bewegen wird. Dabei ist es psychologisch sinnvoll, zuerst die obere und dann die untere Grenze zu nennen. Setzen Sie die Obergrenze realistisch an – sonst bringen Sie sich selbst in Verlegenheit, wenn Sie nachbessern müssen (»Das kostet allerdings doch etwas mehr ...«).

Erst sich selbst überzeugen

Wie Preisverhandlungen ablaufen, ist zu einem großen Teil auch eine Frage der inneren Einstellung. Wenn Sie beispielsweise der Meinung sind, dass Ihre Kunden ausschließlich nach dem Preis entscheiden, werden Ihnen schnell die Argumente ausgehen; beziehungsweise merkt der Gesprächspartner am Telefon, dass er Sie leicht verunsichern kann. Fangen Sie deshalb bei sich selbst an: Überzeugen Sie sich selbst davon, dass Ihre Preise absolut gerechtfertigt und wettbewerbsfähig sind.

> **Tipp:** Um sich preisfit zu machen, gibt es ein einfaches Mittel: Fragen Sie Ihre Stammkunden, was sie an der Zusammenarbeit mit Ihnen besonders schätzen oder was sie dazu bewogen hat, sich für Ihr Unternehmen zu entscheiden. Jeder Stammkunde, der Ihnen treu bleibt, ist ein deutlicher Beweis dafür, dass es noch andere Beweggründe gibt als nur den Preis.

Andere Gründe

Mögliche Wettbewerbsvorteile, die den Preis relativieren, sind beispielsweise:

- *Die Flächendeckung:* Ein Unternehmen, das deutschlandweit oder sogar weltweit Niederlassungen unterhält, ist für seine Kunden besser und schneller erreichbar, kann schneller liefern, schnelleren Service leisten et cetera.
- *Die Rund-um-die-Uhr-Erreichbarkeit:* Auch in Notfällen ist gewährleistet, dass der Kunde sofort Hilfe bekommt, wenn er sie braucht.
- *Die kompetent besetzte Hotline:* Ruft der Kunde an, hat er sofort erfahrene, kompetente Fachleute am Telefon, die ihm weiterhelfen können. Sein Anliegen wird sofort bearbeitet, er muss nicht warten, bis er verbunden wird oder sich jemand wieder bei ihm meldet.
- *Die hohe Produktionskapazität:* Sie ermöglicht eine schnelle und termingerechte Lieferung.
- *Die gute Beziehung und das Vertrauensverhältnis zwischen Ihnen und dem Kunden:* Diese emotionale Verbundenheit wiegt oft mehr, als Sie vermuten. Fühlt sich der Kunde fair und kompetent behandelt, erhöht sich auch seine Preistoleranz. Gerade Kunden mit hohem Umsatz- und Ertragspotenzial sind besonders empfindlich, wenn sie sich schlecht behandelt fühlen: Wenn Sie ihnen die entsprechende Wertschätzung entgegen bringen, tritt auch hier der Preis in den Hintergrund.

> **Tipp:** Vermitteln Sie Ihren Kunden die geldwerten Vorteile. Erläutern Sie ihnen, welchen Gegenwert sie für ihr Geld bekommen. Dazu gehören beispielsweise auch die (geringen) Folgekosten eines Produkts: Ist die Anschaffung eines Geräts oder einer Maschine sehr teuer, kann sich diese Investition durch niedrige Wartungs- und Reparaturkosten, niedrigen Energieverbrauch sowie einen geringen Bedarf an Verbrauchsmaterial rechnen.

Immer mit Ausgleich

Falls Sie sich dazu entscheiden, einem Kunden Rabatt zu geben, sollten Sie ihm dies als etwas Besonderes darstellen. Beispielsweise als Dankeschön für eine gute Empfehlungsleistung, als Anreiz für die Abnahme von höheren Mengen oder Stückzahlen oder die Entscheidung für zusätzliche Leistungen oder Produkte (Cross-Selling).

Gleichen Sie also Preisnachlässe immer aus: Indem Sie dem Kunden beispielsweise anbieten, dass er weniger bezahlen muss, wenn er auf bestimmte Ausstattungen und Serviceleistungen verzichtet.

> **Tipp:** Manche Kunden wenden folgende Taktik an, um Preisnachlässe am Telefon zu bekommen: Sie schweigen ganz einfach, nachdem Sie den Preis genannt haben. Viele Verkäufer fallen darauf herein: Sie fühlen sich unwohl durch die plötzliche Stille und lenken ein: »Na ja, etwas könnten wir da schon noch machen ...« – Genau darauf spekuliert der Gesprächspartner. Bleiben Sie also gelassen und versuchen Sie, das Schweigen auszuhalten. Warten Sie ganz einfach, bis der andere wieder etwas sagt. Falls Ihnen dies nicht gelingt, so kommentieren Sie sein Verhalten: »Sie sagen gar nichts?«

Wettbewerbspreise kennen

Für Ihre Preisgespräche sollten Sie die Preise Ihrer wichtigsten Wettbewerber genau kennen. Und vor allem müssen Sie wissen, worin Sie sich von ihnen unterscheiden. Dann sind Sie auf der sicheren Seite, wenn ein Kunde sagt: »Aber der Wettbewerber ... bietet das gleiche Produkt um ... Euro günstiger an.« Dann sind Sie gewappnet, um zu entgegnen: «Bekommen Sie dafür auch ...? Bietet er Ihnen auch folgenden Service ...?«

Fazit: Preisgespräche sind ein wichtiger Teil der Verkaufsverhandlung. Darauf können Sie sich gut vorbereiten: Stehen Sie zu Ihren Preisen und erläutern Sie Ihren Kunden, wie sich diese zusammensetzen. Verknüpfen Sie – wenn Sie dennoch einmal Zugeständnisse machen – diese immer mit Gegenleistungen.

> **Nachgedacht**
> - Sind Sie selbst absolut überzeugt von Ihren Preisen?
> - Bleiben Sie standhaft, wenn Kunden Rabatte fordern?
> - Können Sie selbstbewusst erläutern, wie Ihre Preise zu Stande kommen?
> - Kennen Sie die Preise Ihrer Wettbewerber? Wissen Sie genau, worin sich Ihre Produkte und Dienstleistungen vom Wettbewerbsangebot unterscheiden?

4.6 Kaufhinderungsgründe beseitigen

Bringt der Kunde (echte) Einwände, haben Sie es leicht: Er sagt Ihnen genau, was ihn noch vom Kauf abhält und gibt Ihnen die Möglichkeit, seine Bedenken auszuräumen. Schwieriger wird es, wenn Kunden keine Einwände bringen: Denn das heißt noch lange nicht, dass sie auch wirklich kaufbereit sind. Versuchen Sie deshalb am Telefon, entweder schon bei Ihrem Nachfasstelefonat oder dem darauffolgenden Kontakt, jeden zurückgehaltenen Einwand ans Licht zu bringen. Geeignete Fragen, mit denen Sie am Telefon testen können, wie kaufbereit ein Kunde ist, sind beispielsweise folgende:

- »Könnten Sie sich vorstellen, diese Lösung bei sich einzusetzen?« – Falls der Gesprächspartner zögert, haken Sie nach: »Unter welchen Voraussetzungen könnten Sie sich das vorstellen?«
- »Was meinen Sie zu …?«
- »Wie gefällt Ihnen diese Lösung?«
- »Was sagen Sie zu diesem Produkt?«
- »Wie weit sind Sie denn in Ihrer Entscheidung vorgedrungen? …Welche Punkte müssen wir dazu noch klären?«

Vier Kaufkonflikte

Für Kunden besteht der gesamte Verkaufsprozess oft aus einer Reihe von Konflikten, die sich kaufhindernd auswirken können. Andererseits sind gerade diese Konflikte auch eine große Chance, denn sie bewirken, dass sich der Kunde intensiv mit seiner Kaufentscheidung auseinandersetzt.

- *Bedarfskonflikt:* Er tritt auf, wenn sich der Kunde überlegt, ob er überhaupt ein neues Produkt benötigt. So lange er diesen Konflikt für sich nicht gelöst hat, ist er nicht kaufbereit. Dennoch liegt gerade im Bedarfskonflikt auch Ihre Chance: Indem der Kunde mit sich kämpft, setzt er sich intensiv mit der Entscheidung auseinander. Vielleicht quält ihn auch seine momentane Situation, wenn er mit seinem jetzigen

Lieferanten unzufrieden ist. Um diesen Konflikt zu lösen, zeigen Sie dem Kunden, dass er sehr wohl dringenden Bedarf hat. Beispielsweise können Sie ihm schildern, welche weiteren Probleme dem Kunden entstehen, wenn er jetzt nichts unternimmt. Dann stellen Sie ihm etwas Positives in Aussicht: Wie Ihr Produkt diese Probleme löst.

- *Angebotskonflikt:* Er tritt erst auf, wenn der Kunde dank Ihrer Unterstützung seinen Bedarfskonflikt überwunden hat. Als nächstes stellt sich ihm die Frage, ob Ihr Angebot die optimale Lösung für ihn ist oder ob er besser bei einem Mitbewerber kauft. In diesem Fall hat sich der Kunde bereits dafür entschieden, ein Produkt oder eine Dienstleistung zu erwerben – er weiß nur noch nicht, von wem. Deshalb braucht er jetzt von Ihnen konkrete Vorteilsargumente und positive Unterscheidungsmerkmale. Mitunter kommt es auch vor, dass Sie es mit einem Kunden zu tun haben, der bereits den Bedarfskonflikt durchlebt hat und sich schon mitten in der Phase des Angebotskonflikts befindet. Damit müssen Sie rechnen, wenn ein Kunde von sich aus mit Ihnen Kontakt aufnimmt und um ein Angebot bittet. Für diesen Kunden ist bereits klar, dass er ein Problem hat – und er will es lösen. Jetzt müssen Sie ihm zeigen, dass Sie für ihn der richtige Partner sind. Dies gelingt Ihnen, wenn Sie zuvor genau die Anforderungen und Wünsche des Kunden ermittelt haben. Vor allem müssen Sie auch wissen, was ihm momentan die größten Schmerzen bereitet. Erst dann können Sie ihm darlegen, wie Sie sein Problem lösen.
- *Abschlusskonflikt:* Selbst wenn ein Kunde vollständig von Ihrer Lösung überzeugt ist, kann er noch ins Zögern kommen. In dieser Phase müssen Sie ihm triftige Gründe liefern, warum er gerade jetzt und bei Ihnen kaufen soll. Typische betriebswirtschaftliche Kaufargumente sind Kostenersparnis beziehungsweise Gewinnmaximierung. Wenn Sie dem Kunden dann noch schildern können, wie sich der zeitliche Vorsprung darauf auswirkt, liefern Sie ihm doppelte Gründe, um sich jetzt zu entscheiden.
- *Verantwortungskonflikt:* In machen Fällen wird für den Kunden der Abschlusskonflikt auch zum Verantwortungskonflikt. Dies geschieht vor allem bei großen Investitionen und langfristigen Verträgen. Muss der Kunde für den Kauf einen Kredit aufnehmen, erhöht sich die Wahrscheinlichkeit, dass er einen Verantwortungskonflikt erleidet. Haben Sie es mit solch einem Kunden zu tun, dürfen Sie die Risiken keineswegs verharmlosen. Vielmehr sollten Sie dem Kunden Vorschläge machen, wie er die Risiken möglichst gering halten kann.

Hindernis Wettbewerb

Die Bindung an einen Mitbewerber ist eines der größten Kaufhindernisse, die Sie überwinden müssen. Denn die Tatsache, dass sich der Kunde nach anderen Lieferanten – zum Beispiel Ihnen – umsieht, ist noch kein Garant dafür, dass er auch wirklich wechselbereit ist.

Wenn Sie sich also nicht nennenswert von seinem bisherigen Lieferanten unterscheiden, wird der Kunde keinen Grund haben, zu Ihnen zu wechseln – es sei denn, er hat sich konkret über etwas geärgert, was ihn zur Abwanderung bringt.

Auf diese Weise kann das »Hindernis Wettbewerb« sogar zur Chance werden – wenn Sie genau herausfinden, wo Sie sich positiv absetzen können. Passende Fragen dazu sind beispielsweise:

- »Wenn Sie drei Dinge bei der Zusammenarbeit mit Ihrem jetzigen Lieferanten ändern könnten – welche wären das dann?«
- »Was war denn damals für Sie ausschlaggebend, um sich für Ihren jetzigen Lieferanten zu entscheiden?«

Scheuen Sie sich nicht, den Interessenten zu fragen, bei wem er momentan seinen Bedarf deckt. Dann können Sie konkret Ihre Stärken und Schwächen vergleichen – und wissen, welche Unterscheidungsmerkmale Sie herausheben können.

Preis als Kaufhindernis

Natürlich ist der Preis immer ein wichtiges Kriterium, wenn es um die Kaufentscheidung geht. Hier gilt die Regel: Versuchen Sie immer zuerst, die Leistung zu reduzieren, bevor Sie mit dem Preis heruntergehen. Dazu ermitteln Sie gemeinsam mit Ihrem Gesprächspartner die Auftragsbestandteile, die er unbedingt benötigt, dann diejenigen, die er gerne hätte und schließlich die, auf die er notfalls verzichten kann. Hilfreich ist es auch, das Budget zu erfragen, das der Kunde für den Auftrag angesetzt hat – dies sollten Sie allerdings schon zu einem möglichst frühen Zeitpunkt tun: Dann wissen Sie auch, ob es überhaupt sinnvoll ist, sich noch weiter um diesen Auftrag beim Kunden zu bemühen.

Bedenken ausräumen

Manche Kunden sind erst dann kaufbereit, wenn sie sich hundertprozentig abgesichert haben. Ihnen müssen Sie sozusagen beweisen, dass ihre

Entscheidung die richtige ist. Versuchen Sie also, mindestens einen der folgenden Beweise zu erbringen:

- *Statistiken und Untersuchungen:* Wenn Ihr Produkt von einem renommierten, unabhängigen Institut getestet und für sehr gut befunden wurde, sollten Sie das Testergebnis Ihren Kunden in Kurzform zukommen lassen. Besonders genauen und sicherheitsorientierten Personen schicken Sie eine ausführliche Beschreibung.
- *Expertenzeugnisse:* Ist Ihr Produkt oder Ihre Lösung ISO zertifiziert, haben Sie auch damit einen objektiven Beweis für die hohe Qualität.
- *Presseberichte:* Wurde über Ihr Unternehmen, seine Produkte und Leistungen positiv berichtet, so schicken Sie Ihren Kunden Kopien von den entsprechenden Presseartikeln. Bei Veröffentlichungen im Internet mailen Sie ihnen den Link – oder schicken einen Ausdruck.
- *Referenzen:* Schriftliche Erklärungen von begeisterten Kunden haben ebenfalls eine starke Überzeugungskraft. Noch besser ist es, wenn Sie den direkten Kontakt zwischen Referenzkunde und Kaufinteressent herstellen dürfen.

Zu viele Lösungen

Sogar mehrere mögliche Lösungen können ein Kaufhindernis sein: Der Kunde kann sich nicht entscheiden, weil er sich unsicher ist, welche Lösung nun die für ihn beste ist. Selbst wenn er kaufwillig ist und ausdrücklich eine Kaufabsicht geäußert hat, ist der Abschluss noch lange nicht gesichert: Gerade wenn ein Kunde zwischen mehreren Möglichkeiten schwankt, besteht die Gefahr, dass er den Kauf hinauszögert – bis ein Wettbewerber angreift, der ihm die Entscheidung leicht macht.

Kümmern Sie sich deshalb besonders um solche noch unentschlossenen Kunden. Wenn Sie eine saubere Bedarfsanalyse gemacht haben, können Sie Punkt für Punkt die Anforderungen und Wünsche des Kunden auflisten und mit den möglichen Lösungen abgleichen. Am Ende »gewinnt« diejenige, die den Anforderungen des Kunden am besten entspricht. Diesen Abgleich bereiten Sie schriftlich vor, bevor sie ihn am Telefon dem Kunden präsentieren.

Im Idealfall müssen Sie gar keine Kaufempfehlung mehr aussprechen: Der Kunde erkennt dank Ihres Abgleichs die für ihn optimale Lösung.

Negative Beeinflusser identifizieren

Nicht selten werden Kunden gerade dann wankelmütig, wenn sie den Rat von Dritten einholen. Je länger sich der Kaufprozess hinzieht, umso stärkeren Beeinflussungen ist der Kunde ausgesetzt. Im schlimmsten Fall erfährt er sogar von negativen Erfahrungen, die andere mit Ihren Produkten oder dem Unternehmen gemacht haben.

Teilt Ihnen der Kunde dies mit, haben Sie Glück: Er gibt Ihnen die Möglichkeit, Stellung zu beziehen. Vielleicht existierte ein Problem in der Vergangenheit, das mittlerweile erfolgreich gelöst wurde. Dann können Sie Ihrem Kunden davon berichten. Aber auch, wenn jemand negative Erfahrungen mit Ihrem Unternehmen gemacht hat, von denen Sie bislang noch nichts wissen, ist das Ihre Chance: Zeigen Sie ehrliche Betroffenheit, erkundigen Sie sich nach den Details. Dann können Sie den bislang unerkannten Beschwerde- oder Reklamationsfall im Nachhinein noch aufdecken und behandeln.

Schwieriger ist es, wenn Ihnen der Kunde nicht von seinen negativen Beeinflussungen erzählt – doch vielleicht merken Sie an seinem Verhalten, dass etwas »in der Luft« liegt: Vertrauen Sie hier Ihrer Wahrnehmung und Intuition. Wenn sich ein zuvor extrovertierter Gesprächspartner reserviert verhält, wortkarg wird und sich nicht mehr auf Absprachen einlassen will, ist dies ein untrügliches Zeichen dafür, dass etwas nicht stimmt. Unternehmen Sie nichts, werden Sie den Kunden beziehungsweise den Auftrag in jedem Fall abschreiben können. Die bessere Variante ist also immer, den Kunden daraufhin anzusprechen. Am besten in Form von Ich-Botschaften. Beispiel: »Ich habe das Gefühl, irgendetwas ist nicht in Ordnung …« Weicht der Gesprächspartner aus, konkretisieren Sie Ihren Eindruck oder stellen Sie eine Frage. Beispiel: »Seit einer Woche warte ich auf eine Antwort wegen … doch bislang habe ich von Ihnen noch nichts gehört. Darf ich fragen, was der Grund dafür ist?«

Nennt der Gesprächspartner jetzt seine Vorbehalte, können Sie Ihre Einwandbehandlung – beziehungsweise Ihre Beschwerdebehandlung – starten.

Irrtümer aufdecken

Wurde der Gesprächspartner von negativen Beeinflussern falsch oder unvollständig informiert, reagieren Sie sachlich. Verzichten Sie auf direkte Widersprüche wie »Das stimmt nicht«, »Wer hat Ihnen denn das erzählt« et cetera. Quittieren Sie jede noch so unsinnige Behauptung lieber mit freundlichem Erstaunen: »Das ist ja interessant …« Dann können Sie ein »Das höre ich jetzt zum ersten Mal, deshalb bin ich so verblüfft« anfügen.

Wenn Sie jetzt damit beginnen, den Sachverhalt richtigzustellen, so vermeiden Sie jeglichen Anschein von Belehrung. Sprechen Sie eher leiser und langsamer, als Sie es sonst tun. Je ruhiger Sie argumentieren, umso glaubwürdiger wirken Sie.

Fazit: Gehen Sie davon aus, dass der Kunde bei seiner Entscheidung mehrere Kaufkonflikte durchläuft. Nehmen Sie diese Konflikte sehr ernst und unterstützen Sie Ihren Kunden dabei, diese Schritt für Schritt zu lösen. Fragen Sie den Kunden aktiv, wie genau er zu Ihrem Angebot und einer möglichen Zusammenarbeit steht. Gibt er Ihnen von sich aus keine näheren Informationen, konkretisieren Sie Ihre Fragen. Versuchen Sie, Klarheit darüber zu bekommen, wie stark der Kunde an einen Mitbewerber gebunden ist und ob das Thema Preis ein mögliches Hindernis darstellt – das sich aus dem Weg räumen lässt. Wurde der Kunde negativ beeinflusst, ermitteln Sie die Gründe. Informieren Sie den Kunden möglichst sachlich und wertfrei.

Nachgedacht
- Helfen Sie Ihrem Kunden, seine Kaufkonflikte zu lösen? Liefern Sie ihm dafür passende Fakten und Argumente?
- Fragen Sie aktiv Kunden nach ihrer Meinung, die von sich aus keine oder nur wenig Einwände bringen?
- Prüfen Sie, ob Sie die Kundenwünsche realistisch erfüllen können?
- Klären Sie, ob der Wettbewerb ein Kaufhindernis darstellt?
- Versuchen Sie den Preis als Hinderungsgrund auszuschalten, indem Sie die Leistung reduzieren?
- Liefern Sie Ihren Kunden stichhaltige Beweise, warum sie gerade bei Ihnen kaufen sollten?
- Unterstützen Sie Ihren Kunden dabei, sich für die bestmögliche Lösung zu entscheiden?
- Ermitteln Sie auch mögliche negative Beeinflusser?

4.7 Abschluss festmachen

Ist ein Kunde überzeugt und kaufbereit, sollten Sie ihm diesen Entschluss so leicht und angenehm wie möglich machen: Bereiten Sie ihm den Weg zum Kauf vor.

Abschluss-Signale erkennen

Ob ein Kunde abschlussbereit ist, erkennen Sie an seinem Verhalten: Zum Beispiel nennt er noch einmal am Telefon alle Vorteile, die für eine Zusammenarbeit sprechen. Er überlegt laut, wie er seine Entscheidung im

Unternehmen am besten verkauft. Oder er nennt, um sich vor sich selbst zu rechtfertigen, noch einmal alle Kaufgründe und Argumente. Typische verbale Abschluss-Signale sind außerdem:

- Die Frage nach vertraglichen Details. Der Kunde steht nicht mehr vor der Entscheidung, ob er das Produkt kauft, sondern er will jetzt die Formalitäten regeln.
- Klärende Fragen nach Einzelheiten, die Sie bereits besprochen haben. Der Kunde will sich damit noch ein letztes Mal vergewissern, dass alles in Ordnung ist.
- Er lässt sich von Ihnen die für ihn wichtigen Produkt- und Lösungseigenschaften, Vereinbarungen und Konditionen bestätigen und wiederholt diese noch einmal für sich.
- Selbst die Frage nach Rabatten und Vergünstigungen in der Schlussphase des Kaufprozesses ist sehr häufig ein Kaufsignal. Der Kunde ist abschlussbereit, er hat sich entschieden und stellt am Ende noch diese obligatorische Frage. Kaufen will er in jedem Fall bei Ihnen – ob mit oder ohne Preisnachlass.

Tipp: Entscheidend ist der Zeitpunkt, zu dem der Kunde nach Preisnachlässen fragt. Je früher er dies tut, umso größeren Einfluss hat der Preis auf seine Kaufentscheidung. Spricht der das Thema jedoch erst an, wenn er sich bereits entschieden hat – sozusagen als nachgeschobene Forderung – müssen Sie um den Auftrag kaum noch bangen. Der Kunde möchte lediglich alle Möglichkeiten ausschöpfen, möglichst günstig – »preis-wert« – einzukaufen.

Typische Fehler

Ein typischer Fehler ist es, den Abschluss zu zerreden – sodass der an sich kaufbereite Kunde noch einmal Zweifel bekommt und zögert. Beispiele für Formulierungen, die Sie gerade in der Abschlussphase vermeiden sollten, sind Sätze wie:

- »Sie können es sich ja noch mal überlegen.«
- »Sie müssen ja nichts übers Knie brechen.«
- »Ich verstehe, eine solche Entscheidung trifft man nicht so einfach.«
- »Sicher, das kostet ja auch viel Geld ...«

So entsteht beim Kunden entweder der Eindruck, dass Sie selbst nicht davon überzeugt sind, was Sie ihm verkaufen wollen. Oder er denkt, dass es Ihnen gleichgültig ist, ob er kauft.

Zeigen Sie deshalb Ihrem Kunden in jeder Phase des Akquisitionsprozesses, dass Sie sich gerne für ihn einsetzen und sich darüber freuen, ihm zu einem guten Produkt oder einer Lösung zu verhelfen, die ihn erfolgreicher macht. Gerade in der Abschlussphase braucht der Kunde noch einmal das sichere, gute Gefühl, dass er bei Ihnen an der besten Adresse ist.

> **Tipp:** Ebnen Sie Ihrem Kunden den Weg zum Kauf. Zeigen Sie ihm ganz genau auf, was Sie nun tun, welche Schritte Sie einleiten, was anschließend folgt – bis hin zur Auslieferung der Produkte. Der Kunde muss schon »Visionen«, lebendige Vorstellungen davon haben, wie er das Produkt in Empfang nimmt, es verwendet und stolzer Besitzer ist.

Wirksame Abschlussmethoden

Mit folgenden Methoden machen Sie es dem Kunden leicht zu kaufen. Bestehen jetzt noch Kaufhinderungsgründe, die Sie zuvor nicht ans Licht bringen konnten, wird sie der Kunde jetzt mit hoher Wahrscheinlichkeit nennen.

- *Abfrage-Methode:* Sie ist bei Produkten und Lösungen, die sich der Kunde aus mehreren Bausteinen zusammenstellen kann, sehr zielführend. Dafür gehen Sie mit dem Kunden am Telefon Schritt für Schritt die möglichen Ausstattungen durch und fragen der Reihe nach ab, welche er gerne haben möchte. Am Ende fassen Sie die fertige Lösung noch einmal zusammen und lassen sich vom Kunden bestätigen, dass diese voll und ganz seinen Wünschen entspricht.
- *Festlegungsmethode:* Bei dieser Technik wird der Kunde Schritt für Schritt zur Kaufentscheidung geführt. Hier arbeiten Sie mit geschlossenen Fragen, die der Kunde voraussichtlich mit »Ja« beantwortet. (»Sie sagten ja, dass für Sie besonders wichtig ist, dass …? Ein weiterer Punkt ist …? Dann schlage ich Ihnen vor, dass … Sind Sie damit einverstanden?«)
- *Plus-Minus-Methode:* Hier werden dem Kunden nochmals alle Vor- und Nachteile eines Produkts aufgelistet. Ziel ist es natürlich, dass der Kunde die deutlichen Vorteile erkennt, die ihm die Kaufentscheidung bringt. (»Dann lassen Sie uns doch noch einmal die Vor- und Nachteile gegenüberstellen …«) Diese Vorgehensweise wirkt besonders fair und eignet sich auch für sehr misstrauische Kunden.
- *Teilentscheidungsmethode:* Nach dem Motto »Besser den Spatz in der Hand als die Taube auf dem Dach« verkaufen Sie dem Kunden eine Teillösung. Diese Methode sollten Sie nur bei Kunden anwenden, die vor einer großen Investition zurückschrecken und keinerlei Risiko

eingehen wollen. (»Dann machen Sie doch erst einmal einen Test: Wir statten nur einen Computer mit der neuen Software aus. Nur wenn Sie hundertprozentig damit zurechtkommen, entscheiden Sie sich für die Komplettlösung.«)
- *Zur-Probe-Methode:* Sie zielt darauf ab, dass der Kunde ein Produkt, nachdem er es getestet hat, nicht mehr missen will und sich schon daran gewöhnt hat. (»Ihnen machen wir ein besonderes Angebot: Sie testen diesen Drucker völlig unverbindlich vier Wochen lang. Es entstehen für Sie dadurch keinerlei Kosten.«)
- *Vorteilsmethode:* Dem Kunden werden Vorteile gewährt, wenn er sich schnell entscheidet. Diese Methode eignet sich aber für pragmatische Entscheider. (»Wenn Sie sich noch in diesem Monat für das Produkt entscheiden, bekommen Sie 5 Prozent Extra-Rabatt.«)

> **Tipp:** Mithilfe von Alternativfragen können Sie noch einmal testen, ob der Kunde tatsächlich abschlussbereit ist. Dabei setzen Sie voraus, dass der Kunde kauft. Sie lassen ihn lediglich zwischen zwei Alternativen wählen. Beispiel: »Gut, dann haben wir ja so weit alles geklärt. Jetzt noch eine Frage: Möchten Sie lieber die Basis-Version oder die Komfort-Ausführung mit ...?« Wenn Sie die Alternative, die preislich höher liegt, an zweiter Stelle nennen, ist die Wahrscheinlichkeit größer, dass sich der Kunde dafür entscheidet.

Quittungsfrage

Ist der Kunde kaufbereit, gehen Sie zur Quittungsfrage über. Damit besiegeln Sie den endgültigen Abschluss. Beispiele:

- »Diese Abwicklung ist doch auch in Ihrem Sinne, nicht wahr?«
- »Was halten Sie davon, wenn ich den Auftrag gleich für Sie ausfülle und Ihnen zuschicke? Das ist Ihnen sicherlich am angenehmsten, oder?«
- »Diesen Service möchten Sie doch auch in Anspruch nehmen, oder?«
- » ... und damit sind Sie doch auch einverstanden?«
- »Wenn wir das so machen, können wir noch ... Ist das für Sie in Ordnung?«

Damit lassen Sie sich vom Kunden noch einmal ausdrücklich bestätigen, dass der Kauf nun beschlossene Sache ist.

Fazit: Erleichtern Sie Ihrem Kunden die Kaufentscheidung. Zeigen Sie ihm den Weg auf, den er mit Ihnen gehen kann, um stolzer Besitzer oder erfolgreicher Anwender Ihrer Produkte zu werden. Für den endgültigen

Abschluss verwenden Sie klare, eindeutige Formulierungen. Am Schluss lassen Sie sich vom Kunden noch einmal bestätigen, dass er mit der Vorgehensweise und dem Kauf definitiv einverstanden ist.

> **Nachgedacht**
> - Erkennen Sie die verbalen Abschluss-Signale Ihrer Kunden?
> - Zeigen Sie Ihren Kunden den Weg genau auf, bis hin zum Kauf?
> - Klären Sie, bevor Sie den Abschluss einleiten, ob der Kunde definitiv abschlussbereit ist?
> - Leiten Sie im richtigen Moment den Abschluss zügig und zielstrebig ein?
> - Lassen Sie sich vom Kunden bestätigen, dass er mit Ihrer Vorgehensweise ausdrücklich einverstanden ist?

4.8 Empfehlungsmanagement und Referenzen

Versäumen Sie keine Gelegenheit, Empfehlungen einzuholen. Das ist für Sie die leichteste und sicherste Methode, um an neue Kunden zu kommen.

Schließen Sie an jedes gelungene Verkaufs- und vor allem Abschlussgespräch die Empfehlungsfrage an. Diese muss nicht unbedingt formal einer Frage entsprechen: Beispielsweise kann sie auch so lauten: »Sie kennen doch sicherlich noch weitere Personen, für die ein solches Produkt interessant sein könnte ...« Oder Sie fragen ganz direkt: »Wer aus Ihrem Bekanntenkreis könnte denn noch davon profitieren?«, »Wenn Sie einmal kurz nachdenken, wer fällt Ihnen denn spontan ein, für den ein solches Produkt auch nützlich sein könnte?«

Vielleicht müssen Sie erst eine innere Hemmschwelle überwinden. Doch je öfters Sie die Empfehlungsfrage stellen, umso selbstverständlicher wird dies für Sie.

Spontan entscheiden

Wie Sie im Einzelfall vorgehen, entscheiden Sie aus der Situation heraus. Vertrauen Sie hier ruhig auf Ihre Intuition. Nehmen Sie den Kunden am Telefon aufmerksam wahr: Wie verhält er sich, ist er gesprächig? Hat er Zeit für einen kleinen Plausch oder möchte er pragmatisch zum Ende kommen?

Leitet der Kunde selbst das Gesprächsende ein, nachdem Sie alle Modalitäten geklärt haben, sollten Sie ihn nicht unnötig aufhalten. Sehen Sie in diesem Fall lieber von der Empfehlungsfrage ab – vor allem dann, wenn der Kunde offensichtlich unter Druck ist. Nutzen Sie die nächste Gelegenheit. Falls Sie gerade den günstigsten Zeitpunkt verpasst haben, akzeptieren Sie das. Versuchen Sie beim nächsten Mal rechtzeitig einzuhaken.

Wirkt der Gesprächspartner entspannt, ist dies die beste Gelegenheit, um die Empfehlungsfrage zu stellen. Am besten ist es natürlich, wenn er sogar von Bekannten erzählt, die ein ähnliches Problem haben wie er.

> **Tipp:** Falls Ihnen der Kunde Empfehlungsadressen beziehungsweise -namen nennt, warten Sie ein bis zwei Tage, damit er seine Bekannten vorinformieren kann. Wenn Sie jetzt anrufen, beziehen Sie sich gleich auf den Empfehler: »Herr Müller von der Firma Sicher hat mir gesagt, dass ...« – Indem Sie den vertrauten Namen nennen, fühlt sich der Gesprächspartner automatisch mit Ihnen verbunden. Sie bekommen schon einen Vertrauensvorschuss. Falls Sie die genannte Person anschreiben, beziehen Sie sich ebenfalls sofort auf den Empfehlungsgeber.

Empfehlungen in Gang setzen

So können Sie Ihr Empfehlungsmanagement systematisch und erfolgreich in Gang bringen:

- Suchen Sie geeignete Empfehlungsgeber aus: Sprechen Sie vor allem die Kunden auf das Thema an, die Ihnen besonders glaubwürdig erscheinen und die gute Kontakte haben.
- Nutzen Sie einen günstigen Zeitpunkt: Ideal ist es, wenn gerade ein größeres Projekt erfolgreich abgeschlossen oder ein Beschwerdefall zur größten Kundenzufriedenheit gelöst wurde: Gerade Beschwerden und Reklamationen sind die Chance schlechthin, aus unzufriedenen Kunden begeisterte Empfehler zu machen.
- Wählen Sie den passenden Einstieg, zum Beispiel: »Sie haben ja sehr viel mit Geschäftspartnern aus ... zu tun. Wenn Sie an ... denken – wer fällt Ihnen denn da spontan ein?« – Antwortet der Gesprächspartner »Da muss ich erst mal überlegen.«, so bleiben Sie dran: Sagen Sie »Gerne.« – und warten Sie einfach einen Moment.
- Nennt der Kunde jetzt spontan Namen, versuchen Sie, noch weitere Informationen über den potenziellen Neukunden zu gewinnen, beispielsweise Ansprechpartner, Unternehmensgröße, -struktur, Geschäftsfelder, Mitarbeiter et cetera.
- Stimmen Sie das weitere Vorgehen ab: Beispielsweise können Sie ausmachen, dass sich der Kunde am nächsten Tag mit der betreffenden Person in Verbindung setzt, um sie darüber zu informieren, dass Sie sich bei ihr melden.

- Wenn Sie dann den ersten Kontakt herstellen, nehmen Sie nochmals Bezug auf den Empfehlungsgeber – damit schaffen Sie gleich eine vertraute Ebene.
- Halten Sie den Empfehlungsgeber darüber auf dem Laufenden, was sich aus diesem Kontakt entwickelt.
- Kommt es zum Abschluss beim Empfohlenen, zeigen Sie sich beim Empfehlungsgeber erkenntlich. Ein angemessenes Geschenk oder produktbezogene Zusatzleistungen sind nur ein Beispiel dafür. Dies motiviert ihn, Ihnen weitere Kontakte zuzuführen.

Stammkunden zu Empfehlern machen

Möglicherweise befinden sich unter Ihren Stammkunden etliche, die als Empfehlungsgeber geradezu ideal wären – sie brauchen nur noch einen kleinen Anstoß. Gehen Sie Ihren Kundenbestand durch und überlegen Sie, wer für Sie ein besonders guter Multiplikator wäre. Die besten Empfehlungsgeber sind Menschen, die über sehr viele Kontakte verfügen, ein hohes Ansehen genießen und von anderen gerne um Rat gefragt werden. Dabei lassen sich vor allem zwei Typen unterscheiden: Den Kontakter und den Experten. Während der Kontakter vor allem durch seine offene, aufgeschlossene Art und sein umfassendes Beziehungsnetzwerk der ideale Empfehlungsgeber ist, punktet der Experte durch sein Know-how. Gerade wenn es um fachlich anspruchsvolle Entscheidungen geht, ist er die erste Wahl – zumal seine Empfehlungen als objektiv und seriös gelten.

Schriftliche Referenzen einholen

Eine Empfehlung oder eine positive Bewertung Schwarz auf Weiß – womöglich noch von einem renommierten Unternehmenskunden – ist eine der besten Referenzen, die Sie sich denken können. Allerdings kommt es häufig vor, dass Kunden zwar zusagen, ein Referenzschreiben zu schicken, dies aber nicht tun. In diesem Fall gehen Sie folgendermaßen vor:

- Fragen Sie den Referenzkunden zunächst, bis wann er Ihnen das Dokument fertigstellen und zuschicken kann.
- Überschreitet er die Frist um mehr als drei Tage, rufen Sie an oder machen Sie ihm schriftlich einen Vorschlag: »Damit Sie nicht zu viel Arbeit haben, können wir es auch so machen: Ich formuliere Ihnen den Text vor und Sie erhalten ihn zum Gegenlesen. Wenn Sie noch etwas

ändern möchten, fügen Sie Ihre Korrekturen ein, drucken den Text auf Ihrem Geschäftspapier aus und schicken ihn mir wieder zu. Was halten Sie davon?«

Der Vorteil dieser Strategie ist natürlich auch, dass Sie direkt beeinflussen können, was im Referenzschreiben steht. So können Sie einzelne Punkte herausheben, die Ihnen besonders wichtig sind und die für eine Zusammenarbeit mit Ihnen und dem Unternehmen sprechen. Klären Sie aber dennoch, damit sich der Kunde nicht überrumpelt fühlt, vorher kurz am Telefon die Inhalte. Denn schließlich dürfen Sie gerade jetzt die positive Meinung, die der Kunde über Sie und Ihr Unternehmen hat, nicht gefährden.

Fazit: Betrachten Sie die Empfehlungsfrage als selbstverständlich. Je öfter Sie nach Empfehlungen fragen, umso sicherer werden Sie dabei. Handeln Sie aber immer aus der jeweiligen Situation heraus – und nehmen Sie Rücksicht auf die momentane Befindlichkeit Ihrer Kunden. Versuchen Sie außerdem, an Referenzschreiben zu kommen. Ideal sind dafür namhafte Kundenunternehmen mit einem hohen Bekanntheitsgrad. Wenn Sie für den Kunden den Aufwand möglichst gering halten, erhöhen sich Ihre Erfolgschancen.

Nachgedacht
- Fragen Sie Kunden aktiv nach Empfehlungen?
- Entscheiden Sie anhand der Situation, wann eine Empfehlungsfrage angebracht ist?
- Beziehen Sie sich, wenn Sie den Empfohlenen kontaktieren, sofort auf den Empfehlungsgeber?
- Machen Sie es Ihren Kunden leicht, Ihnen als Referenzgeber zur Verfügung zu stehen?

5 Nach dem Kauf ist vor dem Kauf

Schon während der Verkaufsphase können Sie die Weichen für Zusatzgeschäfte stellen. Mit großer Wahrscheinlichkeit gibt es noch Bereiche, in denen der Kunde ebenfalls Bedarf an Ihren Lösungen hat. Vielleicht weiß er nur noch gar nicht, welche weiteren Bereiche Ihr Angebotsspektrum umfasst und kommt deshalb nicht auf die Idee, weitere Themen anzusprechen. Oder Sie haben nützliches Zubehör im Angebot, das dem Kunden die Arbeit erleichtern kann. Testen Sie zunächst aus, wie offen er dafür ist. Dann entscheiden Sie, ob Sie bereits während des Kaufprozesses oder unmittelbar danach mit Ihren Cross-Selling-Aktivitäten beginnen.

Unmittelbar nach dem Kauf sollten Sie den Kunden besonders gut betreuen. Er muss genau darüber informiert sein, wie die Auftragsabwicklung erfolgt und wann genau er die Ware bekommt. Bevor Sie ihn zu seiner Zufriedenheit mit den gekauften Produkten befragen, sollten Sie allerdings noch etwas warten: Schließlich muss der Kunde genügend Zeit haben, Ihre Produkte auf Herz und Nieren zu testen. Dann kann er Ihnen auch sagen, wo es für ihn noch Informationsbedarf gibt – oder ein Problem gelöst werden muss. Nutzen Sie verschiedene Kontaktmedien, um Ihre Kunden auch nach dem Kauf regelmäßig an Sie zu erinnern: Sie sollen sich genauso gut betreut fühlen wie in der Zeit des Akquiseprozesses.

Auch wenn ein Kunde noch nicht daran denken mag: Irgendwann ist der Zeitpunkt für die Ersatzbeschaffung gekommen. Damit er zum richtigen Zeitpunkt an Sie denkt, sollten Sie vorbauen: Sammeln Sie aussagekräftige Fakten und Informationen, um den ungefähren Zeitpunkt der Wiederbeschaffung festzulegen und als Termin in Ihre Datenbank einzutragen.

Gehen Sie frühzeitig wieder auf Ihre Kunden zu: Schließlich besteht die Gefahr, dass sich ein Wettbewerber »einschleicht«. Wenn Sie jedoch dauerhaft bei Ihren Kunden im Gespräch sind, erhöhen Sie die Chance, dass sie erneut zum richtigen Zeitpunkt an Sie denken. Verlassen Sie sich darauf allerdings nicht: Sensibilisieren Sie Ihre Kunden frühzeitig für das Thema. Am besten mit Nutzenargumenten.

Setzen Sie sich für Ihre Stamm- und Neukunden ein, damit sie Ihnen viele Jahre treu bleiben. Pflegen Sie eine persönliche Beziehung: Rufen

Sie Ihre Kunden von Zeit zu Zeit an, auch ohne konkrete Verkaufsabsicht. Bei diesem zwanglosen Telefonat können Sie wertvolle Informationen bekommen. Schon anhand der Kundenreaktion merken Sie, ob jemand Ihrem Unternehmen positiv, negativ oder neutral gegenübersteht. Sowie es Probleme gibt, reagieren Sie zeitnah: Dann wissen Ihre Kunden, dass sie sich jederzeit mit Fragen und Anliegen an Sie wenden können. Noch besser ist es natürlich, wenn Sie ihnen dabei sogar zuvorkommen.

5.1 Cross-Selling-Potenziale nutzen

Gehen Sie davon aus, dass Sie jedem Kunden, der sich für ein Produkt oder eine Dienstleistung entschieden hat, noch mehr verkaufen können. Versuchen Sie schon während des Verkaufsprozesses mögliche Bedarfslücken auszumachen und testen Sie aus, wie der Kunde reagiert, wenn Sie mögliche Erweiterungen oder andere Bereiche ansprechen. Halten Sie Ihre Ergebnisse und Erkenntnisse unbedingt in Ihrer Datenbank fest. Dann haben Sie schon erste Anhaltspunkte für Zusatzverkäufe, also Cross-Selling.

Spätestens unmittelbar nach dem Kaufabschluss sollten Sie aber konkret damit beginnen, Cross-Selling-Verkäufe anzubahnen: Ist der Kunde von den gekauften Produkt begeistert, ist er auch in der richtigen Stimmung, um noch weiteres Zubehör sowie Ergänzungsprodukte anzuschaffen. Oder vielleicht können Sie ihn für nützliche Dienstleistungen interessieren.

Haben Sie Ihren Kunden bei seinem Erstkauf rundum davon überzeugt, dass Sie für ihn der richtige Lieferant oder Dienstleister sind, erhöht sich seine Bereitschaft, auch in anderen Bereichen mit Ihnen zusammenzuarbeiten: Vor allem dann, wenn er Sie mit dem Erstkauf getestet hat.

> **Tipp:** Bevor Sie konkrete Cross-Selling-Vorschläge machen, vergewissern Sie sich, dass der Kunde mindestens zufrieden, im Idealfall begeistert ist. Gibt es noch Probleme oder Fragen, die der Kunde klären will, ist es noch viel zu früh, schon von weiteren Produkten zu sprechen. Erst kommt der Kunde mit seinen momentanen Bedürfnissen und Wünschen: Diese gehen vor. Damit entscheidet der Kunde auch teilweise über die Reihenfolge Ihrer Verkaufsaktivitäten.

Möglichkeiten eröffnen

Betrachten Sie Cross-Selling als Strategie, um das Kundenpotenzial optimal zu erschließen. Beziehen Sie alle Produkt- und Leistungsbereiche Ihres Unternehmens mit ein: Geben Sie dem Kunden zunächst einen allgemeinen Überblick darüber und fragen dann: »Welche Bereiche davon sind denn für Sie noch interessant?« Sie können dem Kunden auch anbieten, ihm Informationsmaterial über Ihr Leistungsspektrum zuzuschicken oder mit ihm zeitgleich Ihre Internetseiten aufrufen und ihn auf interessante Informationen hinweisen. Damit üben Sie keinen Druck oder Kaufzwang aus. Sie sorgen aber dafür, dass der Kunde auf weitere Produktbereiche oder Möglichkeiten der Zusammenarbeit aufmerksam wird. Und das ist schon der erste Schritt in Richtung Cross-Selling.

Vielleicht haben Sie bestimmte Lieblingsprodukte, die Sie besonders gerne und erfolgreich verkaufen? Falls dies so ist: Vernachlässigen Sie trotzdem nicht Ihre übrigen Angebote. Überlegen Sie lieber, wie sich diese mit den Verkaufsrennern gut kombinieren lassen und welche Argumente Sie dem Kunden dafür nennen können.

> **Tipp:** Ungewöhnliche, unbequeme Sonderwünsche sind oft die Chance schlechthin für Cross-Selling. Äußert ein Kunde am Telefon solch einen Wunsch oder fragt er schriftlich eine Lösung an, die Sie so nicht führen, blocken Sie nicht gleich ab. Geben Sie den Kundenwunsch zunächst weiter an die Innendienst- beziehungsweise Vertriebsleitung, dann – wenn erforderlich – an Produktentwickler und Techniker. Informieren Sie den Kunden über diese Schritte. Vielleicht war der Kundenwunsch ein Anstoß für ein größeres Projekt, von dem künftig auch andere Kunden profitieren und das Ihnen gute Verkaufserfolge beschert.

Gute Argumente

Legen Sie sich gute Argumente für Ihre Cross-Selling-Vorhaben zurecht. Beispielsweise sollten Sie Ihren Kunden erklären können, warum es für sie vorteilhaft ist, bestimmte Zusatzprodukt gerade jetzt zu ordern. Mögliche Argumente können beispielsweise sein:

- Saisonale Lieferengpässe: Möglicherweise muss der Kunde, wenn er das Zusatzprodukt erst zum akuten Bedarfszeitpunkt bestellt, mit längeren Wartezeiten rechnen. Bestellt er das Produkt vorher, hat er es sofort verfügbar, wenn er es benötigt.
- Zeitlich limitierte Angebote und Sondereditionen.
- Risikominimierung und Kostenersparnis, zum Beispiel, wenn das alte Gerät oder Zubehör, das der Kunde derzeit im Einsatz hat, immer häufiger Probleme macht und mit Ausfällen und teuren Reparaturen zu rechnen ist.

- Optimale Ausnutzung des gekauften Produkts, zum Beispiel mit entsprechendem Zubehör.
- Die Möglichkeit für den Kunden, das Cross-Selling-Produkt erst einmal zu testen, bevor er sich entschließt. Dies kann ihm die Entscheidung erleichtern, weil er kein Kaufrisiko eingeht.

Gunst der Stunde

Äußert sich ein Kunde am Telefon begeistert zu dem gekauften Produkt und zu Ihrem Unternehmen, nutzen Sie die Gunst der Stunde und sprechen Sie ihn auf weitere Produkte, Lösungen oder Dienstleistungen an, die für ihn interessant sein können. Beispiele: »Übrigens, dazu gibt es auch noch ...«, »Kennen Sie eigentlich schon ...?«, »Haben wir schon einmal über ... gesprochen?« Anhand der spontanen Reaktion merken Sie sofort, ob der Kunde dafür aufgeschlossen ist. Falls ja, nennen Sie ihm eine weitere Einzelheit. Andernfalls können Sie den Kunden fragen, ob Sie ihm dazu einige Informationen zuschicken dürfen – auf die Sie ihn zu einem späteren Zeitpunkt, den Sie für sich terminieren, noch einmal ansprechen. Dann entscheiden Sie, ob es zum jetzigen Zeitpunkt sinnvoll ist, weitere Cross-Selling-Bemühungen zu unternehmen.

> **Tipp:** Ist der Budgetrahmen des Kunden durch einen Produktkauf bereits bis zum Äußersten ausgeschöpft, sehen Sie erst einmal von konkreten Cross-Selling-Versuchen ab. Beschränken Sie sich darauf, dem Kunden zum Beispiel per Newsletter regelmäßig an Ihr Unternehmen zu erinnern. Halten Sie mit ihm Kontakt, bis sich bei ihm neuer Bedarf ergibt – und er wieder Budget verfügbar hat.

Beispiele für Cross-Selling-Anlässe

Hier sind einige Beispiele für typische Situationen, in denen Sie Cross-Selling-Potenziale nutzen können:

- *Sie fassen nach einer Marketing-Aktion beim Kunden telefonisch nach:* Beschränken Sie sich nicht nur auf die Aktions-Produkte. Erforschen Sie noch den weiteren Bedarf des Kunden. Oder machen Sie ihn auch auf zusätzliche Produkte und Leistungen aufmerksam, die für ihn interessant sein können.
- *Sie erstellen auf Kundenwunsch ein Angebot:* Teilen Sie dem Kunden auch noch mit, welche zusätzlichen Optionen es gibt, die für ihn interessant sein können. Möglicherweise hat er daran noch gar nicht

gedacht oder weiß überhaupt nicht, dass Sie diese Features/Leistungen auch bieten.
- *Sie rufen einen Kunden routinemäßig an, um ihn an die Ersatzbeschaffung zu erinnern:* Stellen Sie ihm mindestens ein weiteres Produkt vor, das für ihn interessant sein könnte.

Entscheidend ist der Nutzwert

Auch beim Cross-Selling sollten Sie Ihren Kunden nur solche Produkte und Dienstleistungen anbieten, die für ihn nützlich sind und von denen er profitiert. Versuchen Sie niemals, einem Kunden etwas »aufzudrücken«, das er gar nicht richtig einsetzen kann. Damit würden Sie das Vertrauensverhältnis beeinträchtigen. Der Kunde wäre enttäuscht und würde sich rächen: mit »negativer Mundwerbung«, Auftragsstornierung, Vertragskündigung beziehungsweise Abwanderung.

Stellen Sie den Nutzen, den der Kunde aus den Cross-Selling-Käufen zieht, noch einmal eigens heraus. Zum Beispiel können Sie ihm konkret vorrechnen, was er spart, wenn er bestimmte Produkte im Paket kauft und nicht einzeln bestellt. Aber auch die Zeitersparnis, die Just-in-time-Lieferung oder die garantierte Kompatibilität technischer Komponenten sind Vorteile, die Sie dem Kunden noch einmal deutlich machen können.

Fazit: Für Cross-Selling gibt es vielfältige Ansatzpunkte. Am besten versuchen Sie schon während des Kaufs, Chancen für Zusatzverkäufe auszumachen. Wenn Sie dem Kunden den Nutzen deutlich machen, der ihm durch den Zusatzkauf entsteht, steigen Ihre Abschlusschancen. Suchen Sie Argumente, die aus Kundensicht echte Nutzenvorteile darstellen.

> **Nachgedacht**
> - Haben Sie immer im Hinterkopf, dass Sie den meisten Kunden noch mehr verkaufen können als die Produkte, die sie nachfragen oder kaufen?
> - Testen Sie aus, wie offen der Kunde für Zusatzkäufe ist?
> - Suchen Sie Produkte und Lösungen aus, die für den jeweiligen Kunden interessant und nützlich sein können?
> - Gestalten Sie Ihre Cross-Selling-Argumentation nutzenorientiert?

5.2 After-Sales-Betreuung

Für Kunden stellt sich oft erst nach dem Kauf heraus, ob ihre Entscheidung wirklich die richtige war. Manchmal treten Probleme sofort auf, manchmal erst nach Wochen, Monaten oder sogar Jahren. So lange Sie sofort davon erfahren und Ihnen der Kunde die Chance gibt, das Problem zu lösen, müssen Sie nicht um den Kunden bangen. Anders sieht es aus, wenn sich der Kunde vernachlässigt fühlte und die Betreuung unzureichend war: In diesem Fall ist die Abwanderung vorprogrammiert.

Rundum informiert

Als erstes muss der Kunde rundum informiert sein. Dies wirkt sich unmittelbar auf seine Zufriedenheit aus. Nicht zuletzt vermeiden Sie so auch mögliche Missverständnisse und beugen Problemen vor, die durch Anwendungsfehler entstehen, weil der Kunde oder Nutzer nicht optimal mit dem Produkt vertraut gemacht wurde. Achten Sie deshalb darauf, dass Sie ihm noch vor der Auslieferung alle wichtigen Informationen zukommen lassen. Dies gilt besonders für:

- Die Modalitäten rund um die Auftragsabwicklung, Lieferung und Lösungsimplementierung.
- Besonderheiten, die das Produkt betreffen, den Lieferumfang, enthaltene und optionale Leistungen, mögliche Abweichungen bei einzelnen Produktvarianten oder individuell angefertigten Lösungen et cetera.
- Ansprechpartner, Zuständigkeiten und Verantwortungsbereiche. Der Kunde muss genau wissen, mit wem er es zu tun hat und an wen er sich im Bedarfsfall wenden kann.
- Alle Abweichungen von der ursprünglichen Vereinbarung. Erfolgt beispielsweise die Lieferung früher als geplant, muss der Kunde darüber genauso informiert werden wie über eventuelle Verzögerungen. Unter Umständen kommt ihm die vorzeitige Lieferung sogar ungelegen, weil er dann zum Beispiel zusätzliche Lagerfläche benötigt.

Tipp: Je länger die Lieferzeit, umso größer ist die Gefahr, dass sich beim Kunden nachträgliche Kaufreue einstellt. Denn jetzt ist er für negative Beeinflussungen von Dritten besonders sensibel. Steigern Sie deshalb seine Vorfreude auf das Produkt und erhöhen Sie seine Begeisterung: Zum Beispiel, indem Sie dem Kunden Zusatzinformationen geben, die das Produkt noch attraktiver, begehrenswerter erscheinen lassen. Erfolgsstorys von Referenzkunden, die das Produkt schon längere Zeit einsetzen, haben eine starke Wirkung. Schicken Sie also dem Kunden die entsprechende Mitteilung.

Kunden weiter betreuen

Bringen Sie dem Kunden nach dem Kauf die gleiche Aufmerksamkeit und Wertschätzung entgegen wie während der Akquisitionsphase. Dies bedeutet zunächst, dass Sie ihn etwa zwei bis vier Wochen nach dem Kauf (je nachdem, was in Ihrer Branche üblich ist), anrufen, um seine Zufriedenheit zu erfragen. Wählen Sie einen Zeitraum, in dem der Kunde genügend Gelegenheit hat, das Produkt auszuprobieren und sich damit vertraut zu machen. Wenn Sie zu früh anrufen, hat er es vielleicht noch gar nicht auf »Herz und Nieren« getestet. Gibt es Unstimmigkeiten und Punkte, die den Kunden stören, sichern Sie ihm umgehende Abhilfe zu: Zum Beispiel, indem noch am selben Tag ein Servicemitarbeiter zum Kunden kommt. Oder indem Sie ihm ein Ersatzprodukt schicken, wenn es sich um eine begründete Reklamation handelt.

Geben Sie Ihrem Kunden auch noch Wochen, Monate – und bei langlebigen Gebrauchs- oder Investitionsgütern sogar Jahre nach dem Kauf Argumente und »Beweise«, die ihn darin bestärken, das für ihn Beste gekauft zu haben. Dazu gehören Testberichte, Referenzen et cetera, die Sie ihm zuschicken. Gerade wenn der Kauf schon etwas weiter zurückliegt, ist es wichtig, den Kunden bei der Stange zu halten, sodass er sich, wenn Ersatzbeschaffung ansteht, erst gar nicht nach Konkurrenzprodukten umsieht.

Unterbreiten Sie dem Kunden immer wieder, wenn sich passende Anknüpfungspunkte – zum Beispiel neues Zubehör oder Produktverbesserungen – ergeben, Angebote, die genau seinem Interessensprofil und seinen Bedürfnissen entsprechen. Je besser Sie in der Akquisitionsphase Ihren Kunden kennengelernt haben, umso treffsicherer können Sie Ihre Angebote auf ihn abstimmen – zum Beispiel bis hin zum Produktdesign.

Eine hohe Identifikation mit Ihrem Unternehmen und seinen Leistungen erzeugen Sie, indem Sie dem Kunden exklusive Zusatzangebote machen, die nur an ausgewählte Kunden gehen. Heben Sie dies hervor, wenn Sie ihn zum Beispiel zu Events im Rahmen von Produktneueinführungen, Kundenforen et cetera einladen.

Je häufiger Sie den Kunden kontaktieren, umso präsenter sind Sie und Ihr Unternehmen bei ihm. Um nicht aufdringlich zu wirken, wechseln Sie die Kontaktmedien (Brief, E-Mail, Telefon, persönlicher Kontakt, beispielsweise auf Kundenveranstaltungen).

Sorgen Sie dafür, dass Probleme erst gar nicht entstehen: Zum Beispiel sollten Sie den Kunden mit ausreichendem zeitlichen Vorlauf darauf hinweisen, wenn das Ende der Gewährleistungsfrist bevorsteht und mit ihm einen entsprechenden Service-Check vereinbaren, sodass mögliche

Schwachstellen, die nach Ablauf der Gewährleistungsfrist erhebliche Reparaturkosten verursachen könnten, noch vorher beseitigt werden können.

Binden Sie den Kunden emotional, indem Sie ihn mit weiteren begeisterten Kunden zusammenbringen. Zum Beispiel können Sie ihn auf die Hausmesse oder Einweihungsfeier eines Unternehmens aufmerksam machen, in dem Ihre Produkte erfolgreich angewendet werden.

Verschiedene Kontaktmedien

Der Telefonanruf ist das klassische After-Sales-Medium, wenn es darum geht, die Zufriedenheit des Kunden mit den kürzlich erworbenen Produkten zu erfragen. Der Kunde wird um sein Einverständnis gebeten, ihm einige Fragen rund um den Kauf und das erworbene Produkt stellen zu dürfen. Eine weitverbreitete Vorgehensweise ist es, den Kunden aufzufordern, seine Zufriedenheit in Bewertungspunkten (zum Beispiel von 1 bis 5) wiederzugeben.

Aussagekräftigere Informationen bekommen Sie, wenn Sie der Befragung den offiziellen Charakter nehmen. Gestalten Sie Ihre Kundenbefragung lieber als gewöhnlichen Dialog: Beginnen Sie mit einem kleinen Smalltalk – bereits in dieser Eröffnungsphase merken Sie meist schon, wie der Kunde gestimmt ist. Möglicherweise kommt er von sich aus auf den abgewickelten Kauf zu sprechen und äußert Begeisterung oder einen Kritikpunkt – und schon können Sie tiefer einsteigen.

Die persönlich an den Empfänger adressierte E-Mail eignet sich besonders gut für Kunden, die häufig unterwegs und telefonisch schwer erreichbar sind. Für sie ist die E-Mail sogar die erste Wahl, denn es nützt Ihnen wenig, wenn Sie den Kunden nur kurz zwischen zwei Terminen ans Telefon bekommen und er geistig schon wieder woanders ist. Nimmt er sich dagegen früh morgens oder abends die Zeit, seine E-Mails abzurufen und zu beantworten, findet Ihre Nachricht eine hohe Beachtung. Formulieren Sie die gleichen Fragen, die Sie Kunden sonst am Telefon zu ihrer Zufriedenheit stellen. Versehen Sie die E-Mail aber mit einem persönlichen, individuellen Einstieg: Zum Beispiel können Sie sich auf das mit dem Kunden zuletzt geführte Gespräch beziehen.

Auch Massen-E-Mails wie aktuelle Angebote und Newsletter können eine wirkungsvolle und vom Kunden erwünschte After-Sales-Betreuung sein. Damit sie vom Kunden als Service empfunden werden, sollten Sie ihm diese aktiv anbieten und erläutern, welchen Nutzen er davon hat. Der Kunde muss den Newsletter – schon aus rechtlichen Gründen – selbst bestellen und online aktivieren. Ob er sich mit den darin enthaltenen

Angeboten befasst und ob sie seinen Bedarf treffen, erkennen Sie daran, wie der Kunde darauf anspricht – und ob er auf Produktempfehlungen reagiert.

Im Zeitalter von Internet und E-Mail schätzen es manche Kunden immer noch, wenn sie etwas »Greifbares« erhalten: Kataloge, Muster et cetera, also etwas, das sie in die Hand nehmen können. Entscheidend ist, dass der Kunde auf positive Weise an Sie erinnert wird und neue Kaufimpulse bei ihm ausgelöst werden. Wenn Sie die Möglichkeit haben, zu selektieren, so wählen Sie genau aus, was Sie dem jeweiligen Kunden zukommen lassen: Ideal sind Cross-Selling-Angebote, also Produkte und Dienstleistungen, die das bereits erworbene Produkt in nützlicher Weise ergänzen. Mit einem individuellen Anschreiben, aus dem hervorgeht, warum Sie dem Kunden gerade diese Angebote zusenden, können Sie jede Postsendung personalisieren.

Sofern es sich um einen Kunden handelt, den Sie gemeinsam mit dem Außendienst betreuen, ist ein Außendienst- oder Servicetechniker-Besuch die beste Möglichkeit, um die Zufriedenheit des Kunden zu ermitteln. Kündigen Sie den Besuch des Außendienstes oder Servicetechnikers als kostenlose Zusatzleistung an: Vor Ort vergewissert sich der Kollege, dass alles ordnungsgemäß installiert ist und reibungslos läuft. Auch mögliche Anwendungsprobleme und -fehler kann der Fachmann sofort vor Ort erkennen, den Kunden darauf hinweisen und diese beheben. Er sieht auch das, was Ihnen der Kunde am Telefon nicht erzählen würde – weil er zum Beispiel einen möglichen Anwendungsfehler als Laie gar nicht erkennt. Der Servicetechniker kann ihn jedoch darauf aufmerksam machen und ihm ganz neue Möglichkeiten eröffnen. Damit haben Sie eine große Chance, den Kunden zu begeistern.

Zum Austausch einladen

Lebendiger Austausch erhöht die Kundenbindung und -begeisterung. Vielleicht kennen Sie Internetseiten, auf denen sich in Diskussionsforen und Communities Anwender positiv über Ihre Produkte und Ihr Unternehmen äußern: Dann mailen Sie dem Kunden die entsprechende Online-Adresse und laden ihn ein, mitzuwirken und sich mit anderen Anwendern auszutauschen. Allerdings sollten Sie selbst diese Foren regelmäßig besuchen, um sicherzustellen, dass die Inhalte zur Weiterempfehlung geeignet sind.

Falls Ihr Unternehmen selbst Online-Anwender-Foren zur Verfügung stellt, weisen Sie den Kunden natürlich zuallererst darauf hin. Besonders nützlich sind Diskussionsforen, bei denen sich die Anwender gegenseitig

Tipps geben und sich darüber informieren, wie sie mit den Produkten noch besser arbeiten können.

In Einvernahme mit dem Kaufentscheider sollten Sie sich auch den Personen im Kundenunternehmen zuwenden, die künftig mit den neuen Produkten arbeiten werden: Gerade sie sind die richtigen Zielpersonen für Diskussionsforen. Und von ihnen können Sie es auch am ehesten erfahren, wenn es Verbesserungsbedarf gibt. Ermuntern Sie die Anwender deshalb ausdrücklich, Ihnen Probleme, Wünsche und Verbesserungsvorschläge mitzuteilen.

Fazit: Vergewissern Sie sich, dass Ihre Kunden die erworbenen Produkte optimal einsetzen können. Halten Sie auch nach dem Kauf die Begeisterung wach: Bestätigen Sie Ihre Kunden darin, die beste Wahl getroffen zu haben. Und halten Sie auch nach dem Kauf regelmäßigen Kontakt zu Ihren Kunden. Dafür können Sie alle verfügbaren Kommunikationskanäle nutzen.

> **Nachgedacht**
> - Informieren Sie Ihre Kunden über alle Modalitäten zwischen Kauf und Lieferung?
> - Vergewissern Sie sich, dass Ihre Kunden mit den erworbenen Produkten optimal arbeiten können?
> - Halten Sie nach dem Kauf den Kontakt zu Ihren Kunden aufrecht?
> - Wissen Sie, wie zufrieden Ihre Kunden sind?
> - Ist die Kundenbeziehung intakt, sodass Sie sofort erfahren, wenn es irgendwelche Probleme gibt? Schaffen Sie schnellstmöglich Abhilfe?

5.3 Nachkaufchancen ergreifen

Über Ersatzbeschaffung und Nachkauf-Zeitpunkt sollten Sie (noch) nicht sprechen, wenn sich Ihr Kunde gerade ein neues Produkt angeschafft hat. Vorausplanen können Sie allerdings schon: In Ihrer Datenbank sollten Sie möglichst aussagkräftige Fakten darüber sammeln, wann in etwa sich der Kunde wieder damit beschäftigen wird.

Natürlich gibt es dabei auch Unwägbarkeiten. So gibt es Kunden, die immer das neueste technische Produkt haben wollen und dafür auch zwischen mehren Anbietern wechseln. Oder die Rahmenbedingungen ändern sich: Der Kunde benötigt eine umfangreichere oder »kleinere« Lösung. Um solche Veränderungen mitzubekommen, sollten Sie regelmäßig mit Ihren Kunden in Kontakt bleiben. Anhand Ihrer vorausgegangenen Gespräche können Sie jedoch Ihre Datenbank schon mit nützlichen Fakten und Informationen anreichern:

- Wie lange plant der Kunde, das neue Produkt zu verwenden? Hat er sich dazu (auch indirekt) geäußert? Ein guter Anhaltspunkt ist es auch, wie lange der Kunde sein vorhergehendes Produkt im Einsatz hatte.
- Aus welchen Gründen hat der Kunde Ihr Produkt gekauft? War er mit dem bisherigen unzufrieden oder bestand konkreter Ersatzbedarf?
- Wie lange hat sich der Kunde schon im Vorfeld mit der Kaufentscheidung befasst? Wann hat er damit begonnen, sich zu informieren? Wann wurde es für ihn konkret? Wann forderte er Angebote, auch von Mitbewerbern an?

Bewerten Sie anhand der Informationen, wann der voraussichtlich beste Zeitpunkt sein wird, den Kunden wegen seines Ersatzbeschaffungs-Bedarfs wieder anzugehen. Richten Sie eine Wiedervorlage-Funktion mit einigem Vorlauf ein. Ergänzen Sie laufend neue Informationen – am besten nach jedem Kundenkontakt. Prüfen Sie dann erneut, ob der Termin noch sinnvoll ist oder ob Sie ihn ändern müssen.

Relativ leicht haben Sie es, wenn der Kunde zum Beispiel Leasing-Verträge abgeschlossen hat. Wenn er nicht vorzeitig aussteigen will, können Sie turnusmäßig planen – mit entsprechendem Vorlauf. Der Kunde wird nur dann wieder bei Ihnen abschließen, wenn er vollauf zufrieden ist.

> **Tipp:** Wird ein Kunde zu früh auf einen möglichen Termin für den Nachkauf angesprochen, kann sich das negativ auswirken. Schließlich ist er froh, erst einmal seine Kaufentscheidung getroffen zu haben. Er will sich zunächst nicht mehr damit befassen. Deshalb sollten Sie auch nicht fragen, wann das Thema voraussichtlich wieder aktuell wird. Ziehen Sie lieber Ihre eigenen Schlüsse anhand Ihrer Kundengespräche und halten Sie die Informationen in Ihrer Datenbank fest.

Interne Informationsquellen

Servicemitarbeiter sind gute Informationsquellen, wenn es um Kundenzufriedenheit und Nachkaufbedarf geht. Schließlich können sie sich vor Ort ein umfassendes Bild von dem Zustand der Produkte machen und den Kunden für mögliche Probleme sensibilisieren.

Allerdings sind Servicemitarbeiter nicht zwangsläufig verkaufsaktiv. Das können Sie jedoch ändern: Vereinbaren Sie mit den Kollegen, dass sie Ihnen beziehungsweise dem Außendienst die entsprechenden Informationen weitergeben. Dafür können Sie auch einen festen Ablauf einrichten: Zum Beispiel einen Tag in der Woche, an dem Sie ausgefüllte Berichtsbögen bekommen.

Neuer Anlauf

Je aufwändiger und kostspieliger eine Investition ist, umso länger muss sich der Kunde im Voraus damit befassen. Wenn Sie Kunden betreuen, bei denen in den nächsten Monaten – oder in den kommenden zwei Jahren – Ersatzbedarf besteht, können Sie schon jetzt vorfühlen, inwieweit sich der Kunde bereits mit dem Thema befasst. Dies ist besonders wichtig, weil auch Wettbewerber einsteigen können: Wenn sie sich offensiv verhalten und beim Kunden stark präsent sind, geraten Sie leicht ins Hintertreffen. Das können Sie durch eine lebendige Kontaktpflege vermeiden.

Sprechen Sie den Kunden auf das Thema Nachkauf an. Legen Sie sich Argumente zurecht, warum es für ihn nützlich ist, sich schon jetzt damit zu befassen. Beispielsweise können Sie ihm – auch mithilfe kleiner Geschichten – von Anwendern erzählen, die teures Lehrgeld bezahlt haben, weil sie zu spät an den Nachkauf gedacht haben und deswegen Ausfälle und Verluste in Kauf nehmen mussten. Oder Sie argumentieren positiv und rechnen dem Kunden vor, was er spart, wenn er es erst gar nicht so weit kommen lässt. Vielleicht können Sie sogar noch eins draufsetzen und mit dem Wiederverkaufswert seines jetzigen Produkts argumentieren.

Grundsätzlich können Sie auch versuchen, Kunden zu einer vorzeitigen Ersatzbeschaffung zu bewegen. Dafür brauchen Sie aber gute Gründe und Nutzenargumente, zum Beispiel ein zeitlich begrenztes Angebot.

Fazit: Bestimmen Sie schon zum Kaufzeitpunkt, wann der voraussichtliche Termin für den Ersatzbedarf gekommen ist. Sammeln Sie dafür in Ihren Kundentelefonaten konkrete Fakten und Informationen. Halten Sie diese in der Datenbank fest. Pflegen Sie lebendigen Kontakt mit Ihren Kunden: So erfahren Sie es auch rechtzeitig, wenn sich Rahmenbedingungen ändern. Ist der richtige Zeitpunkt gekommen, sensibilisieren Sie Ihre Kunden für das Thema. Bringen Sie Argumente, die dem Kunden deutlich machen, welche Vorteile es für ihn hat, wenn er sich bereits jetzt mit dem Nachkauf befasst.

Nachgedacht

- Legen Sie bereits zum Kaufzeitpunkt fest, wann Sie den Kunden wieder zwecks Nachkauf kontaktieren?
- Bestimmen Sie den Nachkauftermin anhand der Fakten und Informationen, die Ihnen der Kunde, aber auch die Servicemitarbeiter geben?
- Versuchen Sie Ihren Kunden frühzeitig für das Thema Nachkauf zu sensibilisieren?
- Nennen Sie ihm Nutzenargumente, die ihm seine Entscheidung erleichtern?

5.4 Kontaktpflege mit Stammkunden

Zu Beginn einer Akquisition werden potenzielle Neukunden noch stark umworben. Sind sie dann einmal treue Stammkunden, dürfen sie nicht vernachlässigt werden. Nutzen Sie die Einträge in Ihrer Datenbank, um genau nachzuvollziehen, wann der letzte Kundenkontakt war, über welchen Kommunikationskanal und welche Kontaktperson er erfolgte. Auch Anlass, Thema und Ergebnis sind wichtig. Außerdem sollten Sie nach jedem Kundenkontakt gleich einen Zeitpunkt festlegen, zu dem spätestens der nächste erfolgen sollte.

Anruf ohne Zwang

Rufen Sie Ihre Kunden einfach von Zeit zu Zeit an, auch wenn Sie ihnen gerade nichts verkaufen wollen. Das ist die beste Voraussetzung, um Beziehungspflege zu betreiben und der Kundenbeziehung wieder neue Impulse zu geben. Wenn Sie gerade keinen passenden Anlass, wie eine Messe oder ein Event, ein Neuprodukt et cetera haben, dann fragen Sie ganz einfach, wie zufrieden der Kunde mit den gekauften Produkten oder Ihren Dienstleistungen ist. Das können Sie in zwei bis drei Minuten schaffen, ohne dass sich der Kunde dadurch gestört fühlt.

Und auch für Sie ist der Anruf völlig zwanglos: Sie stehen nicht unter dem Erfolgsdruck, dem Kunden unbedingt etwas verkaufen zu müssen. Deshalb können Sie mit einem kleinen Smalltalk einsteigen.

Vielleicht erreichen Sie den Kunden aber auch genau zum richtigen Zeitpunkt: Hat er gerade eine Frage oder ein Problem, wird er begeistert sein, wenn Sie im rechten Moment zur Stelle sind und ihm sogar den Telefonanruf abnehmen.

Automatisierte Kontaktpflege

Neben der persönlichen, individuellen Kontaktpflege lohnt sich auch die »automatisierte« Kontaktpflege. Dazu gehören Massenaussendungen von Kundenzeitschriften, Prospekten, Katalogen, Werbemailings, Serviceangeboten et cetera, die an alle Kunden beziehungsweise einzelne Kundengruppen versandt werden. Diese Kontaktpflege kann die persönliche nicht ersetzen, ergänzt sie aber: Denn Kunden werden auf diese Weise regelmäßig an Ihr Unternehmen erinnert. Subjektiv wird dies als aktive Betreuung wahrgenommen. Dies gilt genauso für automatisch versandte Geburtstags- und Weihnachtsgrüße.

> **Tipp:** Kontrollieren Sie, an wen Ihre Massenaussendungen gehen: Ist die Streuung zu groß, laufen Sie Gefahr, dass die Informationen, Nachrichten, Mitteilungen et cetera so allgemein sind, dass sich kaum jemand wirklich davon angesprochen fühlt. Oder umgekehrt: Kunden erhalten Informationen, die nicht auf ihren Bedarf und ihre Informationsbedürfnisse zugeschnitten sind.
> Falls einer dieser beiden Punkte zutrifft, strukturieren Sie Ihre Adressverzeichnisse neu – oder splitten Sie Ihren Informationsversand auf.

Stammkunden individuell betreuen

Der individuellen Betreuung von Stammkunden sind zwar im Innendienst gewisse Grenzen gesetzt. Nutzen Sie aber jeden telefonischen Kontakt, um mehr über Ihre Stammkunden herauszufinden. Schicken Sie ihnen nicht einfach ungefragt Ihre Kundenmedien und Prospekte zu, sondern erkundigen Sie sich, ob die Empfänger gedruckte oder Online-Informationen bevorzugen.

Das Gleiche gilt für Einladungen zu Hausmessen, Kundenforen, Roadshows, Kundenseminaren und anderen Unternehmens-Angeboten: Informieren Sie zumindest Ihre wichtigen Kunden vorab persönlich darüber. Holen Sie aktiv Wünsche und Anregungen ein. Natürlich auch nach der Veranstaltung: Standardisierte Fragebögen, die auf der Veranstaltung ausgegeben werden, geben Ihnen erste Informationen. Wenn Sie diese auswerten, entdecken Sie vielleicht Punkte, bei denen es sich lohnt, deswegen Ihre Kunden anzurufen: Sie werden sich darüber freuen, wenn ihre Anregungen und Wünsche so wichtig genommen und umgesetzt werden.

Kunden befragen

Von Zeit zu Zeit sollten Sie Ihre Kunden aber auch systematisch befragen. Statt ganze Fragenkataloge zu verschicken oder Kunden am Telefon »festzuhalten«, stellen Sie lieber immer nur ein bis drei Fragen am Telefon. Beim nächsten Kontakt wählen Sie wieder ein paar andere Fragen aus. Beispiele:

- *Häufigkeit der Kontakte:* Ist sie für den Kunden passend oder möchte er öfter/seltener vom Außendienst besucht beziehungsweise von Ihnen angerufen werden?
- *Informationsmanagement:* Fühlt sich der Kunde ausreichend über Produkte und deren Anwendungsmöglichkeiten informiert oder benötigt er weiterführende Informationen?

- *Ungenutzte Potenziale:* Sind alle Möglichkeiten der Zusammenarbeit schon ausgeschöpft? Oder hat der Kunde auch in anderen Bereichen Bedarf, den er momentan noch bei Wettbewerbern deckt? Wenn ja, wie stehen Sie im Vergleich zu den Wettbewerbern da? Welchen Nutzen können Sie dem Kunden bieten, den die Mitbewerber nicht vorweisen können?
- *Reklamations-/Beschwerdemanagement:* Gibt es hier Optimierungspotenziale? Sind die Abläufe kundenorientiert, funktioniert alles reibungslos? Wie wird im Anschluss an eine Reklamation vorgegangen? Werden die Erfahrungen und Erkenntnisse als Anstoß zur Verbesserung genutzt?
- *Anregungen und Wünsche von Kunden:* Hat der Kunde den Eindruck, dass mit seinen Impulsen produktiv umgegangen wird? Werden diese gesammelt, ausgewertet, analysiert und für die weitere Entwicklung von Angeboten, Dienstleistungen und neuen Produkten genutzt? Wird der Kunde darüber informiert?

Verhöre vermeiden

Damit Ihre Kundenzufriedenheitsermittlung nicht in ein »Verhör« mündet, konzentrieren Sie sich am besten immer auf ein bestimmtes Zufriedenheitsfeld. Beispiele:

- Sie erkundigen sich, wie der Kunde mit dem Produkt oder der Lösung zurechtkommt und ob das Produkt beziehungsweise die Lösung seine Erwartungen erfüllt oder sogar übertrifft.
- Sie fragen den Kunden, wie er mit der Betreuung durch Sie und Ihre Kollegen sowie die Servicemitarbeiter zufrieden ist.
- Sie möchten gerne wissen, inwieweit ihm die Unternehmensleistungen und Angebote zusagen oder ob er andere Leistungen wünscht.

Tipp: Verfolgen Sie anhand Ihrer Datenbank kontinuierlich die Kundenentwicklung. Registrieren Sie sofort mögliche Abweichungen im Bestellverhalten oder sonstige Unstimmigkeiten. Ihre Kunden sollten wissen, dass Sie ihre Verbesserungsvorschläge, Wünsche und Anregungen offen aufnehmen.

Fazit: Betreiben Sie sowohl persönliche, als auch automatisierte Kontaktpflege. Gestalten Sie Ihre Kundenbeziehung abwechslungsreich und interessant. Laden Sie zum offenen Meinungsaustausch ein, holen Sie aktiv Verbesserungsvorschläge ein. Erfragen Sie regelmäßig die Kundenzufriedenheit – am besten im Rahmen Ihrer Betreuungstelefonate.

Nachgedacht
- Rufen Sie Ihre Kunden von Zeit zu Zeit an, auch ohne konkrete Verkaufsabsicht?
- Erfassen Sie regelmäßig die Kundenzufriedenheit?
- Haben Sie immer ein offenes Ohr für Kundenwünsche?
- Bekommen Ihre Kunden genau die Informationen und Angebote, die auf ihren Bedarf zugeschnitten sind?
- Verfolgen Sie kontinuierlich die Kundenentwicklung?

6 Schwierige Situationen meistern

In der vertrieblichen Praxis und im Umgang mit Kunden gibt es einige Situationen, die besonders schwierig sind. Dazu gehören beispielsweise Fälle, in denen Sie Kunden einen Wunsch nicht erfüllen können genauso wie die Beschwerde- und Reklamationsannahme. Hier wirken sich die richtige Reaktion und Kommunikation unmittelbar auf das Kundenverhalten aus. Sie sind am Telefon die erste Anlaufstelle für den enttäuschten oder verärgerten Kunden. Wie Sie reagieren, entscheidet wesentlich darüber, ob sich der Kunde enttäuscht von seinem Lieferanten abwendet oder ob er begeistert ist, wie schnell und professionell Sie sein Problem lösen können.

Nicht immer aber beschweren sich unzufriedene Kunden. Manche wandern einfach ab – ohne dass sie ihnen überhaupt mitteilen, was sie stört. Oder sie testen ein verlockendes Angebot der Konkurrenz, die sich mittlerweile aktiv um Ihre Kunden bemüht. Welche Gründe auch immer vorliegen – finden Sie diese heraus. Dann entscheiden Sie, welche Rückholstrategie im Einzelfall die erfolgversprechendste ist. Vor allem brauchen Sie gute Anreize und Argumente, damit Ihre ehemaligen Kunden bereit sind, wieder zu Ihnen zurückzukehren.

Nicht jeder Kunde ist allerdings gleichermaßen attraktiv. Bei manchen stellt sich sogar die Frage, ob es sich lohnt, sie noch weiter zu betreuen. Überlegen Sie als erstes, welche Möglichkeiten es überhaupt gibt, unrentable Kunden zu Gewinnbringern zu machen. Dann entscheiden Sie nach der Erfolgswahrscheinlichkeit. Denn auch die Kundenentwicklung und -aufwertung muss sich rechnen.

Einen Dämpfer erleiden Kundenbeziehungen auch, wenn sich Kunden als zahlungsunwillig erweisen. In besonders schwierigen Fällen – und solchen, bei denen Sie bislang gute Kundenbeziehungen retten wollen – versuchen Sie es mit Mahntelefonaten. So haben Sie die Möglichkeit, im Gespräch mit dem Kunden zu klären, unter welchen Umständen er zur Zahlung bereit ist.

Eine Situation, mit der jeder Innendienstmitarbeiter im Vertrieb zurechtkommen muss, sind ausbleibende Verkaufserfolge. Bevor sich Frust und Demotivation breit machen, analysieren Sie lieber die Gründe –

vielleicht haben Sie auf die falschen Kundengruppen gesetzt oder müssen Ihre Strategie ändern. Um wieder voller Optimismus durchzustarten, helfen mentales Training und Techniken zur Selbstmotivation. Dazu gehören beispielsweise positive Selbstgespräche.

Schließlich stellt sich noch die Frage, wie Sie mit Absagen richtig umgehen. Der größte Fehler wäre es, von vornherein aufzugeben. Fragen Sie lieber freundlich bei den betreffenden Gesprächspartnern nach, was die Gründe für die Absage sind. Versuchen Sie, weiterhin mit ihnen in gutem Kontakt zu bleiben. Dann bekommen Sie auch wieder neue Chancen.

Auch in Stress-Situationen gelassen zu bleiben, ist keine angeborene Fähigkeit. Der erste Schritt zur Lösung ist es, zwischen äußerem und innerem Stress zu trennen. Analysieren Sie Ihre individuellen Stress-Auslöser – damit sind Sie schon auf dem besten Weg, diese auszuschalten. Wenn Sie dann noch Ihre Aufgaben nach Prioritäten gewichten und konsequent danach handeln, gelingt es Ihnen auch in hektischen Zeiten die Ruhe selbst zu bleiben.

6.1 Mit unerfüllbaren Kundenwünschen umgehen

Manchmal haben Kunden Wünsche oder Anforderungen, die sich nicht oder nur bedingt erfüllen lassen. In diesem Fall ist kommunikatives Geschick erforderlich. Denn Sie müssen Ihr »Nein« so verpacken, dass sich der Kunde nicht brüskiert oder vor den Kopf gestoßen fühlt.

Äußern Sie also als erstes Ihr Bedauern, vermeiden Sie aber ein hartes »Nein«. Überlegen Sie laut am Telefon, was Sie dem Kunden als Alternativen anbieten können. Beispiele: »Ich überlege gerade, was wir statt dessen tun können ...« oder »Wenn Sie einverstanden sind, bespreche ich das erst noch mit Herrn ..., vielleicht hat er noch eine Idee, wie wir das gemeinsam bewerkstelligen können.« Kooperativ wirkt es auch, den Kunden selbst nach einer möglichen Lösung oder einem Vorschlag zu fragen. Wenn er spürt, dass Sie sein Anliegen nicht gleich ablehnen, sondern sich intensiv um eine Lösung beziehungsweise Alternative bemühen, entsteht in ihm eine innere Verpflichtung, Sie dabei zu unterstützen.

Alternativen richtig präsentieren

Falls Sie einem Kunden guten Gewissens ein anderes Produkt empfehlen können, als das, was er sich vorgestellt hat, brauchen Sie eine gute Vorteilsargumentation.

- *Beispiel 1:* Das Produkt oder die Lösung, die sich der Kunde vorstellt, ist nicht verfügbar. Sie stellen ihm etwas anderes vor, das seinen Ansprüchen genauso gut oder sogar noch besser gerecht wird. In diesem Fall sagen Sie dem Kunden offen, dass das, was er sich vorstellt, nicht realisierbar ist. Dann bringen Sie aber gleich die gute Nachricht – Ihre Alternative. Gleichen Sie dessen Eigenschaften und Nutzen mit den Anforderungen des Kunden ab. Beispiel: »Genauso wie mit ... können Sie mit dieser Lösung ...« Wenn möglich, nennen Sie sogar noch einen Mehrwert: »Und darüber hinaus hat dies für Sie folgende Vorteile: ...«
- *Beispiel 2:* Sie stellen fest, dass es ein Produkt gibt, das die Kundenanforderungen sogar noch besser erfüllt als das nachgefragte. In diesem Fall erkennen Sie zunächst den Kunden und seinen Wunsch an. Dann fragen Sie ihn nach seinen Motiven und Kriterien, die zu seinem konkreten Produktwunsch geführt haben. Fassen Sie seine Äußerungen mit Ihren eigenen Worten zusammen: »Für Sie ist also wichtig, dass ...« Dann eröffnen Sie dem Kunden die Möglichkeit, dass es noch ein anderes Produkt gibt, das für ihn noch besser geeignet wäre.

Richtig überleiten

Geschlossene Fragen können ein gutes Mittel sein, um zu Ihrem alternativen Angebot überzuleiten. Egal, ob der Kunde »Ja«, »Nein« oder »Ich bin mir jetzt nicht sicher« antwortet: Sie haben damit immer einen Grund, ihm anschließend Ihr alternatives Produkt oder Ihre Lösung vorzustellen. Beispiele:

- »Kennen Sie schon ...?«
- »Wissen Sie schon, dass ...?«
- »Haben Sie schon einmal davon gehört ...?«
- »Sagt Ihnen der Begriff ... etwas?«

Reagiert der Kunde mit »Ja«, fragen Sie weiter:

- »Darf ich wissen, warum Sie es bislang noch nicht ausprobiert haben?«

Oder Sie gehen gleich in die Offensive:

- »Das ist ja großartig – genau dazu möchte ich Ihnen gerne eine Lösung vorstellen.«

Antwortet der Kunde »Nein« oder »Ich bin mir nicht sicher«, wird er jetzt neugierig werden: Er möchte wissen, was es damit auf sich hat – und Sie können mit Ihrer Produktvorstellung beginnen.

Nutzen herausstellen

Laden Sie Ihre Kunden auf sanfte, aber zielorientierte Weise zum Umdenken ein. Denn wenn Sie ihnen einfach etwas anderes verkaufen wollen, erzeugen Sie folgende Reaktion: Der Kunde blockiert, wehrt ab, ist nicht bereit, Ihnen überhaupt zuzuhören. Er ärgert sich über die Bevormundung (aus seiner Sicht) – selbst wenn sie gut gemeint ist.

Eröffnen Sie deshalb Ihrem Kunden lieber neue Perspektiven. Dann ist er am ehesten bereit, sich darauf einzulassen. Verpacken Sie Ihre Argumentation in Nutzwerte wie neue Chancen, erweiterte Möglichkeiten, noch höhere Sicherheit, größerer Gewinn, höhere Kostenersparnis, reduzierter Materialverbrauch, komfortablere Anwendung et cetera.

Fazit: Haben Kunden Vorstellungen und Wünsche, bei denen Sie spontan Nein sagen würden, denken Sie erst einmal nach: Vielleicht gibt es Alternativen, die Sie dem Kunden anbieten können. Beziehen Sie ihn in Ihre Überlegungen mit ein und versuchen Sie, die Hintergründe seiner Wünsche zu erfahren. So können Sie am ehesten gemeinsam mit ihm eine Lösung finden.

Nachgedacht
- Prüfen Sie zunächst, ob Kundenwünsche wirklich unerfüllbar sind?
- Suchen Sie nach Alternativen, die den Kundenanforderungen gerecht werden?
- Präsentieren Sie Ihre Alternativ-Vorschläge nutzenorientiert?

6.2 Reklamations- und Beschwerdemanagement

Gleich zu Beginn: Reklamations- und Beschwerdemanagement wird oft in einen Topf geworfen. Mit gutem Grund: Denn die Vorgehensweise ist vielfach identisch. Allerdings gibt es einen Unterschied: Eine Reklamation bezieht sich in aller Regel konkret auf einen (möglichen) Produktmangel oder zum Beispiel auf Abweichungen von vertraglichen Vereinbarungen, Preisen et cetera. Dies erfordert eine andere Reaktion, als wenn sich ein Kunde »nur« über das Verhalten des Außendienstes beschwert.

Bei Reklamationen, die sich auf Produkte beziehen, sollten Sie fachlich und intern abklären:

- ob es sich um einen tatsächlichen (möglichen) Produktmangel handelt oder um einen Anwendungsfehler – der durchaus auch entstehen kann, wenn der Kunde nicht richtig über den Gebrauch des Produkts informiert wurde, die Bedienungsanleitung schwer verständlich oder sogar fehlerhaft ist oder das Produkt sehr kompliziert in der Handhabung ist.
- inwieweit davon noch andere Produkte beziehungsweise Kunden betroffen sind oder ob es sich um einen Einzelfall handelt. Bei mehreren oder sogar serienmäßigen Fehlern ist dies ein Fall für das Qualitätsmanagement – hier übernehmen Sie natürlich nur die interne Weiterleitung an die verantwortlichen Personen. Außerdem stellt sich die Frage, ob Sie oder der Außendienst das betreffende Produkt überhaupt noch verkaufen können, oder ob vorhandene Bestellungen wieder storniert werden müssen beziehungsweise sich die Auslieferung verzögert.

Weitere Schäden verhindern

Um mögliche Folgereklamationen und Probleme bei weiteren Kunden zu verhindern, gehen Sie in die Offensive:

- Klären Sie sofort intern, ob eine Rückrufaktion notwendig ist.
- Ansonsten informieren Sie alle Kunden, die das gleiche Produkt von Ihnen gekauft haben, über mögliche Probleme beziehungsweise schreiben Sie alle an. Bitten Sie die betreffenden Kunden, Ihnen sofort mitzuteilen, falls es diesbezügliche Reklamationsgründe gibt.
- Kündigen Sie an, dass das Problem so schnell wie möglich behoben wird. Erläutern Sie, welche Schritte bereits eingeleitet wurden beziehungsweise noch erfolgen.
- Entschuldigen Sie sich für alle Unannehmlichkeiten, die Ihren Kunden dadurch entstehen.
- Informieren Sie auch die potenziellen Kunden, bei denen Sie momentan mitten in der Akquise stecken, darüber, dass sich die Auslieferung verzögert. Das kann Ihnen zwar Aufträge kosten – erspart Ihnen aber im Nachhinein unzufriedene Kunden und zahlreiche Auftragsrücktritte.

Richtiges Kommunikationsverhalten

Da Sie für viele Kunden die erste Anlaufstelle im Beschwerde- und Reklamationsfall sind, wirkt sich Ihre erste Reaktion und Ihr gesamtes Kommunikationsverhalten maßgebend auf die Beschwerdebehandlung aus: Sie beeinflussen nicht nur, wie gesprächs-, verhandlungs- und kooperationsbereit der Kunde ist, sondern auch, ob er den Beschwerdegrund lediglich als kleinen »Ausrutscher« sieht oder im schlimmsten Fall beschließt, nie wieder bei Ihnen zu kaufen.

Telefonleitfaden für Beschwerden und Reklamationen

Ihr Leitfaden für die telefonische Beschwerde- und Reklamationsannahme umfasst folgende Schritte:

- *Schritt 1:* Sie nehmen die Beschwerde offen an, unterbrechen den Kunden nicht und lassen ihn ausreden. Äußern Sie sich erst dann, wenn er eine Pause einlegt oder zum Ende gekommen ist. Empfehlenswert ist jedoch – gerade, wenn die Beschwerdephase länger dauert, Zuhör- und Aufmerksamkeitssignale zu geben. (»ja«, »mhm« et cetera) Je nach Auswirkung können Sie auch schon mit kurzen Einwürfen wie »oh je«, »ach du liebe Zeit« Ihre Betroffenheit signalisieren. Nehmen Sie aber noch keine Stellung zu den Vorwürfen.
- *Schritt 2:* Notieren Sie sich am besten schon während des Telefonats alle Fakten und Informationen, die Ihnen der Kunde gibt. Anschließend ergänzen Sie Ihre Aufzeichnungen noch mit eigenen Einschätzungen, beispielsweise »sofortige Rückmeldung notwendig«, »Kunde droht mit Wechsel«, »Kunde ist ungewöhnlich wütend« et cetera.
- *Schritt 3:* Sie zeigen ehrliches Interesse an dem Kundenproblem und äußern Ihr (natürlich ebenso ehrliches) Bedauern. Beispiel: »Das tut mir sehr Leid und ich kann gut verstehen, dass Sie darüber verärgert sind.«
- *Schritt 4:* Sie ermitteln die Tragweite, die das Problem für den Kunden hat. Dabei helfen Fragen, vor allem Auswirkungsfragen. Beispiel: »Welche Auswirkungen hat dies auf …?«
- *Schritt 5:* Fragen Sie zuerst den Kunden nach seinen Wünschen, bevor Sie eigene Lösungswege vorschlagen. Beispiele: »Was ist aus Ihrer Sicht jetzt das Wichtigste beziehungsweise Vordringlichste?«, »Womit wäre Ihnen jetzt in dieser Situation am meisten geholfen?« Nehmen Sie die Wünsche des Kunden offen an. Vielleicht können Sie ihm noch nicht zusagen, dass diese sofort erfüllt werden können. Kündigen Sie aber an, dass Sie dies sofort klären. Falls der Kunde keine klaren Wünsche vorbringt, nennen Sie eigene Lösungsansätze. Zeigen Sie die möglichen Schritte auf.
- *Schritt 6:* Klären Sie nun mit dem Kunden die weiteren Schritte. Einigen Sie sich auf eine Vorgehensweise. Fragen Sie den Kunden dabei immer zwischendurch und am Schluss, ob er damit einverstanden ist. Dann

fassen Sie noch einmal den Beschwerdegrund und das geplante weitere Vorgehen zusammen.
- *Schritt 7:* Entschuldigen Sie sich beim Kunden noch einmal für die Unannehmlichkeiten – egal, wer sie verursacht hat. Bedanken Sie sich für seine umgehende Rückmeldung. Bitten Sie um sofortige Nachricht, falls es erneute Probleme gibt oder noch Fragen auftauchen.
- *Schritt 8:* Bestätigen Sie dem Kunden umgehend per E-Mail oder Fax die Absprachen und Vereinbarungen. Nennen Sie konkrete Termine, zu denen die nächsten Maßnahmen erfolgen oder er zumindest über die nächsten Schritte informiert wird. Falls noch Fragen geklärt werden müssen, fassen Sie diese kurz zusammen und nennen ebenfalls realistische Termine, zu denen der Kunde Antwort bekommt.
- *Schritt 9:* Halten Sie alle Vereinbarungen absolut zuverlässig ein. Falls sich etwas verzögert, benachrichtigen Sie den Kunden umgehend. Bleiben Sie mit ihm Kontakt, bis das Problem vollständig gelöst und aufgeklärt ist.

Richtiges Verhalten bei schriftlichen Beschwerden und Reklamationen

Beschwert sich ein Kunde per Brief, Fax oder E-Mail, ist es Ihre erste Aktion, umgehend den Eingang zu bestätigen: Dann weiß der Kunde, dass seine Beschwerde angekommen ist und bearbeitet wird. Er schließt von Ihrer schnellen Reaktion auf eine schnelle Lösung. Von daher können Sie ihn mit einfachen Mitteln schon etwas milder stimmen.

Je schneller die Eingangsbestätigung kommt, umso besser: Deshalb müssen Sie darin auch noch keine Problemlösung parat halten. Äußern Sie Ihr Bedauern und kündigen Sie umgehende Schritte an – beziehungsweise dass der Kunde in Kürze wieder von Ihnen hört.

Ihre Eingangsbestätigung sollte der Form halber schriftlich erfolgen: Und zwar auf dem gleichen Weg, über den sich der Kunde beschwert hat. Bei postalischen Beschwerdebriefen und -antworten, die ja in der Regel erst am Folgetag eintreffen, bietet es sich an, außerdem den Kunden anzurufen. Allerdings nie, wenn Sie gerade selbst emotionsgeladen sind: Falls Sie sich über den »ungehobelten« Ton oder die Anschuldigungen im Beschwerdebrief ärgern, dann warten Sie etwas ab, bis die Emotionen wieder abgeklungen sind. Dies gilt übrigens auch dann, wenn Sie sofort auf eine E-Mail antworten. Nehmen Sie sich zurück – und beschränken Sie sich auf die Eingangsbestätigung und Ihr Bedauern.

Für solche Fälle bereiten Sie sich am besten schon einen oder mehrere Texte vor, die Sie bei Bedarf verwenden können. Allerdings muss der Text auch zum Beschwerdebrief, -fax oder der -E-Mail passen. Lesen Sie deshalb vorher noch einmal genau, was Ihnen der Kunde mitteilt, damit Sie sich darauf konkret beziehen können.

Um einen Telefonanruf beim Beschwerdekunden kommen Sie in den meisten Fällen allerdings nicht herum: Dieser dient der genauen Bestandsaufnahme. Damit Sie lückenlos alle wesentlichen Informationen erfassen, erstellen Sie sich am besten ein Formblatt, das Sie während oder im Anschluss an das Telefonat ausfüllen.

Fünf Fragen

Ihr Formblatt sollten folgende fünf Fragen enthalten. Die Antworten führen direkt zur Lösungsfindung.

- *Frage 1: Worin besteht das Problem?* Halten Sie fest, welches aktuelle Problem dem Kunden entstanden ist. Dabei geht es noch nicht um die Ursachen, sondern um die genaue Beschreibung der momentanen Situation. Beispiel: Der Kunde wartet auf die Lieferung von Kleinteilen, die er für die Herstellung seiner Produkte benötigt. Treffen diese Kleinteile nicht binnen sechs Stunden ein, ist absehbar, dass die Produktion darunter leidet.
- *Frage 2: Was ist passiert?* Beschreiben Sie, was genau zum Kundenproblem geführt hat. Dazu ist meist eine Recherche im eigenen Unternehmen nötig, um genau den Sachverhalt zu klären. Damit lässt sich auch meist schon die nächste Frage beantworten:
- *Frage 3: Wie ist es passiert?* Notieren Sie konkret, wie die Panne oder das Kundenproblem entstanden ist, auch mögliche Kettenreaktionen.
- *Frage 4: Was erwartet der Kunde genau?* Das müssen Sie im Beschwerdegespräch herausfinden. Oft können Sie dies schon anhand seiner Äußerungen erkennen. Ansonsten fragen Sie ihn nach seinen Wünschen: »Was ist für Sie jetzt am wichtigsten?«, »Wie können wir Ihnen jetzt am schnellsten helfen?«, »Was können wir jetzt am besten für Sie tun?« et cetera.
- *Frage 5: Wie ist das Problem zu beheben?* Ihre Sofortmaßnahme richtet sich danach, was der Kunde konkret erwartet. Um das Problem vollständig aus der Welt zu schaffen, müssen die Ursachen behoben werden. Dazu ist eine Zusammenarbeit aller Personen notwendig, die damit zu tun haben.

> **Tipp:** Unsachlich und sehr emotional vorgebrachte Beschwerden können eine echte Herausforderung sein. Bleiben Sie gelassen und halten Sie sich strikt an die Regel: Dem Kunden niemals widersprechen – auch wenn es schwer fällt. Denn mit Äußerungen wie »Das kann nicht sein«, »Das hatten wir noch nie« bringen Sie den Kunden erst recht in Rage. Probieren Sie es lieber mit positiven Selbstgesprächen, zum Beispiel: »Wie hart muss es den Kunden getroffen haben, dass er jetzt so reagiert.« Prägen Sie sich diesen Satz gut ein, sodass Sie ihn gerade dann parat haben, wenn sich jemand im Ton vergreift. Ein weiterer Effekt: Sie fühlen sich nicht mehr persönlich angegriffen.

Schnelle Lösung oder emotionale Zuwendung?

Manche Kunden wollen, dass ihr Problem so schnell wie möglich behoben wird – in Form von konkreten Handlungen. Spätestens wenn jemand sagt: »Das nützt mir jetzt auch nichts, wenn es Ihnen Leid tut«, wissen Sie, dass er keine emotionale Zuwendung sucht, sondern eine pragmatische, zielorientierte Vorgehensweise schätzt.

Anders verhält es sich mit Kunden, die Ihnen wiederholt berichten, welches Unglück ihnen widerfahren ist. Sie brauchen in erster Linie emotionale Zuwendung und erst in zweiter Linie die Lösung des Problems. Vielleicht stellt sich sogar heraus, dass der Beschwerdegrund harmloser ist als ursprünglich angenommen: Wenn sich zum Beispiel der Kunde schlecht betreut fühlte und sozusagen einen Grund »suchte«, um sich zu beschweren – auch das kann vorkommen.

Beschwerdekunden wieder anrufen

Wenn Sie Beschwerdeführer erneut anrufen – beispielsweise, weil Sie mit ihnen jetzt Genaueres besprechen wollen, können Sie folgendermaßen vorgehen:

- Warten Sie nach der Begrüßung einen Moment. Vielleicht beginnt der Gesprächspartner nun damit, seine noch immer vorhandene Unzufriedenheit kundzutun. Geben Sie ihm dazu die Gelegenheit und lassen Sie ihn durch Bestätigungssignale (»ich verstehe«, »ah ja«, »aha« et cetera) Ihre Aufmerksamkeit spüren.

Schwieriger wird es, wenn der Gesprächspartner schweigt: Dann müssen Sie einen sachten Einstieg finden. Beispiele:

- »Herr Meier, es tut uns sehr Leid, dass sich bei Ihnen die Lieferung verzögert hat ...«

- »Frau Müller, bei Ihrem Produkt sind ja leider Farbabweichungen aufgetreten, was wir sehr bedauern ...«
- »Herr Klein, unser Servicemitarbeiter, Herr Schneider, hat uns mitgeteilt, dass Sie mit dem Gerät ... nicht zufrieden sind, was wir außerordentlich bedauern ...«

Reagiert der Gesprächspartner auf diesen Einstieg mit »Ja, das ist sehr schlecht.«, »Das stimmt, die Farben stimmen nicht mit dem Muster überein.« et cetera sollten Sie in den Dialog einsteigen und dem Kunden zeigen, wie sehr Sie sich für ihn einsetzen. Beispiel: »Solche Farbabweichungen können auftreten, weil die Produkte einzeln gefertigt werden. Bitte haben Sie deshalb Verständnis dafür, dass wir Ihnen deshalb erst in zwei Wochen Ersatzprodukte liefern können. Selbstverständlich werden wir jedes Stück genauestens prüfen, damit Sie diesmal wirklich die von Ihnen gewünschte Farbe erhalten.«

> **Tipp:** Falls Sie Zweifel an der Rechtmäßigkeit einer Reklamation haben, so drücken Sie allenfalls Ihr Erstaunen und Ihre Überraschung aus. Stellen Sie aber nicht die Ausführungen des Kunden in Frage. Möglich ist beispielsweise ein »Das überrascht mich jetzt.« Falls der Kunde offensichtlich übertreibt und den Fall dramatisiert, bringen Sie ihn am ehesten zur Sachlichkeit, indem Sie ihn sehr ernst nehmen und klärende, eingrenzende Fragen stellen. Oft relativieren Kunden dann ihre Übertreibungen von sich aus: »Na ja, so schlimm ist es ja auch wieder nicht.« Oder: »Bis jetzt hat ja immer alles gut geklappt.«

Mit Drohungen richtig umgehen

Droht ein Kunde sogar damit, die Geschäftsbeziehung zu beenden, ist es wichtig, besonnen zu reagieren. Versuchen Sie, Zeit und Handlungsspielraum zu gewinnen. Ihre erste Reaktion ist auch hier, ehrliche Betroffenheit zu zeigen und dem Kunden nicht zu widersprechen. Verzichten Sie auf Rechtfertigungen – sie nützen dem Kunden überhaupt nichts und würden in noch mehr verärgern. Was er jetzt von Ihnen braucht, ist eine konkrete Lösung.

Überlegen Sie also am besten hörbar am Telefon, sodass der Kunde Ihre Bereitschaft, schnelle Abhilfe zu schaffen, spürt: Welche Handlungsmöglichkeiten haben Sie? Sagen Sie dem Kunden nur das zu, was Sie zuverlässig einhalten können. Beispielsweise, dass Sie sich umgehend mit der Innendienstleitung beziehungsweise dem Verantwortlichen kurzschließen. Nennen Sie einen konkreten Termin, zu dem Sie dem Kunden wieder Rückmeldung geben. Bewerten Sie das Ultimatum des Kunden als grundsätzliche Bereitschaft, mit Ihnen die Zusammenarbeit fortzusetzen. Er gibt Ihnen noch eine letzte Chance, also nutzen Sie diese. Und: Stellt der Kunde ein Ultimatum, ist er mit seiner Geduld am Ende. Es handelt sich also nicht um ein erstmalig auftretendes Problem, sondern er hat sich vermutlich schon öfters darüber geärgert. Für Sie bedeutet dies, dass Sie unbedingt das Problem aus der Welt schaffen müssen – denn ein weiteres Mal wird Ihnen der Kunde keine Chance mehr geben, sondern mit seiner Drohung Ernst machen.

Ein gutes Ende

Ein Reklamationsgespräch muss positiv enden. Der Ton, in dem Sie mit dem Kunden sprechen, sollte versöhnlich und kooperativ sein. Achten Sie auch darauf, wie sich die Stimme des Gesprächspartners verändert: Klingt sie deutlich weicher und milder als zu Beginn, ist dies ein Zeichen dafür, dass die positive zwischenmenschliche Ebene wieder hergestellt ist.

Am besten ist ein befreiendes Gefühl: Sie hören es, wenn der Kunde erleichtert aufatmet, weil ihm nun schnell und zuverlässig geholfen wird. Und auch Sie sollten froh darüber sein, dass Ihnen der Kunde die Chance gibt, den Reklamationsgrund aus der Welt zu schaffen.

> **Tipp:** Absolute Loyalität zum Unternehmen ist auch bei der Beschwerde- und Reklamationsbehandlung oberstes Gebot. Dazu gehört auch die Teamarbeit und Fairness. Vollständig tabu sind beispielsweise negative Äußerungen über Kollegen, den Außendienst oder die eigenen Produkte.

Fazit: Beschwerde- und Reklamationsmanagement ist eine Frage der Organisation und der Kommunikation. Selbst wenn eine Beschwerde noch so unvermutet kommt, dürfen Sie sich nicht von ihr überrollt fühlen – sondern müssen sofort wissen, was zu tun ist. Und wenn Sie dem Beschwerdekunden die Möglichkeit geben, seinem Ärger Luft zu machen und Ihr Bedauern äußern, haben Sie schon die erste Klippe überwunden.

> **Nachgedacht**
> - Nehmen Sie jede Beschwerde und Reklamation offen an – selbst wenn sie Ihnen noch so ungelegen kommt?
> - Gelingt es Ihnen, wieder eine positive Beziehungsebene herzustellen?
> - Leiten Sie sofort Schadensbegrenzung ein?
> - Wissen Sie sofort, welche Schritte nun notwendig sind?
> - Informieren Sie den Kunden umgehend über Ihre Maßnahmen?
> - Enden Ihre Reklamationsgespräche positiv?

6.3 Kundenrückgewinnung

Es gibt ganz unterschiedliche Gründe, warum Kunden abwandern – hier sind die häufigsten:

- Der Kunde hat sich über etwas so sehr geärgert, dass er beschlossen hat, nicht mehr bei Ihnen zu kaufen. Dies kann sowohl am Produkt selbst liegen, als auch an der zwischenmenschlichen oder organisatorischen Ebene. In diesem Fall führte entweder eine nicht vorgebrachte Beschwerde zur Abwanderung – oder eine unzureichend behandelte.
- Der Kunde wurde mangelhaft betreut und nicht rechtzeitig auf Nachkaufmöglichkeiten oder für ihn interessante Produkte und Dienstleistungen aufmerksam gemacht.
- Der Kunde bindet sich nur ungern an einen Lieferanten. Er hat das Bedürfnis, öfters einmal etwas Neues auszuprobieren.
- Der Kunde hat ein besonders attraktives Konkurrenzangebot angenommen. Es gab also einen konkreten Anlass zum Wechsel.
- Der Kunde ist vollständig zur Konkurrenz gegangen, weil er sich dort bessere Betreuung, stärkere Kundenorientierung et cetera verspricht.
- Der Kunde hat keinen Bedarf mehr an Ihren Produkten beziehungsweise hat sich seine Bedarfslage verändert.
- Der Ansprechpartner im Kundenunternehmen hat gewechselt.
- Das Kundenunternehmen steckt in Schwierigkeiten, ist insolvent oder existiert nicht mehr.

Rechtzeitig vorbauen

Natürlich können Sie einen Kunden, der längerfristige Verträge mit Mitbewerbern abgeschlossen hat, nicht von heute auf morgen zurückholen. Sie können aber dafür sorgen, dass er zum nächstmöglichen Zeitpunkt zu Ihnen zurückkehrt.

Vielleicht kostet es Sie auch etwas Überwindung Kunden, von denen Sie wissen, das etwas schiefgelaufen ist, wieder anzurufen. Doch gerade bei denen, die Ihnen lange Jahre treu geblieben sind, können Sie davon ausgehen, dass die Chancen sogar relativ gut stehen: Der Kunde hat zwar ein negatives Erlebnis, das ihn zur Abwanderung bewegt hat – dafür aber viele positive. Und wenn er an Ihr Unternehmen denkt, wird er vielleicht sogar angenehme Gefühle haben – selbst wenn er von sich behauptet, ein reiner Faktenmensch zu sein.

> **Tipp:** Geben Sie abgewanderte Kunden nicht zu früh auf. Bringen Sie ihnen auch dann noch Wertschätzung entgegen, wenn Sie wissen, dass nun in den nächsten zwei Jahren kein Zurückkommen mehr möglich ist, weil sich der Kunde vertraglich an einen Mitbewerber gebunden hat. Doch wenn Sie den Kunden »sang- und klanglos« gehen lassen, beleidigen Sie ihn noch im Nachhinein, nach dem Motto: »Denen bin ich also nicht einmal wert, dass sie um mich kämpfen.« So fühlt sich der Kunde auch noch in seiner Entscheidung bestärkt. Deshalb: Zeigen Sie Ihren ehemaligen Kunden ruhig, dass Sie ihr Weggang schmerzt – aber nicht mit Vorwürfen, sondern mit ehrlichem Bedauern. Und drücken Sie den Wunsch aus, dass sie doch einmal wieder zu Ihnen zurückkehren. Versprechen Sie, alles Mögliche dafür zu tun.

Kündiger wieder umstimmen

Ruft ein Kunde an und möchte die Zusammenarbeit mit Ihnen beenden beziehungsweise seinen bestehenden Vertrag kündigen, scheint es zwar so, als habe er einen festen Entschluss gefasst. Doch mit seinem Anruf signalisiert er auch Gesprächsbereitschaft – sonst würde er schriftlich kündigen. Geben Sie deshalb den Kunden noch nicht auf. Vor allem dürfen Sie ihn nicht leichtfertig abwandern lassen – sonst bestätigen Sie ihn nur in seinem Entschluss. Vielmehr erwartet der Kunde, dass Sie betroffen sind und nachfragen, was denn seine Gründe sind. Auch sollten Sie bereit sein, mögliche Fehler zu erkennen und zuzugeben. Je stärker Sie sich um ihn bemühen, umso eher wird er seine Entscheidung noch einmal überdenken. Dazu gehen Sie folgendermaßen vor:

- Fragen Sie den Kunden nach den genauen Gründen für seinen Kündigungswunsch.
- Äußern Sie Bedauern und Betroffenheit. Stellen Sie bei Bedarf weiterführende, klärende Fragen.
- Hören Sie aktiv zu.
- Lassen Sie den Kunden ausreden.
- Versuchen Sie, wenn es ein unmittelbares Problem gibt, Abhilfe zu schaffen; überlegen Sie am Telefon mögliche Lösungen.

Wenn das ungelöste Problem oder der Abwanderungsgrund schon länger zurückliegt und Sie nichts mehr daran ändern können, lässt sich vielleicht eine Entschädigung einfädeln, die den Kunden wieder bindet. Beispielsweise ein Bonus bei seinem nächsten Einkauf. Oder eine kostenlose Service-Dienstleistung bei ihm vor Ort – das schafft Nutzen und erneute (persönliche) Bindung.

Indem Sie versuchen, die Ursache für die Kündigung zu beseitigen, erhöhen Sie die Bereitschaft des Kunden, die Geschäftsbeziehung fortzusetzen. Ist der Kunde bereits zu einem Mitbewerber gegangen, lohnt sich ebenfalls Ihre Mühe: Vielleicht bereut er insgeheim schon wieder seinen Wechsel. Und er beschließt, bei der nächsten Gelegenheit wieder zu Ihnen zurückzukehren.

Selbst aktiv werden

Kündigt ein Kunde schriftlich, sollten Sie es keinesfalls bei der ebenfalls schriftlichen Bestätigung belassen. Viele Kunden erwarten, dass Sie daraufhin angerufen werden und dass der (ehemalige) Lieferant deutliche Anstrengungen unternimmt, sie wieder umzustimmen. Auch der gutgemeinte Hinweis bei der schriftlichen Kündigungsbestätigung »Vielleicht möchten Sie Ihre Entscheidung nochmals überdenken – wir freuen uns auf Ihren Anruf« ist nicht wirklich kundenfreundlich: Der Kündiger muss selbst aktiv werden, wenn er seine Entscheidung wieder rückgängig machen will. Diese Mühe sollten Sie ihm abnehmen. Und vor allem: Lesen Sie das Kündigungsschreiben genau. Vielleicht teilt Ihnen der Kunde darin bereits seine Gründe mit und erwartet, dass Sie sich damit auseinandersetzen. Die größte Panne, die Ihnen daraufhin passieren kann, ist ein standardisiertes Schreiben zu verschicken, in dem der Kunde gebeten wird, seine Gründe mitzuteilen.

Wenn Sie also den Kunden anrufen, so gehen Sie vorher sein Schreiben noch einmal genau durch. Welche Botschaften sind darin enthalten? Was erwartet der Kunde von Ihnen? Setzen Sie sich intensiv damit auseinander. Im Idealfall können Sie dem Kunden am Telefon bereits mitteilen, dass seine Kritik schon als Anstoß für Verbesserungsmaßnahmen genutzt wird.

Stammkunden reaktivieren

Kunden, die regelmäßig Ge- und Verbrauchsgüter bei Ihnen gekauft haben, und nun seit einiger Zeit nicht mehr, können Sie zum Beispiel mithilfe von Telefonaktionen reaktivieren. Der persönliche Kontakt hat den Vorteil, dass Sie unmittelbar mit dem Kunden ins Gespräch kommen und wichtige Informationen erfragen können. Beispiele: »Sie haben seit ... immer wieder bei uns gekauft – nun seit über einem Jahr nicht mehr. Darf ich Sie fragen, was der Grund dafür ist?« oder »Was ist denn der Grund?«

Die Formulierung »Darf ich Sie fragen ...?« wirkt sehr höflich. Auch wenn es eine geschlossene Frage ist, wird der Angerufene kaum mit »Ja« oder »Nein« antworten, sondern Ihnen in den meisten Fällen eine inhaltliche Antwort geben. Direkter ist die zweite, offene Frage: Sie empfiehlt sich bei offenherzigen, gesprächigen Kunden. Für welche Variante Sie sich entscheiden, hängt davon ab, wie Sie den Gesprächspartner zu Beginn des Telefonats einschätzen – vertrauen Sie hier ruhig auf Ihr Gefühl, Ihre Erfahrungen und Ihre Menschenkenntnis.

Neue Anknüpfungspunkte finden

Dieses Telefonat dient auch der Datenpflege: Vielleicht erfahren Sie, dass der bisherige Ansprechpartner und Entscheider aus dem Kundenunternehmen ausgeschieden ist und können mit seinem Nachfolger sprechen. Oder Sie hören, dass der Kunde Ihre Produkte nicht mehr in dem Maße wie bisher benötigt.

Vielleicht müssen Sie aber auch feststellen, dass ein Mitbewerber offensiver um den Kunden geworben hat als Sie. Oder dass der Kunde an einen Mitbewerber empfohlen wurde.

Welche Gründe Ihre Kunden auch immer nennen: Hören Sie aufmerksam zu. Vielleicht gibt es neue Anknüpfungspunkte, die Sie nutzen können, zum Beispiel auslaufende Verträge, bevorstehende Neuanschaffungen, erweiterter Bedarf.

In diesem Fall gehen Sie vor wie bei der Neuakquise – nur mit dem Unterschied, dass Sie den Kunden schon kennen: Sie erfragen genau den Zeitpunkt, zu dem es sinnvoll ist, sich wieder zusammenzutun. Vielleicht können Sie auch schon einen Außendiensttermin festmachen. Und natürlich vergewissern Sie sich, dass der abgewanderte Kunde auch tatsächlich offen für eine Rückkehr ist. Falls ja, starten Sie Ihr Akquiseprojekt.

Abwechslung bieten

Kunden, die gewechselt haben, weil sie mal etwas Neues ausprobieren wollten, können Sie genau damit wieder zurückholen. Berichten Sie von Ihren Neuheiten, bieten Sie Probekäufe an, mit denen der Kunde keine weitere Verpflichtung eingeht. Wichtig ist, dass Sie dem Kunden Abwechslung bieten: Das können Sie erst, nachdem Sie herausgefunden haben, welche Wettbewerbsprodukte er kauft.

Anreize schaffen

Sie können Kunden nur dann rückgewinnen, wenn Sie ihnen wirklich gute Anreize bieten. Der Preis als Rückgewinnungs-Köder ist denkbar ungünstig: Wenn der Kunde wegen eines günstigen Preises zu Ihnen zurückkehrt, wird er genauso schnell wieder wechseln, wenn die Konkurrenz Sie unterbietet. Suchen Sie also lieber andere Anreize:

- Produkte, die dem Kunden hohen Nutzen bieten und die er von der Konkurrenz in dieser Form nicht bekommt.
- Gesamtpakete, die einen hohen Servicecharakter haben und gemeinsam günstiger angeboten werden können.
- Die Zusammenarbeit mit Ihrem Unternehmen: Legen Sie dar, wie der Kunde konkret davon profitiert. Falls aufgrund von Beschwerde- und Reklamationsfällen Verbesserungsmaßnahmen erfolgreich umgesetzt wurden, erläutern Sie diese.
- Aspekte, die für den Kunden eine entscheidende Rolle spielen: Dazu gehören beispielsweise Sicherheit, Flexibilität, räumliche Nähe, Serviceumfänge, Erreichbarkeit, Referenzen, Marken- beziehungsweise Unternehmensimage, Art der Kundenbetreuung et cetera.

Beziehungspflege betreiben

Betrachten Sie Ihr Telefonat auch als Beziehungspflege. Natürlich können Sie auch alle Kunden, die schon ein Jahr und länger nicht mehr bei Ihnen gekauft haben, anschreiben. Weitaus verbindlicher wirkt jedoch Ihr Anruf. Vielleicht freut sich der Kunde darüber, mal wieder Ihre Stimme zu hören – sie ist ihm noch vertraut. Unterschätzen Sie nie diese menschliche Ebene: Für einen Kunden, der persönlich von Ihnen betreut wird, entsteht eine ganz andere Bindung, als wenn er nur per Internet und E-Mail mit Ihrem Unternehmen kommuniziert.

Beugen Sie vor

Am besten lassen Sie es erst gar nicht so weit kommen: Retten Sie gefährdete Kundenbeziehungen, bevor es zu spät ist. Überprüfen Sie deshalb anhand der Kundenhistorien bei jedem Kunden regelmäßig,

- ob die Häufigkeit der Kundenkontakte zurückgegangen ist,
- ob der Bestellrhythmus Lücken aufweist,
- ob sich die Bestellmengen reduziert haben,

- ob der Kunde in niedrigeren Preissegmenten als bisher kauft,
- ob er in bestimmten Produktbereichen überhaupt nicht mehr bestellt.

Nehmen Sie auch kleine Änderungen im Kundenverhalten ernst: Bereits diese können darauf hindeuten, dass der Kunde jederzeit bereit ist, seinen Lieferanten zu wechseln.

> **Tipp:** Vermutlich wird nicht jeder ehemalige Kunde erfreut und begeistert reagieren, wenn Sie ihn anrufen. Vielleicht versuchen einige, das Gespräch so schnell wie möglich wieder zu beenden, geben vor, keine Zeit zu haben oder suchen andere Vorwände. Bedrängen dürfen Sie diese Gesprächspartner auf keinen Fall. Versuchen Sie aber, durch Freundlichkeit und Verbindlichkeit eine Sympathieebene herzustellen, sodass Sie die Möglichkeit haben, Ihr Bedauern über den Weggang des Kunden auszudrücken. Vielleicht öffnet er sich dann und ist bereit, Ihnen näher zu erläutern, was ihn damals zum Wechsel bewogen hat.

Rechtzeitig handeln

Sowie Sie ein Abwanderungsrisiko erkennen, müssen Sie aktiv werden: Handelt es sich um Außendienst-Kunden, besprechen Sie gemeinsam Ihre Vorgehensweise. Betreuen Sie den Kunden ausschließlich vom Schreibtisch aus, versuchen Sie, ihn wieder zu reaktivieren. Vielleicht können Sie so frühzeitig auf noch nicht ausgesprochene Beschwerdegründe stoßen und das Problem lösen, bevor es akut wird.

Jede nicht vorgebrachte Beschwerde oder Reklamation bedeutet ein hohes Abwanderungspotenzial. Beispiele:

- Der Kunde beschwert sich nicht, weil es sich für ihn nicht lohnt: Zum Beispiel, wenn er nur ein Kleinteil oder geringe Mengen Verbrauchsmaterial bestellt hat. Es ist einfacher für ihn, das nächste Mal woanders zu kaufen und den Beschwerdegrund als »Erfahrung« abzuhaken.
- Der Kunde will sich beschweren, ärgert sich aber über lange Warteschleifen oder den Mitarbeiter, den er schließlich in die Leitung bekommt.
- Der Kunde scheut den Dialog, weil er befürchtet, zu weiteren Käufen überredet zu werden, die er eigentlich nicht mehr tätigen will.
- Der Kunde beschwert sich nicht, weil er das Unternehmen innerlich bereits »abgeschrieben« hat. Er meint, dass sich seine Bemühungen nicht lohnen, weil die Firma ohnehin nicht in der Lage ist, sein Problem zu lösen.

Um das Abwanderungsrisiko zu reduzieren, sollten Sie deshalb sogar versuchen, die Zahl der Beschwerden zu erhöhen: Aber natürlich nicht, indem Sie Ihren Kunden Beschwerdeanlässe geben, sondern sie ermuntern, Ihnen wirklich jede »Kleinigkeit« mitzuteilen, die sie stört – nach dem Motto: »Der Kunde ist der wichtigste Anstoß für Verbesserungen.«

Fazit: Kundenrückgewinnung ist vor allem eine Frage der Methode. Nur wenn Sie wissen oder herausfinden, aus welchen Gründen Kunden abgewandert sind, können Sie die richtigen Anknüpfungspunkte für Ihre Rückholmaßnahmen finden. Das Kommunikationsverhalten spielt dabei eine entscheidende Rolle. Die Offenheit und die Bereitschaft, auch negative Kundenäußerungen anzunehmen sowie aus Fehlern zu lernen, sind dabei unerlässlich. Und: Je besser Sie Ihre Kunden kennen und beobachten, umso schneller merken Sie, wenn etwas im Argen liegt und können noch rechtzeitig eingreifen.

Nachgedacht

- Fällt Ihnen frühzeitig auf, wenn sich das Bestell- und Kaufverhalten von Kunden ändert?
- Rufen Sie abgewanderte Kunden wieder an – oder haben Sie diese schon innerlich aufgegeben?
- Versuchen Sie, die Gründe für die Abwanderung herauszufinden?
- Können Sie ehemaligen Kunden gute Anreize bieten, wieder zu Ihnen zurückzukehren?
- Sind Sie bereit, aus Fehlern zu lernen und zeigen Sie das auch Ihren Kunden?

6.4 Umgang mit unrentablen Kunden

Umsatzstarke Kunden werden häufig gleichgesetzt mit »guten« Kunden – und umsatzschwache mit »schlechten« Kunden. Das liegt zwar nahe, doch lohnt es sich, den gesamten Kundenstamm einmal genauer unter die Lupe zu nehmen. Denn der Umsatz allein macht noch keinen rentablen Kunden aus. Erst wenn das Verhältnis von Aufwand beziehungsweise Kosten und Umsatz in der richtigen Relation steht, lohnt sich die Betreuung. Maßgebende Kriterien dafür sind vor allem:

- *Aufwand und Kosten für die Kundengewinnung:* Wenn der Außendienst viele Male zum Kunden fahren musste, mehrere Angebotsabgaben notwendig waren und Sie viele Telefonate führen mussten, ist dies ein hoher zeitlicher und kostenintensiver Einsatz, der häufig durch den Erstauftrag noch nicht hereingeholt wird.

- *Betreuungsaufwand:* Dazu gehören vor allem auch die vielen unentgeltlichen Leistungen, die der Kunde bekommt, wie umfangreiche Beratung, Beziehungspflege und Service sowie Kundengeschenke.
- *Durchsetzung der Preise:* Wenn Sie einen Kunden nur unter hohen Preiszugeständnissen gewinnen konnten, relativiert sich auch ein Großauftrag.
- *Bindung an den Anbieter:* Bei einem Kunden, der sich über ein oder mehrere Jahre hinweg festlegt, müssen die Aufträge nicht jedes Mal neu akquiriert werden. Dadurch verringert sich der Aufwand erheblich.
- *Extrawünsche und Sonderleistungen:* Wird ein Kunde besonders hofiert, kann es passieren, dass er dies ausnützt oder für selbstverständlich nimmt. Seine Ansprüche steigen – doch wenn er bislang verwöhnt wurde, wird er selbst herausragende Zusatzleistungen als selbstverständlich und unentgeltlich erwarten und fordern. Können Sie diese nicht mehr einhalten, droht der Kunde mit Abwanderung – was praktisch einer Erpressung gleichkommt.

Was Kundenhistorien verraten

Um wirkliche ertragstarke und damit »gute« Kunden von »schlechten« zu unterscheiden, müssen Sie noch nicht einmal große Berechnungen anstellen. Aufschlussreich ist schon, wenn Sie einmal die Kundenhistorien hernehmen und die stattgefundenen Kontakte zählen: Also die Telefonate, Briefe, E-Mails und Außendienstbesuche und den zeitlichen Aufwand dafür schätzen.

Wenn Sie dann noch die zusätzlichen Aktivitäten wie Angebotserstellung, Rücksprache mit der Innendienst- beziehungsweise Vertriebsleitung et cetera berücksichtigen, können Sie ermitteln, wie viele Arbeitstage Sie für einen Kunden beziehungsweise Auftrag investiert haben. Da zeigt sich schnell, ob der Aufwand hoch oder gering war.

> **Tipp:** Unterschätzen Sie nie die kleinen, unscheinbaren Kunden: Sie können oft mit nahezu null Aufwand betreut werden, bringen aber dennoch Umsätze. – Unter dem Strich können sie sogar rentabler sein als Großkunden. Deshalb sollten Sie gerade diese Kunden nicht vernachlässigen – sondern testen, ob es sich lohnt, in sie zu investieren: Der Einstieg dazu ist die Bedarfsanalyse: So können Sie am ehesten herausfinden, ob in »kleinen« Kunden noch mehr Potenzial steckt und sie ausbaufähig sind.

Unter die Lupe nehmen

Nehmen Sie von Zeit zu Zeit Ihre Kunden kritisch unter die Lupe – und zwar genau diejenigen, die Ihnen besonders viel Aufwand verursachen und für die Sie die meiste Zeit und Mühe investieren. Vielleicht haben Sie sich auch schon über den einen oder anderen Kunden geärgert, weil Sie sich den ganzen Tag für ihn »ins Zeug gelegt« haben und am Ende doch nur ein Kleinauftrag heraussprang – jetzt ist es an der Zeit, reinen Tisch zu machen.

Prüfen Sie als erstes, ob bei gleichem Betreuungs- und Akquiseaufwand der Umsatzanteil beziehungsweise das Bestellvolumen erhöht werden kann. Bei Außendienst-Kunden können das die betreffenden Kollegen meist ohne große Mühe feststellen, wenn sie beim Kunden vor Ort sind und dort schon Konkurrenzprodukte sehen, die dort im Einsatz sind. Auch aus der Unternehmensgröße et cetera lässt sich der tatsächliche Bedarf ableiten – und die Differenz zu den Produkten, die der Kunde bei Ihnen bezieht. Daraus ergibt sich Umsatzpotenzial, das der Kunde woanders deckt.

Die Erhöhung des Umsatzanteils kommt deshalb oft einem Abwerben von der Konkurrenz gleich – nur mit dem Unterschied, dass Sie ja bereits mit dem Kunden im Geschäft sind. Ist der Kunde mit Ihnen zufrieden, sollten Sie beziehungsweise der Außendienst mit dem Kunden über eine Ausweitung der Geschäftsbeziehung sprechen. Dazu gehören auch einige Fragen, vor allem: Ob beziehungsweise wie lange der Kunde vertraglich an einen Mitbewerber gebunden ist und wann sich eine realistische Möglichkeit für Sie ergibt, den Lieferanteil zu erhöhen.

Vorsicht: Versucht der Kunde bei einer Erhöhung seines Bestellvolumens den Preis zu drücken, macht ihn dies nicht rentabler. Deshalb sollten Sie sich darauf erst gar nicht einlassen.

In kleinen Schritten

Eine weitere Möglichkeit, um Kunden rentabler zu machen, ist die Reduzierung des Betreuungsaufwands. Das ist allerdings häufig ein schwieriges Unterfangen: Haben sich Kunden über Jahre hinweg an eine Sonderbehandlung gewöhnt, fühlen sie sich brüskiert, wenn diese plötzlich abbricht. Versuchen Sie deshalb, in kleinen Schritten vorzugehen und prüfen Sie, wie der Kunde darauf reagiert. Kann er dies offensichtlich gut verschmerzen – oder merkt er gar nichts davon – fahren Sie die Sonderbehandlung einen weiteren Schritt zurück et cetera.

Kunden betreuen sich selbst

Gerade das Internet bietet Ihnen gute Möglichkeiten, Ihren Aufwand zu reduzieren. Automatisierte Bestellvorgänge, umfassende Informationsmöglichkeiten und technische Features nehmen Ihnen einen Teil der Kundenbetreuung ab. Voraussetzung dafür ist, dass Ihre Kunden diese Möglichkeiten auch kennen und nutzen.

Gerade ältere, sicherheitsorientierte und konservative Kontaktpersonen sind nur schwer für solche computergestützten Services zu gewinnen. Sie empfinden diese häufig als negativ, denn sie bevorzugen den persönlichen, menschlichen Kontakt.

Für viele Gesprächspartner und Auftraggeber ist die Internet- und E-Mail-Nutzung jedoch so selbstverständlich wie das Telefon. Vor allem schätzen sie die Möglichkeit, sich selbst zu informieren und schnell und einfach zu bestellen. Diese Kundengruppe sollten Sie deshalb auf alle Möglichkeiten aufmerksam machen, die sie online nutzen können, zum Beispiel:

- Ausführliche Produktinformationen mit Fotos und 3-D-Ansichten, Produktdemonstrationen in Online-Video-Clips,
- Antworten auf häufig gestellte Fragen (FAQ – »Frequently Asked Questions«),
- Geschäftsbedingungen, Auskunft zu Lieferzeiten, Bestellkonditionen, Zahlungsarten,
- automatische Produkt- und Serviceinformationen nach einem zuvor angelegten individuellen Profil: So stellt der Kunde sicher, dass er nur die Informationen bekommt, die ihn auch wirklich interessieren,
- 24-Stunden-Bestellmöglichkeit et cetera,
- Tipps und Tricks zum optimalen Einsatz der Produkte,
- Gebrauchsanweisungen als PDF-Datei zum Download.

Natürlich sollten Sie Ihre Kunden dennoch ermuntern, sich an Sie zu wenden, falls persönlicher Beratungsbedarf besteht. Denn auf diese Weise erhalten Sie die persönliche Bindung. Und: Auch ein Kunde, der ausschließlich online bestellt, muss beobachtet werden. Sowie sich sein Kaufverhalten ändert beziehungsweise die Bestellungen reduzieren, ist wieder Ihr persönliches Engagement gefragt.

> **Tipp:** Manche Kunden, die mehr Kosten und Aufwand verursachen, als sie Umsatz erbringen, treiben gerne folgendes Spiel: Sie drohen mit Abwanderung, falls ihnen eine kostenlose Leistung verweigert wird oder sie nicht den gewünschten Preisnachlass bekommen. Lassen Sie sich davon nicht beeindrucken. Haben Sie den Mut, standfest zu bleiben und dem Kunden Grenzen aufzuzeigen. Sie werden verblüfft sein: Vielleicht reagiert der Kunde beleidigt. Doch wenn er wirklich bei Ihnen kaufen will – und das tut er ja schon seit längerem – wird er auch die Spielregeln akzeptieren. Sie verschaffen sich sogar Respekt, wenn Sie ihm Grenzen aufzeigen: Vielleicht ist er insgeheim froh darüber, denn dann ist er nicht mehr in Zugzwang, noch mehr Vergünstigungen herauszuschinden.

Letzte Konsequenz

Als letzte Konsequenz bleibt Ihnen bei unrentablen Kunden, bewusst die Geschäftsbeziehung auslaufen zu lassen – oder sich sogar von ihnen zu verabschieden. Das sollten Sie nur dann tun, wenn Sie alle Möglichkeiten, den Kunden rentabel zu machen, ausgeschöpft haben. In diesem Fall rufen Sie den Kunden nicht mehr aktiv an, sondern beschränken sich darauf, ihn lediglich im Verteiler für Produktinformationen, Kataloge, Newsletter et cetera zu belassen.

Sofern Sie sich im Team sogar dafür entschieden haben, sich definitiv von einem Kunden zu trennen, einigen Sie sich auf ein einheitliches Vorgehen. Im Extremfall sind sogar klare Worte angebracht. Beispiele: »Herr Müller, wir sind zu der Überzeugung gekommen, dass eine Geschäftsbeziehung für beide Seiten nicht mehr lohnenswert ist, da ... Deshalb bieten wir Ihnen an, diese einvernehmlich zu beenden ...« oder »Deshalb bieten wir Ihnen an, vorzeitig den folgenden Vertrag aufzulösen ...«

Ein solcher Schritt ist die letzte Konsequenz und sollte nur dann erfolgen, wenn die Kundenbeziehung sogar (finanziellen) Schaden angerichtet hat.

> **Tipp:** Gerade beim Umgang mit unrentablen Kunden muss das Team an einem Strang ziehen: Sie im Innendienst, der Außendienst, Servicemitarbeiter und Vertriebs-, Innendienst und gegebenenfalls Geschäftsleitung. So darf es nicht sein, dass der Kunde beim Vertriebsleiter anruft und Prozente heraushandelt, die er von Ihnen nicht bekommt. Klären Sie deshalb die Regeln. Stecken Sie Ihre Kompetenzen und Grenzen klar ab.

Fazit: Prüfen Sie bei unrentablen Kunden zuerst alle Möglichkeiten, um sie rentabel zu machen. Erfordern auch diese Versuche einen unverhältnismäßig hohen Aufwand, versuchen Sie, die Erfolgswahrscheinlichkeit einzuschätzen. Ist sie zu gering, sehen Sie von Ihrem Unterfangen ab. Reduzieren Sie die Betreuungsleistung auf ein Minimum. Und behalten Sie sich als letzte Konsequenz auch vor, die Kundenbeziehung auslaufen zu lassen.

> **Nachgedacht**
>
> - Nehmen Sie Ihren Kundenbestand auch unter dem Aspekt »Rentabilität« regelmäßig kritisch unter die Lupe?
> - Versuchen Sie, »kleine, aber feine« Kunden weiterzuentwickeln?
> - Zeigen Sie Kunden, die übertriebene Forderungen stellen, Grenzen auf?
> - Nutzen Sie auch die Möglichkeiten des Internets, um Kunden rentabler zu machen?
> - Sind Sie konsequent genug, um Ihre Betreuungsleistung nach dem Faktor »Rentabilität« zu dosieren?

6.5 Säumige Kunden zur Kasse bitten

Zahlt ein Kunde nicht oder zu spät, kann dies unterschiedliche Gründe haben. Herausfinden lassen sie sich am ehesten durch einen Telefonanruf. Ein weiterer Vorteil: Sie verhindern, dass der Fall zu früh »formal« wird und dass Sie mit dem Kunden im schlimmsten Fall nur noch über den Rechtsweg kommunizieren. Über rechtliche Schritte lässt sich zwar Geld eintreiben – die Kundenbeziehung ist jedoch in den meisten Fällen erheblich geschädigt.

Mit der Buchhaltung abstimmen

Sollen schriftliche Mahnungen zurückgehalten werden, müssen Sie dies natürlich mit der Buchhaltung klären. Auch spielt die Verhältnismäßigkeit eine Rolle: Für kleine Beträge, die Kunden noch schuldig sind, lohnt sich ein Mahntelefonat zunächst nicht. Hier genügt eine automatische, von der Buchhaltung versandte Zahlungserinnerung.

In folgenden Situationen sollten Sie mit der Buchhaltung vereinbaren, dass zunächst ein Mahntelefonat geführt wird:

- Ein treuer Stammkunde hat auf die erste Mahnung nicht reagiert und die eingeräumte Zahlungsfrist erneut nicht eingehalten.
- Ein Kunde fällt regelmäßig durch zu späte Zahlungen auf.

- Ein Kunde hat einen Großauftrag getätigt, es sind aber noch offene Rechnungen vorhanden, bei denen das Zahlungsziel längst überschritten ist.
- Ein Kunde hält sich nicht an die vereinbarten Zahlungsziele bei einem Großauftrag und es besteht die Gefahr eines Lieferstopps.

Bei Ihrem Mahntelefonat müssen Sie die richtige Balance zwischen Freundlichkeit und Verbindlichkeit sowie den harten Fakten finden. Gehen Sie zunächst davon aus, dass der Kunde nicht willentlich die Zahlung verzögert, sondern dass es dafür Gründe gibt, von denen Sie nicht wissen, ob er diese selbst zu verantworten hat.

Leitfaden für Mahntelefonate

Folgender Leitfaden kann Ihnen als Muster für Standard-Mahntelefonate dienen:

- Begrüßen Sie den Kunden freundlich und verbindlich.
- Achten Sie auf seine Stimme bei der Begrüßung, seinen Zustand: Wirkt der Kunde entspannt, »normal« oder gestresst? Öffnet er sich oder »macht er gleich dicht«?
- Stellen Sie die »Störfrage«: Nur wenn der Kunde bereit und in der Lage ist, sich auf das Telefonat einzustellen, macht es Sinn, fortzufahren. Andernfalls könnten Sie die Situation noch weiter verschärfen und eine negative, ungehaltene Reaktion wäre vorprogrammiert. In diesem Fall bieten Sie lieber einen späteren Anruf an: Allerdings möglichst zeitnah.
- Sagen Sie erst einmal etwas Positives, bevor Sie zum eigentlichen Thema kommen. Beziehen Sie sich auf vorausgegangene Aufträge, vielleicht gibt es auch Gründe, dem Kunden Anerkennung zu geben, beispielsweise für erfolgreiche Aktivitäten in seinem Unternehmen.
- Nennen Sie dann den Grund Ihres Anrufs. Und zwar möglichst neutral. Beispiel: »Herr Fischer, unsere Buchhaltung hat mich darauf aufmerksam gemacht, dass für den Auftrag ... noch die Zahlung aussteht ...«
- Machen Sie jetzt eine kurze Pause, um dem Kunden Gelegenheit zu geben, sich zu äußern. Falls der Kunde nichts sagt, fahren Sie fort: »Was ist denn der Grund?« oder höflicher, zurückhaltender. »Darf ich Sie fragen, was denn der Grund dafür ist?« Nicht zielführend und deshalb ungeeignet ist dagegen die Frage, ob der Kunde die Rechnung beziehungsweise Mahnung erhalten hat.
- Antwortet der Kunde – entweder schon in Ihrer Sprechpause oder auf Ihre Frage hin, wird er entweder den wirklichen Grund oder Vorwände nennen.

- Wenn Sie einen Vorwand vermuten, haken Sie nach: »Sie haben die Rechnung nicht erhalten?« oder: »Sie finden die Rechnung nicht mehr?«
- Zeigt sich der Kunde überrascht oder gar erschrocken, gibt es zunächst keinen Grund, daran zu zweifeln. Er wird Ihnen von selbst zusichern, den Betrag sofort zu überweisen – was Sie natürlich zeitnah kontrollieren sollten. Hält er sich nicht daran, rufen Sie ihn erneut an. Falls er eine Rechnungszweitschrift benötigt, schicken Sie ihm diese zu – mit einem freundlichen Begleitbrief, in dem Sie ihn an seine Zusage erinnern.
- Sagt Ihnen der Kunde ganz offen, dass er »grundsätzlich erst nach vier Wochen bezahlt« erinnern Sie ihn zum Beispiel an seine Einverständniserklärung mit Ihren allgemeinen Geschäftsbedingungen. Versuchen Sie aber auch hier, das Problem auf freundlich-verbindliche Weise in den Griff zu bekommen.
- Stellt sich heraus, dass der Kunde in Zahlungsschwierigkeiten ist, klären Sie mit ihm, wann er voraussichtlich wieder liquide ist beziehungsweise sprechen Sie über die Möglichkeiten von Finanzierungen und Teilzahlungen. In diesem Fall sollten Sie das Problem umgehend dem Außendienst mitteilen (sofern der Kunde über diesen akquiriert wurde) und mit der Vertriebs- beziehungsweise Innendienstleitung besprechen. Dann versuchen Sie, gemeinsam eine Lösung zu finden, die Sie dem Kunden vorschlagen können – vor allem dann, wenn Sie die Kundenbeziehung als erhaltungswürdig einstufen.
- Verabschieden Sie sich bei Mahntelefonaten immer mit einer verbindlichen Abmachung, die Sie dem Kunden umgehend – schriftlich – bestätigen. Eine Kopie lassen Sie der Buchhaltung zukommen.

Tipp: Da Sie einem Kunden den typischen Vorwand, er habe die Rechnung oder Mahnung nicht bekommen, nicht nachweisen können – es sei denn, er hat die Mahnung per Einschreiben bekommen oder den Erhalt bestätigt – bleibt Ihnen zunächst nichts anderes übrig, als ihm noch einmal eine zusenden zu lassen. Noch besser ist es, wenn Sie einen erneuten Faxversand bereits während des Telefonats von Ihrem Computer auslösen können. Dann können Sie dem Kunden noch während Sie telefonieren, eine Kopie zusenden und sich den Erhalt mündlich bestätigen lassen. Falls das nicht möglich ist, lassen Sie nicht locker: Holen Sie sich das Versprechen ein, dass der Kunde die Rechnung umgehend begleicht. Hält er sich nicht an sein Wort, rufen Sie ihn erneut an. Machen Sie ihn darauf aufmerksam, dass nun rechtliche Schritte drohen. »Verpacken« Sie dies aber als netten Hinweis: »Herr Müller, ich möchte Ihnen gerne größere Unannehmlichkeiten ersparen. Deshalb ...«

Schwarz auf Weiß

Gerade bei Mahntelefonaten ist die exakte Dokumentation wichtig – auch im Hinblick auf mögliche Folgeaktionen und drohende rechtliche Auseinandersetzungen. Folgende Daten sollten Sie sofort dokumentieren:

- Datum und Uhrzeit des Telefonats.
- Namen des Gesprächspartners.
- Seine Aussagen: Welche Gründe nennt er? Was verspricht er Ihnen bis zu welchem Termin?
- Was genau haben Sie mit dem Kunden vereinbart?
- Welche Folgeaktionen sind notwendig?
- Wer erledigt was?

Tipp: Verkaufen Sie Ihren Anruf als Service, als besonderes Entgegenkommen. Äußern Sie zu Beginn des Gesprächs Ihr Bedauern, den Kunden wegen dieser Angelegenheit überhaupt anrufen zu müssen. Dann zeigen Sie ihm die möglichen Folgen auf, wenn er jetzt nicht handelt, zum Beispiel eine drohende Liefersperre oder eine gerichtliche Auseinandersetzung. Machen Sie deutlich, dass Sie diese Schritte unter allen Umständen vermeiden wollen. Doch das allein hängt ab vom Kundenverhalten. Geben Sie ihm also die Chance, negative Konsequenzen abzuwenden.

Vorsorgen ist besser

Achten Sie besonders bei Vertragsabschluss und Rechnungsstellung auf klare und eindeutige Kommunikation. Klären Sie genau die Konditionen; vor allem dann, wenn diese an bestimmte Zahlungsfristen gebunden sind.

Prüfen Sie, ob im gesamten Auftragsprozess von der Auftragsannahme bis zur Begleichung der Rechnung irgendwelche Schlupflöcher oder Interpretationsspielraum bestehen. Lassen Sie keinen Raum für leichtfertig entstehende oder von manchen Kunden gezielt ausgenutzte Missverständnisse.

Kundenpflege ist unter anderem ein Mittel zur Liquiditätssicherung: Halten Sie auch deshalb Kundenkontakt bis zum Zahlungseingang und darüber hinaus.

Verlassen Sie sich selbst bei Stammkunden nicht darauf, dass diese wie bisher regelmäßig zahlen. Analysieren Sie Geschäftsbeziehungen immer wieder neu – egal, woher der Auftrag kommt und wie das Zahlungsverhalten bislang war.

Fazit: Mahntelefonate sind kundenorientierter als schriftliche Mahnungen. Bei langjährigen Kundenbeziehungen, die bislang rentabel waren und die Sie retten wollen, sind sie deshalb oft die erste Wahl – gerade, wenn es um große Summen und bevorstehende Folgeaufträge geht. Vermeiden Sie in Ihren Telefonaten Konfrontation. Bleiben Sie auf der sachlich-freundlichen Ebene. Erst wenn auf diesem Weg nichts mehr zu erreichen ist, übergeben Sie der Buchhaltung wieder den Fall.

> **Nachgedacht**
> - Rufen Sie wichtige Kunden erst einmal an, wenn Zahlungen ausbleiben?
> - Klären Sie vorher mit der Buchhaltung, in welchen Fällen schriftliche Mahnungen zurückgehalten werden sollen?
> - Gestalten Sie den Gesprächseinstieg freundlich-verbindlich?
> - Geben Sie Ihrem Mahntelefonat Servicecharakter?
> - Dokumentieren Sie Ihre Mahntelefonate exakt?

6.6 Wenn der Verkaufserfolg ausbleibt

6.6.1 Akquisitionsstrategie analysieren

Führten mehrere Akquiseanläufe nicht zum Erfolg, hat es keinen Sinn, »auf Biegen und Brechen« weiterzumachen wie bisher. Nicht nur, dass Ihr Frust-Pegel immer weiter steigt und es Ihnen immer schwerer fällt, am Telefon freundlich und optimistisch zu klingen. Es wäre auch Zeitverschwendung, mit einer möglicherweise falschen Strategie weiterzumachen. Analysieren Sie Ihre bisherige Vorgehensweise und versuchen Sie, die Gründe zu ermitteln. Dabei helfen folgende Fragen – mit ihnen können Sie das Problem eingrenzen:

- Können Sie einen Zeitpunkt festmachen, ab dem »nichts mehr ging«? Denken Sie nach: Wann haben Sie das erste Mal für sich festgestellt, dass Sie keine Abschlüsse mehr erzielen können?
- Mit welcher Strategie sind Sie zu Werke gegangen? Was war Ihr Ziel? Wie haben Sie Ihre (potenziellen) Kunden angesprochen? Wie haben Sie die Akquise weiterverfolgt?
- Bezieht sich der ausbleibende Verkaufserfolg auf konkrete Produkte oder Dienstleistungen? Wenn ja, auf welche? Was zeichnet sie aus? Welche Argumente haben Sie dafür vorgebracht? An welche Zielgruppen haben Sie sich damit gewendet?
- Oder haben Sie generell eine Tiefphase, die sich über Ihre gesamten Verkaufsaktivitäten erstreckt?

> **Tipp:** Hat ein potenzieller Kunde von sich aus schon des Öfteren Angebote angefordert und Interesse signalisiert, jedoch nie etwas bei Ihnen gekauft, so fragen Sie in bei der nächsten Vertröstung: »Herr ..., Sie haben schon mehrmals Angebote von uns angefordert und jedes Mal haben wir Ihnen entsprechende Informationen geschickt und interessante Lösungsvorschläge unterbreitet. Doch immer lehnten Sie eine Zusammenarbeit mit uns ab. Deshalb frage ich Sie jetzt, was wir genau tun müssen, um mit Ihnen ins Geschäft zu kommen.« Nennt der Gesprächspartner seine Anforderungen, so nehmen Sie ihn beim Wort: »Wenn wir diese Voraussetzungen erfüllen, geben Sie uns dann den Auftrag?« Versucht er sich jetzt herauszureden oder bringt einen neuen Einwand, so war dies nicht der wirkliche Grund. Hinterfragen Sie auch den neuen Einwand in der gleichen Weise.

Erfolgschancen ermitteln

Wiederholte erfolglose Akquiseanläufe bei potenziellen Kunden sind ein deutliches Zeichen dafür, dass Sie Ihre Strategie ändern müssen: Möglicherweise haben Sie sich auf den falschen Wunschkunden konzentriert oder ihm nicht die Vorteile deutlich gemacht, die er davon hat, wenn er mit Ihnen zusammenarbeitet. Bevor Sie ihn endgültig aufgeben, prüfen Sie, ob Sie nicht doch noch Chancen haben, ihn mit einer anderen Strategie zu gewinnen. Beispiele:

- Ermitteln Sie die Bindung an den bisherigen Lieferanten durch Fragen. Beispiel: »Welche drei Dinge schätzen Sie bei Ihrem bisherigen Lieferanten am meisten?« Jetzt können Sie vergleichen, ob Sie die gleichen Qualitäten bieten können.
- Weitere Fakten sind die Termine, zu denen Verträge auslaufen beziehungsweise neu vergeben werden, Zeitpunkt für Nachbeschaffung, Auftragserweiterung, neuer Bedarf et cetera. Auch das müssen Sie ihm Gespräch erfragen. So finden Sie heraus, wann der beste Zeitpunkt für die Kundenakquise ist – möglicherweise lagen Sie zu früh oder zu spät.
- Das mögliche Umsatzpotenzial: Die entsprechenden Anhaltspunkte können Sie aus dem Internet oder wieder im Gespräch ermitteln. – Vielleicht hat der potenzielle Kunde nicht den erforderlichen Bedarf an Ihren Produkten oder es fehlen ihm die Mittel.
- Ihre Attraktivität für den potenziellen Kunden: Diese setzt sich zum einen aus der Produkt- und Lösungskompetenz zusammen, aber auch aus dem Bild, das der Kunde von Ihrem Unternehmen hat. So haben es kleine, eher unbekannte Anbieter schwer, sich gegen namhafte Branchengrößen durchzusetzen – vor allem dann, wenn der potenzielle

Kunde ebenfalls ein großes, bekanntes und renommiertes Unternehmen ist.

Bewerten Sie Ihre Erfolgschancen realistisch. Entscheiden Sie dann, welche Akquisitionen Sie (vorerst) ruhen lassen und welche Sie neu starten, aber mit geänderter Strategie.

Analysieren Sie den Akquiseprozess

Auch im Akquisitionsprozess selbst können Fehler oder Versäumnisse dazu führen, dass Aufträge nicht zu Stande kommen. Nehmen Sie deshalb auch Ihre Vorgehensweise bei der Akquise kritisch unter die Lupe:

- *Wie viele Akquiseanläufe haben Sie bereits bei dem betreffenden Kunden unternommen?* Waren diese reine Routine oder haben Sie sich ernsthafte Erfolgschancen ausgerechnet? Und warum?
- *Was hat Sie dazu veranlasst, einen erneuten Akquiseanlauf zu nehmen?* Lagen triftige Gründe vor (zum Beispiel Neuprodukteinführung, Produktverbesserung et cetera) oder haben Sie routinemäßig einen weiteren Anlauf genommen?
- *Warum kam es nicht zum Auftrag?* Interessant ist in diesem Zusammenhang auch, ob mehrere Kunden stets mit der gleichen Begründung abgesagt haben oder ob sie unterschiedliche Gründe genannt haben. Liegt immer wieder der gleiche Absagegrund vor, können Sie davon ausgehen, dass Sie Ihre anvisierten Wunschkunden genau aus diesem Grund nicht zufriedenstellen können. Prüfen Sie, ob sich dieser Grund beseitigen lässt – wenn er im Produkt selbst begründet ist, geben Sie diese Information unbedingt intern weiter.
- *Wie konsequent haben Sie Ihre Akquiseanläufe weiterverfolgt?* Wie ernsthaft haben Sie nachgehakt und versucht, die Kundenbedürfnisse zu erfüllen?
- *Haben Sie mit dem richtigen Ansprechpartner telefoniert?* Wenn es nicht der Entscheider war, sondern nur ein Mitentscheider oder Beeinflusser aus einer niedrigeren Hierarchieebene, kann es über ihn gar nicht zum Auftrag kommen.
- *Haben Sie die Reaktion Ihrer Gesprächspartner richtig interpretiert?* Haben Sie unterschieden zwischen echtem Interesse und reiner Höflichkeit? Sind Sie auf Ihre Gesprächspartner und deren (Kommunikations-)Bedürfnisse am Telefon eingegangen? Haben Sie es geschafft, eine positive zwischenmenschliche Ebene herzustellen, die Basis für gegenseitiges Vertrauen?

- *Erfolgten Ihre Akquiseanläufe zum richtigen Zeitpunkt?* Oder kamen sie zu Hochdruckzeiten wie beispielsweise Messen? Oder bereits, nachdem der Kunde sein Budget verplant hatte? Oder zu früh, wenn der Kunde noch gar nicht reif für die Entscheidung war? Auch das kann ein Grund für Kaufzurückhaltung sein.

Überprüfen Sie Ihre Ziele

Auch zu hoch gesteckte beziehungsweise unrealistische Ziele können die Ursache für ausbleibende Verkaufserfolge sein. Zwar sind anspruchsvolle, ehrgeizige Ziele ein wichtiges Mittel zur Motivation. Doch müssen sie immer erreichbar sein. Orientieren Sie sich dabei an der sogenannten SMART-Formel:

- *Spezifisch (S):* Ihre Ziele müssen messbare Vorgaben für Ihr Handeln sein, also zum Beispiel, welche Akquisitionsschritte Sie jetzt unternehmen.
- *Mindestschritte (M):* Mit Etappenschritten zerlegen Sie das Gesamtziel (zum Beispiel eine bestimmte Umsatzvorgabe innerhalb eines konkreten Zeitraums) in Einzelaktivitäten, die dafür notwendig sind.
- *Auswirkungen auf andere Bereiche (A).* Vielleicht benötigen Sie, um Ihr Ziel zu erreichen, zusätzliche Arbeitszeit. Oder Sie müssen sich im Team neu abstimmen und organisieren. Natürlich müssen Sie bei Ihrer Zielplanung auch alle weiteren Aufgaben miteinbeziehen, die Sie während Ihrer Arbeitszeit zu erledigen haben. Denn auch dafür müssen Sie entsprechende Zeit einplanen. Deshalb sind Ihre Ziele nur dann realistisch, wenn Sie bei Ihrer Planung wirklich alle Faktoren berücksichtigen, auch ungeliebte Tätigkeiten und Störungen von außen – wie beispielsweise ein abgestürzter Computer oder ein »unauffindbares« Schriftstück, das Sie dringend benötigen.
- *Richtig und gehirngerecht (R).* So sind Ihre Ziele formuliert, wenn sie in der Gegenwartsform, im Aktiv und in der Ich-Form schriftlich festgehalten werden.
- *Termingebunden (T):* Legen Sie immer den Zeitpunkt fest, zu dem Sie ein Ziel erreicht haben wollen. Erst dann erzeugen Sie die nötige Verbindlichkeit.

Anhand dieser SMART-Formel können Sie sehr leicht erkennen, ob Ihre Ziele realistisch und erreichbar sind. Wenn es Ihnen schwer fällt oder große Mühe bereitet, Ihre Ziele so verbindlich festzulegen, gehen Sie wieder einen Schritt zurück: Versuchen Sie Ihre Ziele gedanklich zu visualisieren. Dann stellen Sie sich konkret vor, wie Sie diese angehen.

Erst wenn Sie alle Einzelschritte konkret bestimmen können, legen Sie Ihre Ziele fest.

Fazit: Ein kühler Kopf ist die beste Voraussetzung, um die Gründe für ausbleibende Verkaufserfolge zu ermitteln. Überdenken Sie anhand konkreter Fakten wie Kundenaussagen, aber auch Ihrer Vorgehensweise, wo genau das Problem liegt. Dann gehen Sie die Möglichkeiten und Alternativen zu Ihrer bisherigen Strategie durch. Bewerten Sie die einzelnen Für und Wider – und entscheiden Sie sich für den erfolgversprechendsten Weg.

> **Nachgedacht**
> - Analysieren Sie bei ausbleibenden Verkaufserfolgen Ihre Vorgehensweise? Oder machen Sie so weiter wie bisher – in der Hoffnung, dass sich der Erfolg doch noch einstellt?
> - Fragen Sie Ihre Kunden gezielt nach den Gründen für Ihre Kaufzurückhaltung?
> - Sind Sie bereit, einen neuen Anlauf zu nehmen – diesmal mit geänderter, erfolgversprechender Strategie?
> - Lassen Sie Akquisitionen, bei denen die Erfolgsaussichten aufgrund der Fakten und Rahmenbedingungen gering sind, beiseite, um sich auf die erfolgversprechenden zu konzentrieren?
> - Sind Ihre Ziele realistisch?

6.6.2 Tiefphasen erfolgreich überwinden

Bleibt der Verkaufserfolg aus, kommt es schnell zum mentalen Durchhänger. Lassen Sie es erst gar nicht so weit kommen: Denn dagegen helfen Techniken und Übungen zur Selbstmotivation. Diese helfen vor allem auch, um aus einer längeren Tiefphase wieder herauszukommen.

Jetzt erst recht

Ausbleibende Verkaufserfolge sind kein Grund, zu verzagen – und schon gar nicht, um an sich zu zweifeln. Entscheidend ist, wieder einen neuen Anlauf zu nehmen, nach dem Motto »Jetzt erst recht«. Zum Misserfolg werden nicht zu Stande gekommene Verkaufsabschlüsse erst dann, wenn Sie (zu früh) aufgeben. Sollte sich jedoch herausstellen, dass Sie mit einem Kunden definitiv nicht ins Geschäft kommen können, so halten Sie sich nicht noch länger mit ihm auf. Widmen Sie sich gleich den nächsten potenziellen Kunden. Und: Erhöhen Sie nach jeder Niederlage Ihren Einsatz. Kämpfen Sie so lange, bis sich der Erfolg einstellt. Dann kann sich ein mentaler Durchhänger erst gar nicht einstellen – denn Sie haben dafür weder Zeit, noch Gedanken übrig.

Neuer Anlauf

Wenn es Ihnen nach mehreren erfolglosen Akquiseanläufen schwer fällt, einen neuen Anlauf zu nehmen, überlegen Sie als erstes, was Sie daran hindert. In vielen Fällen spielt die Angst vor Ablehnung mit hinein – Sie beziehen die negative Kundenreaktion auf sich selbst und Ihre Person. Sagen Sie sich deshalb als erstes: »Die Person, die ich jetzt anrufe, ist vielleicht gerade im Stress oder hat großen Ärger. Deshalb werde ich versuchen, sie wieder auf bessere Gedanken zu bringen.«

Nur Sie allein entscheiden darüber, wie Sie sich fühlen, ob Sie motiviert oder unmotiviert sind. Am besten sagen Sie sich: »Dieses Telefongespräch hat zwar nicht zum Auftrag geführt. Dafür gibt es aber genügend andere Kunden, die ich alle gewinnen kann.« Und: Fehler sind dazu da, um aus ihnen zu lernen. Wer keine Fehler macht, dem fehlen Erfahrungen – die natürlich auch schmerzlich sein können. Doch gerade die Fähigkeit, auch mit Niederlagen positiv umzugehen, kennzeichnet erfolgreiche Verkäufer.

Nutzen Sie die Körpersprache

Auch wenn es abwegig scheint: Die Körpersprache, Haltung, Mimik und Gestik steht in unmittelbarer Wechselwirkung zu Ihrem mentalen Zustand. Beide beeinflussen sich gegenseitig. Und deshalb ist es auch möglich, sich mit körpersprachlichen Mitteln gezielt wieder aufzubauen.

Das bekannteste – und immer wirkungsvolle – Mittel ist das Lächeln. Egal, ob Ihnen danach zumute ist – schon das Hochziehen der Mundwinkel beeinflusst Ihre Stimmung. Beginnen Sie damit schon morgens, nach dem Aufstehen, und setzen Sie Ihr Lächelprogramm während des Arbeitstags fort. Und wenn Ihnen gerade nach einem erfolglosen Telefonat am wenigsten danach ist – denken Sie ans Lächeln.

Dann arbeiten Sie an Ihrer Haltung: Heben Sie den Kopf, richten Sie vorgebeugte Schultern wieder auf. Um sich an diese einfachen, aber wirkungsvollen Übungen immer wieder zu erinnern, können Sie Klebezettel mit Smileys verwenden. Auf diese Weise können Sie sich schon einmal in einen guten Grundzustand bringen – egal, wie Sie sich zuvor gefühlt haben.

Positive Gedanken

Sich über positive Gedanken zu motivieren, erfordert schon etwas mehr Übung, ist aber sehr effektiv. Als erstes ersetzen Sie negative »sich selbst erfüllende Prophezeiungen« durch positive. Beispiel: Sie denken vor einer Telefonaktion: »Das ist verlorene Zeit und wird wieder nichts«, dann werden Sie bereits entsprechend unmotiviert und unsicher zum Telefonhörer greifen. Ganz anders, wenn Sie sich sagen: »Wenn ich nicht anrufe, kann ich auch keine Aufträge hereinholen. Rufe ich an, stehen die Chancen 50 zu 50. Es kann also nur besser werden.« Verläuft dann Ihr erstes Telefonat erfolgreich, es gelingt Ihnen, den Gesprächspartner zu interessieren, steigt automatisch Ihre Motivation. Entsprechend selbstsicher und überzeugend starten Sie Ihre nächsten Anrufe.

> **Tipp:** Machen sich bei Ihnen Frust und Demotivation breit, versuchen Sie erst einmal, Abstand zu gewinnen. Verlassen Sie in der Mittagspause das Büro; wenn möglich, gehen Sie nach draußen und machen einen kleinen Spaziergang. Bereits der Umgebungswechsel bewirkt, dass sich Ihre Stimmung verändert. Genießen Sie die frische Luft, gönnen Sie sich bewusst eine kleine Pause: Sie haben es sich verdient. Danach starten Sie wieder mit neuer Kraft und Energie.

Ersetzen Sie destruktive Glaubenssätze durch konstruktive. Beispiel: Statt zu denken »Die Kunden, die wir noch nicht haben, sind alle beim Mitbewerber x. Sie von ihm wegzuholen, ist praktisch unmöglich.«, sagen Sie sich »Wir haben noch viel Potenzial: Denn jeder Kunde, der beim Mitbewerber x kauft, ist für uns ein potenzieller Neukunde, den wir überzeugen können.«

Denken Sie außerdem an frühere Erfolge: Denn diese sind real – sie gehören Ihnen und deshalb kann sie Ihnen auch niemand mehr wegnehmen. Erinnern Sie sich an besonders erfolgreiche Kundentelefonate und Ihre besten Verkaufsergebnisse. Wie haben Sie sich dabei gefühlt? Genießen Sie das Gefühl und das Wissen, erfolgreich zu sein.

> **Tipp:** Behandeln Sie negative Gedanken wie Störenfriede, die Sie am besten gleich wieder vertreiben. Denken Sie innerlich »Stopp«, sowie sich ein störender Gedanke breitmacht. Üben Sie das: Und nachdem Sie »Stopp« gedacht haben, rufen Sie sich wieder Ihre positiven Erlebnisse ins Gedächtnis.

Vom Problem zur Lösung

Problemdenker malen sich aus, wie schlimm die Situation ist, in der sie sich gerade befinden. Sie überlegen sich, was ihnen noch alles passieren könnte und an Misserfolgen bevorsteht. Damit behindern sie sich selbst: Dieses Im-Kreis-Denken lähmt sie. Sie sind unfähig zu einer Gegenmaßnahme und bewirken damit, dass sie mental immer weiter nach unten fallen.

Lösungsdenker hingegen halten sich erst gar nicht damit auf, an das zu denken, was bereits geschehen ist. Sobald sie mit einem Problem konfrontiert sind, entwickeln sie Lösungskonzepte. Sie überlegen, wie sich das Problem möglichst einfach und schnell beseitigen lässt. Dazu einige Tipps:

- Versuchen Sie sich an Situationen zu erinnern, in denen Sie ähnliche Erfahrungen gemacht haben. Dann rufen Sie sich ins Gedächtnis, wie Sie die Krise erfolgreich überwunden haben.
- Schreiben Sie auf, wie Sie Probleme in der Vergangenheit erfolgreich gelöst haben – Schritt für Schritt. So können Sie bei Bedarf wieder darauf zugreifen.
- Deponieren Sie Ihre Lösungssammlung in Ihrem Schreibtisch, aber auch zuhause, so dass Sie überall Zugriff darauf haben. Wenn Ihnen wieder etwas besonders gut gelungen ist, ergänzen Sie Ihre Liste.

Tipp: Befassen Sie sich nicht erst lange damit, ob es Ihnen gelingen wird, einen Kunden zu überzeugen. Überlegen Sie sich lieber Strategien und Argumente, wie Sie ihn begeistern: Kümmern Sie sich also nicht mehr um das Ob, sondern nur noch um das Wie.

Fazit: Akzeptieren Sie Fehler und Misserfolge – denn davor ist niemand gefeit. Erfolgsentscheidend ist, wie Sie damit umgehen: Suchen Sie die Ursache in Ihren Handlungen und Ihrer inneren Einstellung, nicht in Ihrer Person. Sie allein sind für sich und Ihre Motivation verantwortlich. Nutzen Sie deshalb die Kraft der Selbstbeeinflussung, um negative, störende Gedanken durch positive zu ersetzen. Und: Das beste Mittel gegen Frust ist aktives Handeln.

Nachgedacht
- Sehen Sie Fehler als Erfahrungen?
- Können Sie sich jederzeit konkret an frühere Erfolge erinnern? Genießen Sie das Gefühl, erfolgreich zu sein?
- Ersetzen Sie negative, unproduktive Gedanken sofort durch positive?

6.7 Umgang mit Absagen

Mit Kundenabsagen muss jeder Verkäufer leben. Entscheidend ist, wie Sie damit umgehen: Ob Sie den Kunden gleich ad acta legen oder analysieren, was die Kaufhindernisse waren und ob Chancen für einen neuen Auftrag bestehen.

Nach Gründen fragen

Haben Sie keine Scheu, einen Kunden nach den Gründen für seine Absage zu fragen: Wenn Sie ihn zu leichtfertig aufgeben, könnte ihn das sogar beleidigen – und in seiner Entscheidung bestätigen, lieber zu einem Mitbewerber zu gehen. Selbst wenn Sie noch so enttäuscht sind: Bleiben Sie immer freundlich und höflich. Auf keinen Fall darf der Kunde Ihren Frust oder gar (versteckte) Vorwürfe spüren.

Hat ein Kunde schriftlich abgesagt – per Brief, Fax oder E-Mail – so antworten Sie ihm auch auf diesem Weg. Denn offensichtlich bevorzugt er diesen Kommunikationsweg.

Bedauern zeigen

Drücken Sie zuerst Ihr Bedauern über die Absage aus. »Es tut uns sehr Leid, dass ...«, »Wir bedauern sehr ...«. Dann sollten Sie, sofern Ihnen der Kunde keine Gründe mitgeteilt hat, nach diesen fragen. Erkundigen Sie sich, ob es am Produkt selbst, an der Betreuung/Kommunikation lag oder ob der Kunde aus anderen Gründen abgesagt hat. Betonen Sie, dass seine Antworten in Ihre Verbesserungsmaßnahmen einfließen.

Machen Sie es dem Kunden leicht, zu reagieren: Zum Beispiel, indem Sie ihm einen Antwortbogen zum Ausfüllen oder Ankreuzen beilegen und ihm nochmals Namen und Kontaktdaten der Ansprechpartner zur Verfügung stellen.

Teilt Ihnen der Kunde bereits die Gründe für seine Absage mit, so gehen Sie unbedingt darauf ein. Bedanken Sie sich für diese Information und versichern Sie ihm, dass diese unmittelbar in Ihr Verbesserungsmanagement eingehen werden. Gleichzeitig können Sie den Kunden fragen, ob Sie ihn auch weiterhin mit Informationen versorgen dürfen. Und kündigen Sie an, dass er davon erfährt, wie seine Anregungen umgesetzt wurden.

Ihre Antwort sollte möglichst zeitnah erfolgen: Am besten innerhalb der nächsten drei Arbeitstage.

Am Telefon richtig reagieren

Während Sie bei schriftlichen Antworten Zeit zum Überlegen haben, besteht diese Möglichkeit bei telefonischen Absagen nicht. Dafür können Sie einen sympathischen Eindruck hinterlassen und den Anrufer sogar dazu bewegen, dass er seine Entscheidung nochmals überdenkt.

Gehen Sie genau auf das ein, was Ihnen der Anrufer mitteilt und versuchen Sie, das Gespräch in jedem Fall weiter zu führen. Sagt zum Beispiel der Kunde »Es tut mir Leid, wir haben uns für einen anderen Anbieter entschieden.«, dann äußern Sie zuerst Ihr Bedauern, fragen dann aber nach: »Was hat Sie denn dazu veranlasst?«, »Darf ich Sie nach den Gründen für Ihre Entscheidung fragen?« oder »Wo liegt denn der Grund?« et cetera.

Freundlich nachhaken

Ist die Antwort des Anrufers für Sie nicht aussagekräftig beziehungsweise vermuten Sie einen Vorwand, dann haken Sie nach. Beispiel: »Frau ..., jetzt können Sie mir es ja offen sagen, nachdem Sie sich bereits entschieden haben. Ist das wirklich der einzige Grund? Oder gibt es noch einen anderen?«

Auch hier können Sie wieder darauf verweisen, wie hilfreich es für Sie ist, diesen Grund zu kennen. Dann bedanken Sie sich besonders freundlich für die Auskunft. Fragen Sie außerdem den Kunden, ob Sie ihn weiterhin kontaktieren dürfen, sowie Sie interessante Angebote und Informationen für ihn haben.

Wichtig: Beenden Sie das Gespräch positiv. Selbst wenn der Kunde jetzt noch nicht bei Ihnen kauft, wird er diesen Moment in Erinnerung behalten. Und möglicherweise wird er auch anderen potenziellen Kunden davon erzählen.

> **Tipp:** Selbst wenn Sie sehr enttäuscht über eine telefonische Absage sind, betreiben Sie während des Gesprächs Stimmpflege: Lächeln Sie, auch wenn es schwer fällt, damit Ihre Stimme freundlich klingt und nicht matt oder gesenkt.

Konstruktive Selbstanalyse

Wenn Sie sehr enttäuscht oder wütend über einen verlorenen Auftrag sind, dann warten Sie ein, zwei Tage mit Ihrer Analyse. Versuchen Sie erst einmal, inneren Abstand zu gewinnen und widmen Sie sich anderen Projekten und Aufgaben. Als Sofortmaßnahme tun Sie, wenn möglich etwas, wo Sie schnelle Ergebnisse und Erfolgserlebnisse bekommen: So klingen die negativen Emotionen am ehesten ab. Dann aber nehmen Sie sich noch einmal den verlorenen Auftrag kritisch vor und prüfen Schritt für Schritt, woran es letztlich haperte:

- Konnten Sie eine gute Beziehung zum Kunden aufbauen? Hatten Sie den Eindruck, dass er Ihnen vertraut und sich Ihnen gegenüber offen verhält? Wie stark hat er sich mit seinen Sorgen und Problemen Ihnen anvertraut?
- Haben Sie sich intensiv mit den Bedürfnissen des Kunden auseinandergesetzt? Kennen Sie seine wirklichen Probleme, für die er eine Lösung braucht?
- Haben Sie Ihr Angebot genau auf diese Bedürfnisse und Probleme des Kunden abgestimmt? Haben Sie sich vor Angebotsabgabe (oder Lösungsvorstellung am Telefon) vergewissert, dass der zugrundegelegte Bedarf des Kunden noch aktuell ist?
- Erfolgte Ihre Angebotsabgabe zum richtigen Zeitpunkt, weder zu früh, noch zu spät? Haben Sie sichergestellt, dass sich der Kunde intensiv damit befasst?
- Haben Sie dem Kunden konkret und verständlich aufgezeigt, welchen Nutzen ihm Ihre Lösung bietet? Hat er diesen Nutzen erkannt?
- Welche Wettbewerber waren im Spiel? Konnten Sie dem Kunden konkret aufzeigen, welche Vorteile es für ihn hat, wenn er sich für Ihr Angebot entscheidet?
- Haben Sie die Reaktionen und das Kundenverhalten richtig interpretiert? Verhielt er sich Ihnen gegenüber offen?
- Sind Sie auf Einwände und Fragen des Kunden optimal eingegangen? Haben Sie diese ernst genommen? Konnten Sie den Kunden davon überzeugen, dass seine Einwände unbegründet sind?
- In welcher Weise haben Sie mit dem Kunden kommuniziert? Haben Sie sich für ihn genügend engagiert? Oder haben Sie womöglich (zu viel) Druck ausgeübt?
- Haben Sie das Verhalten des Kunden aufmerksam registriert? Haben Sie Veränderungen bemerkt, zum Beispiel wenn er sich innerlich zurückgezogen hat?
- Haben Sie mit dem richtigen Ansprechpartner verhandelt und alle Personen, die an der Entscheidung beteiligt sind, mit einbezogen?
- Haben Sie den Entscheider auch gegen mögliche negative Einflüsse immunisiert? Ist es Ihnen gelungen, Skeptiker auf Ihre Seite zu bringen?
- Haben Sie wirklich alles getan, um den Auftrag zu erhalten? Waren Sie aktiv genug oder haben Sie sich darauf verlassen, dass sich der Kunde von sich aus meldet? Haben Sie es dem Kunden leicht gemacht, sich zu entscheiden?
- Waren Sie selbst voll und ganz davon überzeugt, dass Ihr Angebot für den Kunden das richtige ist? Oder hatten Sie selbst Zweifel, die der

Kunde gespürt hat, beispielsweise an Ihrer Stimme oder unsicheren Formulierungen?
- Haben Sie zielstrebig auf den Abschluss hingearbeitet? Haben Sie zwischendurch Test-Abschlussfragen gestellt, um herauszufinden, wie kaufbereit der Kunde ist?
- Welche Gründe hat der Kunde für seine Absage vorgebracht? Waren sie plausibel oder könnten es auch Vorwände gewesen sein? Haben Sie den Kunden nach seiner Absage noch einmal kontaktiert, um zu erfahren, ob es noch andere Beweggründe gibt, die er Ihnen noch nicht genannt hat?

Wenn Sie sich alle Fragen ehrlich beantworten, dann werden Ihnen bei dem einen oder anderen Punkt Dinge einfallen, auf die Sie vorher noch gar nicht so sehr geachtet hatten. Oft sind es die scheinbaren Kleinigkeiten, die deutliche Signale dafür sind, dass es Unstimmigkeiten gibt. Schärfen Sie Ihre Wahrnehmung. Und: Nutzen Sie diese Anregungen für Ihre nächsten Kundenakquisitionen und ersetzen Sie alte Verhaltensmuster durch neue, wenn Sie sehen, dass Sie damit besser zurecht kommen.

Wenn sich Absagen häufen

Bekommen Sie auffällig viele Kundenabsagen, sollten Sie nicht »auf Biegen und Brechen« so weitermachen wie bisher – in der Hoffnung, dass irgendwann der Knoten platzt. Genauso wenig dürfen Sie mit sich selbst hadern oder sich dafür bestrafen. Versuchen Sie, etwas Abstand zu gewinnen, indem Sie einen – oder wenn nötig, auch mehrere Tage Akquisepause machen. Analysieren Sie dann die Situation. Am besten gemeinsam im Team, denn vielleicht geht es Ihren Kollegen genauso wie Ihnen. Mögliche Gründe für wiederholte Kundenabsagen sind vor allem:

- Der falsche Gesprächseinstieg am Telefon, ein ungeeigneter Aufhänger oder ein falscher »Interessewecker«.
- Die falsche Zielgruppe für ein Produkt beziehungsweise umgekehrt das falsche Angebot für Ihre bestehenden Kunden.
- Eine ungeeignete Akquisestrategie oder fehlende (Zwischen-)Schritte: Zum Beispiel wenn der Abschluss zu früh eingeleitet wurde und der Kunde noch Bedenken hegt, die er aber noch gar nicht geäußert hat.
- Negative Medienberichte und Äußerungen von Dritten können ebenfalls dazu beitragen, dass der Kunde nicht kauft beziehungsweise den Kauf wieder storniert.
- Wettbewerbsoffensiven und -lockangebote sowie Preisdumping.

Überlegen Sie in Ruhe mit Ihrem Team – inklusive Vertriebs- beziehungsweise Innendienstleitung – ob einer oder mehrere dieser Gründe vorliegen. Vielleicht muss der Akquisevorgang noch einmal komplett überdacht und neu ausgerichtet werden.

Fazit: Gewöhnen Sie sich an, Kundenabsagen immer zu hinterfragen. Teilt Ihnen der Kunde seine Gründe mit, überlegen Sie, ob es sich um echte Kaufhinderungskriterien handelt oder um mögliche Vorwände. Lassen Sie eine Absage nie auf sich beruhen: Äußern Sie Ihr Bedauern und bitten Sie Ihre Kunden, Ihnen die wirklichen Gründe mitzuteilen. Und: Versuchen Sie, mit den Kunden in Kontakt zu bleiben.

> **Nachgedacht**
> - Nehmen Sie nach einer Absage erneut Kontakt mit dem betreffenden Kunden auf?
> - Erkundigen Sie sich nach den Gründen?
> - Versuchen Sie, weiterhin in Kontakt mit den betreffenden Kunden zu bleiben?
> - Diskutieren Sie im Team die Gründe für Kundenabsagen und entwickeln Sie neue Lösungen?

6.8 In Stress-Situationen gelassen bleiben

Stress-Situationen und Stoßzeiten gehören zum Vertriebsalltag mit dazu. Deshalb brauchen Sie gute Strategien, um auch in solchen Zeiten einen kühlen Kopf zu bewahren. Überprüfen Sie als erstes Ihre innere Einstellung und wie Sie auf Druck von außen reagieren. Denn oft ist nicht so sehr der äußere Stress das Hauptproblem, sondern der innere.

Gerade sehr gewissenhafte Menschen bereiten sich oft noch zusätzlich Stress. Sie werden innerlich sofort angespannt, atmen zu schnell und zu flach und fühlen sich gehetzt. Hier hilft als erste Maßnahme, wenn Sie sich ganz nüchtern die aktuelle Situation vergegenwärtigen. Dann überlegen Sie, welche Handlungsmöglichkeiten Sie haben. Versuchen Sie nicht, das Maximum oder gar das Unmögliche zu leisten, sondern das, was jetzt gerade von Ihnen gefordert ist: Nicht mehr und nicht weniger.

So vermeiden Sie auch die typische Stress-Falle Perfektionismus: Perfektionisten setzen sich ständig unter Druck und sind nie zufrieden mit ihrer Arbeit. Sie können nicht loslassen, kontrollieren alles mehrmals und das verursacht Stress. Dabei ist es oft gar nicht notwendig, alles perfekt zu machen. Orientieren Sie sich also nicht an Ihren eigenen Maßstäben, sondern an denen, die Sie erfüllen müssen.

> **Tipp:** Stressanfällige Menschen versuchen oft, Erwartungen zu entsprechen, die gar nicht existieren. Nach dem Motto »Das wird von mir erwartet« versuchen sie es allen recht zu machen – obwohl das niemand verlangt. Falls Sie sich darin wiedererkennen, machen Sie folgende Übung: Überlegen Sie, was passiert, wenn Sie eine – selbst gestellte – Aufgabe jetzt nicht übernehmen. Sie werden erstaunt sein, zu welchem Ergebnis Sie kommen: Oft passiert überhaupt nichts, weil niemand damit gerechnet hat. Hilfreich sind dabei folgende Fragen: »Muss ich das wirklich tun?«, »Wer erwartet das von mir?«

Erinnerungspunkte gegen Stress

Gegen äußere Umstände können Sie sich nicht abschirmen – wohl aber gegen inneren Stress. Kleben Sie eine Haftnotiz mit einem Anti-Stress-Symbol in Ihr Blickfeld, zum Beispiel an den Computer-Monitor. Jedes Mal, wenn Sie auf den Zettel schauen, überprüfen Sie Ihre Haltung. Falls Sie merken, dass Sie schon wieder gestresst sind, sagen Sie sich: »Ich bin ganz ruhig. Ich erledige eine Sache nach der anderen.«

> **Tipp:** Akzeptieren Sie Dinge, die Sie nicht ändern können. Stellen Sie sich ganz einfach darauf ein. Wenn Sie zum Beispiel wissen, dass Ihnen der Außendienstkollege die Gesprächsergebnisse ohnehin immer erst auf den letzten Drücker zukommen lässt, so müssen Sie auch nicht früher damit rechnen. Konzentrieren Sie Ihre Energie lieber auf das, was in Ihrem Einflussbereich liegt und wo Sie etwas bewegen können. Dann wird der innere Stress zur Motivation.

Stress-Blockaden lösen

Ob Sie sich gestresst fühlen, ist meist eine Frage der inneren Einstellung. Analysieren Sie Ihre individuellen Stressfaktoren anhand folgender Checkliste:

- Sie fühlen sich für alles verantwortlich.
- Sie haben oft Angst, etwas falsch zu machen.
- Sie wollen alles perfekt machen.
- Sie fühlen sich immer unter Zeitdruck.
- Sie wollen von den anderen anerkannt werden.
- Ihre Kollegen sind für Sie Konkurrenten.
- Sie denken auch zu Hause an Ihre Arbeit.
- Sie fühlen sich häufig gestört.

Wenn auf Sie viele oder alle Merkmale zutreffen, dann versuchen Sie einmal, die Perspektive zu ändern:

- *Überlegen Sie, was genau in Ihre Verantwortung fällt.* Alles andere überlassen Sie denen, die dafür zuständig sind.
- *Vergegenwärtigen Sie sich, was schlimmstenfalls passieren könnte, wenn Sie einen Fehler machen.* Oft sind die Auswirkungen gar nicht so gravierend. Sehen Sie Fehler als Erfahrungen an.
- *Hören Sie auf, alles perfekt machen zu wollen.* Konzentrieren Sie sich auf das, was gefordert ist. Sie müssen keine Leistungen bringen, die niemand verlangt, erwartet und schätzt – weder Ihre Kunden noch Ihr Chef.
- *Setzen Sie Prioritäten.* Überlegen Sie, was in diesem Moment am wichtigsten und am dringlichsten ist. Erledigen Sie das zuerst. Anschließend widmen Sie sich der nächsten Aufgabe.
- *Machen Sie sich klar, dass Sie es nie allen recht machen können.* Stehen Sie zu sich selbst und sagen Sie auch einmal »Nein«, wenn es nötig ist. Sie verschaffen sich weit mehr Anerkennung, wenn Sie klare Grenzen setzen und Ihren Standpunkt vertreten.
- *Nutzen Sie die Chancen der Teamarbeit.* Wenn Ihre Kollegen Hilfe und Unterstützung anbieten, dann nehmen Sie diese auch an. Bieten Sie umgekehrt Ihre Hilfe an. Machen Sie sich klar, dass im Unternehmen niemand für sich allein arbeitet, sondern alle am gemeinsamen Erfolg.
- *Trennen Sie zwischen Ihrer Arbeit und Ihrem Privatleben.* Nehmen Sie berufliche Probleme nicht mit nach Hause, sondern genießen Sie den Feierabend und das Wochenende. Sie brauchen diese Stunden, um sich zu entspannen und neue Kraft zu schöpfen. Und: Wer sich entspannt, kommt leichter auf Lösungen.
- *Überlegen Sie, was Sie genau stört.* Sind es Anrufe von Kunden und Außendienstmitarbeitern oder der Chef, der Sie um einen Gefallen bittet? Planen Sie Störungen in Ihren Tagesplan mit ein und legen Sie Arbeiten, die Sie sehr konzentriert erledigen müssen, auf Zeiten, in denen es erfahrungsgemäß ruhiger ist. Oft hilft schon eine zeitliche Verschiebung der Mittagspause.

Tipp: Lernen Sie, Nein zu sagen. Beispiel: Ihr Chef kommt zu Ihnen in einer »ganz dringenden Angelegenheit«. Dann sagen Sie ihm am besten gleich, was Sache ist. Nennen Sie ihm die Aufgaben, die Sie gerade zu erledigen haben. Dann lassen Sie ihn entscheiden, was Vorrang hat. Versuchen Kollegen, ungeliebte Aufgaben an Sie loszuwerden, so delegieren Sie diese ganz einfach wieder zurück.

Prioritäten setzen

Wenn Sie alle Aufgaben gleichermaßen wichtig nehmen, können Sie sich schlecht entscheiden, was nun Vorrang hat. Besonders gefährlich ist die Dringlichkeitsfalle: Dringliche Aufgaben werden mit wichtigen verwechselt. Dabei ist es ganz einfach, Prioritäten zu vergeben. Sie müssen nur konsequent entscheiden und Ihre Aufgaben entsprechend einstufen:

- *Priorität A:* Aufgaben, die wichtig und dringend sind, haben Vorrang.
- *Priorität B:* Aufgaben, die wichtig, aber nicht dringend sind, folgen an zweiter Stelle.
- *Priorität C:* Erst jetzt kommen die Aufgaben, die zwar dringend sind, aber nicht wichtig, zu erledigen.
- Aufgaben, die weder dringend noch wichtig sind lassen Sie außen vor.

> **Tipp:** Ein typischer Stressfaktor ist der Versuch, mehrere Dinge gleichzeitig zu machen – weil alles scheinbar gleichermaßen wichtig ist. Sie werden zwischen verschiedenen Aufgaben hin- und hergerissen, können sich nicht richtig konzentrieren und benötigen noch mehr Zeit. Deshalb: Setzen Sie klare Prioritäten. Entscheiden Sie, was jetzt Vorrang hat, was als nächstes folgt et cetera. Dann handeln Sie danach. Ohne Wenn und Aber.

Fazit: Stressbewältigung beginnt im Kopf. Trennen Sie zwischen äußeren Stressfaktoren und innerem Druck. Halten Sie, wenn es hoch her geht, einen Moment inne und analysieren Sie kurz die Situation. Dann entscheiden Sie, welche Prioritäten Sie setzen und erledigen eine Aufgabe nach der anderen.

> **Nachgedacht**
> - Setzen Sie sich innerlich unter Druck?
> - Neigen Sie zum Perfektionismus?
> - Versuchen Sie, überhöhte Erwartungen zu erfüllen?
> - Können Sie auch einmal Nein sagen?
> - Erledigen Sie Arbeiten konsequent nach ihren Prioritäten?

Zusammenfassung

Adressqualifizierung, Terminvereinbarung für den Außendienst, Telefonverkauf, Angebote nachhaken, Kundenveranstaltungen organisieren, Beschwerdemanagement … Ihre Aufgaben als Vertriebsmitarbeiter im Innendienst sind ebenso vielfältig wie anspruchsvoll. Und gerade diese verschiedenen Herausforderungen sind es auch, die Ihren Beruf so spannend und abwechslungsreich machen.

Vielleicht ist Ihnen beim Lesen – und Beantworten der Fragen – auch wieder der eine oder andere Aspekt in den Sinn gekommen, an den Sie schon längst nicht mehr gedacht haben. Oder Sie haben ganz neue Facetten an Ihrem Beruf entdeckt und Lust bekommen, manche Aufgaben anders anzugehen als bisher.

Denn auch wenn Routine den Arbeitsalltag erleichtert und für viele Abläufe wichtig ist, so darf sie nicht dazu verleiten, in einen gewissen Trott zu verfallen und alles immer nach dem gleichen Schema zu machen. Sonst schleichen sich schnell Fehler ein – und es machen sich Frust und Demotivation breit. Und das spüren auch Ihre Kunden.

Nehmen Sie sich deshalb immer wieder dieses Buch zur Hand, um Ihre tägliche Arbeitsroutine aufzufrischen. Versuchen Sie, Veränderungen und Verbesserungen im Kleinen umzusetzen: in der Zusammenarbeit mit Innendienst- und Außendienstkollegen, in Ihrer Kundenkommunikation am Telefon und in Ihrer Angebotsgestaltung.

Bleiben Sie am Ball, verfolgen Sie aufmerksam, was sich bei Ihren Kunden und Ihren Wettbewerbern tut, wie sich die Märkte entwickeln, wohin der Kundenbedarf geht und wie Sie sich frühzeitig auf neue Herausforderungen einstellen können. Jedes Gespräch mit Kunden und Kollegen kann Ihnen neue Impulse geben. Wenn Sie dafür offen und bereit sind, Veränderungen mitzugestalten, haben Sie die besten Voraussetzungen, um auch weiterhin motiviert und erfolgreich zu verkaufen.

Literatur

Altmann, Hans Christian: *Kunden kaufen nur von Siegern. Wie Sie als Verkäufer unwiderstehliche Ausstrahlungskraft erreichen, Kunden begeistern und Ihren Umsatz explodieren lassen*. München: Redline, 2002.

Bartnitzki, Sascha: *Piranha Selling. Mit Biss in eine neue Dimension des Verkaufens*. Karlsruhe: Sascha Bartnitzki, 2003.

Buckingham, Marcus | Clifton, Donald O.: *Entdecken Sie Ihre Stärken jetzt! Das Gallup-Prinzip für individuelle Entwicklung und erfolgreiche Führung*. Frankfurt am Main: Campus, 2001.

Buzan, Tony | Israel, Richard: *Der Weg zum Verkaufsgenie. Ungenutzte Potenziale entdecken/Verborgene Talente ausschöpfen, ungeahnte Erfolge erzielen*. Landsberg am Lech: mi, 2000.

Deep, Sam | Sussman, Lyle: *Die 116 besten Checklisten Verkauf.* Landsberg am Lech: mi, 1999.

Detroy, Erich-Norbert: *Engpass Preis?* Wien: Signum, 1998.

Enkelmann, Nikolaus B.: *Mentaltraining. Der Weg zur Freiheit*. Offenbach: Gabal, 2001.

Enkelmann, Nikolaus B.: *Mit Persönlichkeit zum Verkaufserfolg*. Wien: Signum, 1999.

Fischer, Claudia: *Telefonsales. Incl. Internetworkshop*. Offenbach: Gabal, 2003.

Franck, Wolfgang | Linß, Dora: *Emotionale Intelligenz im Verkauf.* Landsberg am Lech: mvg, 2000.

Galal, Marc M.: *So überzeugen Sie jeden. Neue Strategien durch »Verkaufshypnose«*. Bielefeld: Bertelsmann, 2004.

Hauser, Jürgen: *Kontrakte durch Kontakte. Networking für Verkäufer*. Wiesbaden: Gabler, 2002.

Herzlieb, Heinz-Jürgen: *Erfolgreich verhandeln und argumentieren*. Berlin: Cornelsen, 2000.

Holzheu, Harry: *Aktiv zuhören – besser verkaufen*. Landsberg am Lech: mvg, 2000.

Holzheu, Harry: *Emotional Selling. Wer nicht lächeln kann, macht kein Geschäft*. Frankfurt am Main: Redline, 2003.

Jachens, Thomas H.: *Professionelles Verkaufen. Kundenerwartungen erkennen, Verkaufsgespräche positiv gestalten, Abschlüsse erreichen, richtig kommunizieren*. Frankfurt am Main: Redline, 2004.

Jonas, Renate: *Effiziente Protokolle und Berichte. Zielgerichtete Erstellung mit weniger Zeitaufwand*. Renningen: Expert, 2001.

Klein, Hans-Michael: *Kundenorientiert telefonieren*. Berlin: Cornelsen, 1999.

Lasko, Wolf W. | Busch, Peter: *Professionelle Neukundengewinnung. Die 8 Erfolgsstrategien kreativer Verkäufer*. Wiesbaden: Gabler, 2003.

Limbeck, Martin: *Siegerstrategien für Verkaufsprofis*. Wien: Signum, 2002.

Martini, Anna: *Sprechtechnik. Aktuelle Stimm-, Sprech- und Atemübungen*. Zürich: Orell Füssli, 2004.

Saxer, Umberto | Frei, Thomas: *Einwand-frei Verkaufen. 21 Techniken, um alle Einwände wirksam und flexibel zu behandeln*. Frankfurt am Main: Redline, 2002.

Scherer, Hermann: *Ganz einfach verkaufen. Die 12 Phasen des professionellen Verkaufsgesprächs*. Offenbach: Gabal, 2003.

Schreiber, Peter: *Das Beuteraster. 7 Strategien für erfolgreiches Verkaufen*. Zürich: Orell Füssli, 2001.

Stempfle, Lothar | Zartmann, Ricarda: *Aktiv verkaufen am Telefon. Interessenten gewinnen, Kunden überzeugen, Abschlüsse erzielen*. Wiesbaden: Gabler, 2008.

Stöger, Gabriele | Stöger, Hans: *Besser verkaufen mit Glaubwürdigkeit und Sympathie*. München: Redline, 2002.

Stöger, Gabriele | Stöger, Hans: *Gute Verkäufer machen es sich leicht. Besser verkaufen mit Menschenkenntnis*. Zürich: Orell Füssli, 2005.

Stollreiter, Marc | Völgyfy Johannes: *Selbstdisziplin. Handeln statt aufschieben*. Offenbach: Gabal, 2001.

Thieme, Kurt H.: *Das ABC des Verkaufserfolgs.* Landsberg am Lech: mvg, 2000.

Zöllig, Heidi M.: *Verkaufen durch richtiges Zuhören*. Wien: Signum, 1998.

Register

A
Abfrage-Methode 133
Abschluss 131 ff.
Abschlusskonflikt 127
Abschlussmethode 133
Abwanderung 128, 144, 166, 172
Adressbestand 11, 15
Adressqualifizierung 10, 12, 69
After-Sales-Betreuung 143 ff.
Akquisetelefonat 9, 15 ff., 21, 31, 106
Aktionsdaten 14
Alternativfrage 53 ff., 68, 134
Angebotserstellung 72 ff., 173
Angebotskonflikt 127
Ansprechpartner 11, 14, 16, 19, 32, 52, 63, 85, 103, 144, 183, 191
Aufmerksamkeitssignal 27, 38
Aufschieberitis 102
Auftragsbestätigung 110

B
Bedarfsanalyse 38, 50, 129, 174
Bedarfsermittlung 109
Bedarfskonflikt 127
Bedarfsprofil 77, 80
Beratungsaufwand 69
Beschwerdebehandlung 130, 159
Besuchsbericht 80
Bewertungsbogen 78
Briefing 63, 86
Bumerang-Strategie 56

C
Contrast-Selling 123
Cross-Selling 125, 140 ff.

D
Datenbank 9, 22, 41, 47, 63, 139, 140, 148 ff., 153
Deskriptionsdaten 14
Direktmarketing 24, 81
Direktverkauf 14
Doublettenabgleich 10

E
Einstiegsfrage 16
Einwandbehandlung 28, 55 ff., 130
Einwandtechnik 56, 58
Empfehlung 87, 96, 107, 136
Entscheider 11, 16, 19, 21 f., 67, 100, 105 ff., 169, 183, 191
Erfolgskontrolle 9, 93, 94
Erfolgsquote 17, 19, 73, 100
Ersatzbeschaffung 139, 143, 145, 148, 150
Erstgespräch 11, 109
Expertenzeugnis 129
Explorationsfrage 54

F
Festlegungsmethode 133
Filter 17, 20, 96, 99
Frage
 –, geschlossene 28, 50 ff., 157
 –, hypothetische 55, 58, 120
 –, offene 28, 49 ff.
Fragenkatalog 11, 152
Fragetechnik 28, 55
Fragetyp 54

Register

G
Gegenfrage 55, 76
Gesprächseinstieg 15, 27, 31, 181, 192
Gesprächsführung 27, 39 ff., 119
Gesprächsklima 31
Gesprächsziel 16 ff.
Grunddaten 14

I
Implikationsfrage 54
Interessewecker 16 f., 19, 63, 67, 87, 192

J
Jahresplanung 21 f.

K
Kaltadresse 12
Kaltanruf 15, 95, 97, 103 ff.
Kaufabsicht 70, 75, 93, 129
Kaufhinderungsgrund 60, 79, 126, 133
Kaufkanal 14
Kaufkonflikt 96, 126, 131
Kaufprofil 14
Kaufreue 68, 144
Kaufzyklus 15
Key-Account-Manager 61, 76 ff.
Kontaktpflege 150 ff.
Kontrollfrage 52 ff.
Kundenakquise 9, 182
Kundenansprache 9
Kundenbeziehung 12 f., 19, 86, 117, 148, 154, 170, 181
Kundenhistorie 47, 170, 173
Kundensegmentierung 14
Kundenveranstaltung 18, 61, 84 ff., 90
Kundenzeitschrift 24, 151

M
Mailing 81 ff.
Marketingabteilung 62, 81, 84
Marketingoffensive 21
Massenmailing 81

Messe 21, 87, 183
Messebericht 92
Messeergebnis 93

N
Nachfasstelefonat 76
Nachkauf 148 ff.
Neukundenakquise 15
Neukundengewinnung 9, 91, 99
Newsletter 10, 24 f., 142, 146, 176
Nutzenfrage 54
Nutzenvorteil 36, 99, 143
Nutzenargument 43, 74, 99, 150

P
Plus-Minus-Methode 133
Problemfrage 54
Produkteinführung 17, 21, 77
Prospekt 23, 25, 77, 92, 94, 151
Preiseinwand 57 f., 90
Preisgespräch 49, 95, 121, 123, 125
Preiszugeständnis 76 ff., 173
Pressebericht 129
Priorität 18, 65 ff., 156, 195 f.

Q
Quittungsfrage 134

R
Rackham, Neil 53
Reaktionsdaten 14
Referenzkunde 15, 47, 119, 129, 138, 144
Referenzwert 15
Refraiming 57
Reklamation 130, 136, 145, 153, 155, 158 ff.
Response 12, 24 f., 84

S
Schlüsselkunde 61, 77
Selling-Team 61 ff
Situationsfrage 18, 53 f.
SPIN-Modell 53

SPIN-Selling 53
Stammkunde 12, 14, 137, 150, 152, 168
Standardeinwand 57
Stimme 27 f., 190
Störer 79, 89
Störfrage 32, 104, 178
Story-Selling 28, 46 ff.
Suggestivfrage 55

T
Teilentscheidungsmethode 134
Telefonleitfaden 18, 160
Telefonverkauf 7, 28, 197

V
Verantwortungskonflikt 127 f.
Verkaufsanbahnung 23
Verkaufsrhetorik 42
Vorteilsmethode 134
Vorverkauf 23 ff.
Vorwand 58 ff., 119, 171, 178 f., 190

W
Werbebrief 81, 84
Wettbewerbsvorteil 99, 124
W-Frage 19, 49, 57, 120

Z
Zielgruppe 23 ff., 93, 181, 192
Zubehör 140, 145
Zuhören 27, 38 ff.
Zur-Probe-Methode 134
Zusatzverkauf 92, 123, 140, 143

Autoreninformation

Regina Mittenhuber studierte Germanistik und Philosophie. Bereits während dieser Zeit entdeckte sie in zahlreichen Nebenjobs, dass Verkaufen großen Spaß macht und dass sich durch hohen Einsatz, Engagement und Empathie beachtliche Verkaufserfolge erzielen lassen. Nach Abschluss ihres Studiums arbeitete sie zunächst im Innendienst eines Verlags, bevor sie ihren Wunsch, sich selbstständig zu machen, in die Tat umsetzte.

Seit über zehn Jahren ist Regina Mittenhuber gefragte Journalistin, Redakteurin und Autorin. Sie verfasst Einzelbeiträge für Zeitschriften, Fachzeitungen, Newsletter, Loseblattwerke und übernimmt auch Gesamtredaktionen und Buchprojekte. Ihre Themenschwerpunkte liegen im Bereich Vertrieb/Verkauf, Marketing, Kommunikation, Selbstmanagement und Mitarbeiterführung – wobei ihr die Themenkomplexe Verkauf und Kommunikation besonders am Herzen liegen.

Der VertriebsSpezialist

▷ **DAS BRANCHEN-MAGAZIN...**

vermittelt strategische und Hintergrund-Themen aus der Welt des Vertriebs und gibt entscheidende Einblicke und Impulse für die erfolgreiche Vertriebsarbeit: **Aus der Praxis für die Praxis.**

Ausgewählte Schwerpunkt-Themen liefern **Analysen, Trends** und **profunde Informationen.** Meinungsführer antworten auf zentrale Fragen zu allen relevanten Aspekten des Verkaufens. Und damit bietet das Magazin den Lesern ein vielfältiges Meinungsspektrum.

Die Leser sind: **Top-Entscheider, Fach- und Führungskräfte** im Verkauf und Vertrieb, aus allen Bereichen der Wirtschaft; sie sind in führenden Vertriebspositionen im Unternehmen vertreten.

Jetzt kostenloses Probeheft anfordern: www.dvs-magazin.de